KB026181

행동하라! 성공이 온다

나폴레온 힐 성공의 법칙 ❷

◆ 성공술편 ◆

The Law of Success in Sixteen Lessons
Copyright ⓒ 2000 by Wilshire Book Company

Korean translation copyright ⓒ 2009 by Joongang Economy Publishing Company
Published by arrangement with Wilshire Book Company
12015 Sherman Road, No. Hollywood, CA 91605-3781 USA
through BookCosmos

이 책의 한국어판 저작권은 북코스모스를 통한
저작권자와의 독점계약으로 중앙경제평론사에 있습니다. 신저작권법에 의해
한국 내에서 보호를 받는 저작물이므로 무단전재와 복제를 금합니다.

행동하라! 성공이 온다

나폴레온 힐 성공의 법칙

◆ 성공술편 ◆

나폴레온 힐 원저 | 김정수 편저

중앙경제평론사

학(學)은 술(術)을 통해서 완성된다

자기계발에 대한 최근의 관심은 거의 신드롬에 가깝다. 용어가 어찌되었든 서점에는 각종 자기계발에 대한 책이 넘쳐나고 유사한 주제의 교육 또한 범람한다. 그 결과 많은 사람들이 이런 류의 책에 빠져들거나 비싼 돈을 내고 세미나 등에 참석한다. 그리고는 배운 내용에 큰 감명을 받아 이를 실천해서 자기 것으로 만들겠다고 다짐한다.

그러나 실제로 일상생활에 적용하고 실천함으로써 원하는 것을 얻는 사람은 극히 소수이다. 달리 얘기하면 공부한 내용은 가슴 벅차고 희망이 부풀게 하지만 현실은 그렇지를 않다는 것이다.

결국 성공이나 부자, 시간관리 등의 자기계발 프로그램은 시대적인 유행의 소산으로 사람들에게 일종의 '판타지' 역할을 하고 있다. 그 순간에 무엇인가 원하는 것을 얻어 큰 성공을 했다는 자기 스스로의 만족이나 위안을 얻는 것이다.

물론 그 자체로도 의미가 있다. 그러나 어떤 '결과'를 원하는 사람들에게는 분명히 불만족스러운 것이 사실이다. 그렇다면 '왜 그런가?'에 대한 답을 찾아야 하는데 그것은 결국 '습관'의 문제로 귀결(歸結)된다.

많은 석학들이 강조하는 것을 종합하면 우리가 하는 일의 대부분(95%)은 습관에서 비롯된다고 한다.

고대 그리스의 아리스토텔레스도 대부분의 일은 의식적으로 하는 행위가 아니라 무의식적인 습관으로부터 나온다고 설파하고 있다. 아주 오래전에 그는 이미 모든 사람들의 부(富)와 성공은 좋은 내용을 자기화(化), 즉 습관화하는 데에서부터 시작된다고 간파하고 있는 것이다.

그렇다! 자기를 완성하고 다른 사람보다 앞서기 위해서는 실천이라는 행위를 일회성으로 끝내서는 안 되며 지속하는 것이 중요하다. 바꿔 얘기하면 성공을 하고 뜻을 이루는 데는 '이론'에 정통하는 것보다도 매일의 '실천'이 더 중요하다는 점이다. 어떤 배움과 깨달음도 지속적인 행위를 통해 자기 것으로 만들어가야 하는 것이다.

더 구체적으로 보면 남보다 탁월해지기 위해 노력하는 모든 행위를 '무의식적인 습관'으로 만드는 것이 성공으로 가는 포인트인 것이다.

결국 자기계발이란 주제는 어떤 계기로 인해 깨우친 내용을 점차적으로 갈고 닦아나가야 한다는 점에서 일종의 돈오점수(頓悟漸修)인 셈이다.

물론 습관은 그 누군가가 대신해주는 것이 아니라 자신이 스스로 만들어가야 한다. 그렇게 본다면 이 책도 다른 책의 범주를 크게 벗어나지 않는다. 왜냐하면 이 책 역시 독자들에게 '습관'이라는 과정을 요구하기 때문이다.

그런 이유로 편저자(編著者)는 주위의 범람하는 책들처럼 이 책만 읽으면 독자들의 삶이 획기적으로 변한다고 주장할 마음이 추호도 없다. 그렇지만 이 책을 자세히 정독한 후 그 내용을 실제의 생활에서 일상화한다면 자신이 원하는 삶으로 바뀔 수 있다고 자신 있게 말할 수 있다.

또 이 책을 통해 경영자라면 그 고유의 업무(많은 파이를 만들어내는 일)에서, 직장인은 성공적인 일상에서, 누구를 가르치는 일이 본업이라면 풍부한 아이템으로, 학생은 성적 향상과 더불어 향후 인생을 어찌 살아야 할 것인지에 대한 본질적인 질문에, 주부라면 자신의 참된 삶과 꿈에 대해 일정한 솔루션을 얻을 수 있을 것이다.

이렇게 자신 있게 주장하는 근거는 이 책이 실제 적용과는 관련 없는 출처불명의 그럴듯한 이야기만 나열한 책이 아니라 이미 오랜 기간 수많은 사람들에 의해 검증이 된 원전(原典)에 기초를 두고 있기 때문이다.

이 책의 원저자(原著者)인 나폴레온 힐(Napoleon Hill)은 1883년 미(美) 버지니아주(州) 남서부의 와이즈 카운티라는 작은 마을에서 가난한 대장간집의 아들로 태어났다. 12세가 되기 전 일찌감치 어머니를 여의고 친척들에 의해 자라야 했을 만큼 힘든 어린 시절을 보냈다.

그 뒤 잡지사의 기자로 사회생활의 첫걸음을 시작한 1908년 가을, 그의 운명을 바꿀 한 사람을 만나게 된다. 그가 당대의 대(大)성공자 앤드류 카네기(Andrew Carnegie)였다. 그 대선배로부터 많은 얘기를 듣고 젊은 나폴레온 힐은 깊은 감명을 받는다. 그리고 그는 카네기의 요청으로 만인이 활용할 수 있는 성공비결의 체계화에 착수하게 된다.

우선 카네기가 주선해준 당대(當代)의 성공자 507명을 한 사람씩 만나 그들로부터 성공의 비결을 듣고 내용을 정리하여 책으로 펴낸다. 그 책이 불후의 명작으로 회자되는 《성공의 법칙(The Law of Success)》이다. 나폴레온 힐이 그 책을 완성한 때가 카네기와의 만남 이후 꼭 20년이 지난 1928년이었다.

한마디로 《성공의 법칙》은 한 사람이 무려 20년이라는 세월 동안 청춘을 바쳐 당대의 내로라하는 성공자들을 인터뷰하고 그들의 성공원리를 연구하여 책으로 정리한 엄청난 기록이라는 뜻이다.

여러분이 지금 읽고 있는 이 책은 그 파란만장한 기록을 기본 텍스트로 하고 있다. 그러므로 여러분은 다양한 분야의 전무후무한 507명의 성공원리를 바탕으로 수십 년 동안 시대를 뛰어넘어 수많은 사람들의 삶에 지대한 영향을 끼친 책을 대하고 있는 것이다.

오래전에 책을 통하여 나폴레온 힐과 인연을 맺었던 편저자는 그의 철학에 깊이 심취했다. 왜냐하면 그 당시 편저자의 관심은 '성공'이었으며 책에서 주장하는 일관된 메시지도 역시 '성공'이었기 때문이다.

그것은 막연한 주제였으나 편저자는 책에서 얻은 영감과 자신감 등을 밑천삼아 비즈니스에 적용하였고 그 결과 자유(freedom)를 가지게 되었다. 진정한 자유는 원하는 것을 스스로 선택할 수 있는 '선택의 자유'이며 그를 위해 두 가지 요건(돈과 시간)이 필요하다.

또한 그런 요건들은 자기계발의 궁극적인 목표이기도 하다. 왜냐하면 성공을 갈망하는 사람들이 진정으로 바라는 '풍요롭고 품위 있는 삶'도 결국은 그 조건들이 기본적인 전제가 되기 때문이다.

이 책의 아이디어로부터 큰 확신을 얻어 선택의 자유를 얻은 많은 사람들(편저자를 포함)의 사례는 '실제로 효과를 낸 것'이라고 말할 수 있다.

그렇다! 모든 사람이 인정하듯 어떤 주장이나 철학의 가치는 그것을 접한 후 각자의 사고를 행동으로 촉진할 때에 있는 것이지 그 자체로는 단지 이론에 불과하다.

예컨대 어떤 이론이나 법칙 혹은 원리를 막론하고 그 최종적인 평가는 '실제로 효과를 내느냐'에 달려 있다. 이것이 뒷받침되지 않으면 제 아무리 훌륭한 얘기도 공허한 것이다. 그 점에서 이 책은 좋은 점수를 받을 수 있다.

책을 통한 인연으로 편저자는 벅차고도 과분하게 《성공의 법칙》을 '편역(編譯)' 하게 되었다. 물론 나폴레온 힐의 책을 접하고 생활화하면서 언젠가 때가 되면 그의 철학을 '내 나름대로 해석해 보리라' 는 생각을 가지고 있었다. 그래서 편역 작업은 즐겁고 행복한 일이었다.

그러나 아쉬운 점이 있었다. '야전(野戰)' 출신인 편저자의 입장에서 볼 때 그 책이 성공학(學)을 표방하고 있지만 내용으로 보면 성공술(術), 즉 '방법론' 도 함께 다루고 있기 때문이었다.

과학이 있으면 기술이 있어야 하듯이 학(學)은 술(術)을 통해서만이 비로소 현실세계에서 자신을 입증할 수 있다. 그래서 한 권으로 된 방대한 분량의 《성공의 법칙》 내용을 두 권(學, 術)으로 분류하면 저자의 집필 의도가 더욱 분명해질 수 있다는 취지 하에 새로 쓰게 된 것이 이 책(1~2권)이다.

물론 원저자의 의도를 훼손하지 않으면서 글의 메시지를 가장 명료하고 간결한 방법으로 전달하는 것이 쉬운 작업은 아니었다. 그리고 그것은 일종의 관(觀)을 요구하는 일이기도 했다.

그럼에도 이 책은 세상에 선을 보이게 되었다. 노력을 많이 했지만 부족한 점이 있다면 그것은 순전히 편저자의 책임이다. 물론 교훈을 얻어 자신의 뜻을 이루는 데 도움이 된다면 그것은 원저자인 나폴레온 힐의 몫이다. 독자 제현의 아낌없는 성원을 바란다.

김정수(金正秀)

CONTENTS

1장

성공요소로의 협력의 가치

타인과의 협력이 주는 보상

우리는 지금 서로 돕고 살아야 하는 시대에 살고 있다. 성공한 사람들은 어떤 형태로든지 협력에 기본을 두고 있다. 전문적인 분야는 물론 산업이나 경제 분야에서도 마찬가지이다. 목표를 달성하기 위해서는 연합을 형성하거나 그룹을 조직해 상부상조하는 협력이 필요하다. 또 협력을 바탕으로 얻게 된 행운은 절대 다른 사람의 마음에 상처를 주지 않는다.

노르웨이의 해안가를 따라가 보면 세계에서 가장 큰 소용돌이가 있다. 이 소용돌이에 휘말리는 사람은 단 한 명도 생존한 기록이 없다.

그런데 조직된 협력(協力)의 법칙에 대해 알지 못하는 사람들은 인생의 큰 소용돌이에 휘말리어 그 노르웨이의 조수(潮水)에 휘말린 것 못지않게 위험에 노출되는 것이며, 더 나아가 자신이 파괴될 것이라는 사실에 대해 알지 못하는 불행한 사람들이다.

인정하겠지만 우리는 현재 적자생존 시대에 살고 있다. '적자(適者)'라 함은 힘이 있다는 것이고 이 힘은 조직된 노력으로부터 나온다. 반면 불행이란 이를 무시하는 사람, 자기중심주의에 물들어 있는 사람, 의지가 약한 사람에게 온다.

이런 부류의 사람들은 조만간 바다의 소용돌이보다 더 무서운 인생의 소용돌이가 기다리고 있다는 것을 알게 될 것이다. 전쟁의 본질이나 명분에 관계없이 전쟁을 하고 있는 사람들은 점점 더 이 인생의 소용돌이에 가까이 가고 있다.

이미 높은 위치에 오른 사람은 다 알고 있듯이 모든 자연법칙의 기본은 조화로운 협력에 있다. 인생의 성공은 협력적인 노력 없이는 거둘 수 없다. 다시 말해 독자적인 노력만으로는 한계가 있는 것이다.

만약 어떤 한 사람이 문명세계와 동떨어진 황무지에서 혼자 수행자로 살아간다 해도 그는 살아남기 위해서 자신 외의 외부세계에 의존하지 않을 수 없다.

하루 벌어 하루를 사는 사람이나 여태껏 모아놓은 재산의 이자만으로도 사는 데 지장 없는 사람들도 다른 사람과의 협력을 통해 돈을 번다. 그러므로 경쟁관계보다 협력관계를 중요시하는 사람은 공을 크게 들이지 않더라도 수많은 기회와 부를 손에 넣을 수 있을 뿐 아니라 다른 사람이 느끼지 못하는 행복도 덤으로 느낄 수 있다.

협력을 바탕으로 얻게 된 행운은 절대 다른 사람의 마음에 상처를 주지 않고, 이는 경쟁과 투쟁을 통해 다른 사람으로부터 강탈한 행운에 비해 훨씬 더 가치 있는 것이다.

그저 껍데기뿐인 재산이든 혹은 가치 있는 명품이든 물질적으로만 부를 쌓아온 사람들은 우리가 지금껏 들인 노력의 시간을 낭비해온 사람들이다. 물질만능주의 풍조를 바꿀 수 없다면 적어도 협력의 방법이라도 변화시키자.

다른 사람과 협력하게 되면 두 가지 형태의 보상을 받을 수 있다. 하나는 인생을 변화시킬 수 있는 기회와 눈에 보이는 재산이고, 또 하나는 무엇이든 욕심부터 내는 탐욕스런 사람들은 절대 느끼지 못할 마음의 평화가 그것이다.

물론 탐욕스런 사람들은 엄청난 부를 축적할 수도 있다. 이 사실엔 변함이 없다. 하지만 그 과정에서 모든 것이 엉망진창으로 될 뿐더러 심지어 자신의 영혼을 팔아야 할지도 모른다.

성공을 거두는 힘은 지식으로부터 발전된 힘이라는 것을 잊지 말자. 이 힘은 '행동'이라는 것을 통해 계획되고 표현된다. 건설적 서비스 형태의 지식만이 대가를 받을 수 있다.

성공을 거두는 힘의 지식

미국에서 가장 유능한 은행사업가로 알려진 사람이 어느 실업학교 졸업식에서 연설을 하게 되었다. 그는 이렇게 말했다.

"여러분은 자신이 받은 학위를 매우 자랑스럽게 생각할 것입니다. 왜냐하면 그 학위는 적어도 사업 분야에서는 여러분이 직접 인생의 준비를 철저히 했다는 증거가 되기 때문입니다. 실업학교 과정의 가장 큰 장점은 여러분이 앞으로 어떤 일을 하며 살아야 할지 준비할 수 있게 해준다는 것입니다.

다른 과정의 장점을 과소평가하는 것은 아닙니다. 단지 현대의 실업학교 과정을 찬양하고자 하는 말입니다. 저는 다른 학과에서 미래를 위한 준비를 제외한 쓸데없는 과정을 가르치는 점을 많이 보아왔습니다.

여러분은 오직 한 가지의 목적으로 이 학교에 입학했습니다. 다른 사람에게 유용한 서비스를 제공해 돈을 버는 것, 단순히 돈을 벌고자 옷을 만드는 사람이 있다고 칩시다. 여러분은 그 직업에 전혀 흥미를 느끼지 못할 것입니다. 그 대가는 여러분에게 중요하지 않기 때문입니다.

여러분은 단지 한가한 오후에 커피나 따르기 위해 이 과정을 연마한 것이 아닙니다. 또한 남들이 부러워하는 가운을 입고 일하고자, 비싼 고급차를 몰고자 이 과정을 공부한 것이 아닙니다. 자신의 미래를 위해 어떤 방식으로 일해야 하는지를 배우고자 온 것입니다."

그 졸업식에 참석해 연설을 들었던 학생 중 13명은 사실 너무도 가난해 근근이 학비를 대는 정도였다. 어떤 학생은 낮엔 수업을 듣고 밤엔 아르바이트로 생활비를 마련하기도 했다.

그 연설은 25년 전의 일이었다. 작년 여름 나는 그 학교의 교장선생님을 만날 일이 있었는데, 우연히 그때 그 학생들이 지금 무엇을 하고 있는지 듣게 되었다.

한 학생은 유명한 제약회사의 사장이 되었고, 또 한 학생은 성공한 변호사가 되었다. 두 명의 학생은 자신의 재단으로 경영대학을 운영하고 있으며, 미국의 가장 유명한 대학의 경제학 교수가 된 학생도 있었다.

또 한 명은 큰 자동차회사의 사장이 되어 있었고, 또 다른 두 명의 학생은 은행장이 되어 있었다. 백화점 사장도 있었고, 철도회사의 부회장도 있었다. 한 명은 공인중개사가 되어 있었으며 한 명은 도중에 사망했다. 마지막 13번째 학생은 성공의 법칙에 관한 이 책을 쓰고 있다.

13명의 학생 중 11명이 성공했으면 그리 나쁜 편은 아닐 것이다. 이것은 실업학교의 훈련과정 덕분으로 계발된 행동의 정신 덕분이다. 그러므로 중요한 것은 당신이 받은 교육과정 자체가 아니라 교육받은 그 내용을 잘 조화된 지적 행동을 통해 얼마나 잘 표현했는가 하는 것이다.

미국의 대통령들 중 한 명은 학교 교육을 거의 받지 못했음에도 불구하고 그가 가지고 있는 적은 지식을 행동에 옮기는 과정을 통해 미국 역사에 길이 남을 훌륭한 업적을 남길 수 있었다.

어느 도시나 마을에 패배자들은 항상 있게 마련이다. 이 불행한 사람들의 공통점은 무슨 일을 하든 질질 끄는 습관을 지녔다는 것을 쉽게 알 수 있다. 성취하려는 노력이 부족한 사람들은 무슨 일을 하든 뒷걸음치고 어떤 고난에 빠지면 그대로 주저앉고 만다. 그런 상황에서 벗어나는 길은 지금까지 해왔던 습관을 버리고 어떤 획기적인 행동을 하는 것인 데도 말이다.

당신은 이와 같은 상황에 처하지 않도록 하라.

모든 사무실이나 상점, 은행 등 어느 장소를 가나 이런 꾸물거림으로 실패의 늪에 서서히 빠져드는 사람들이 있다. 그들은 추진력 있는 노력을 하지 않아 결국엔 실패하게 된다.

여러분이 매일매일 만나는 사람들을 잘 분석하면 반드시 그런 유형의 사람들을 지적할 수 있다. 그들에게 말을 걸어보면 그들은 틀림없이 다음과 같은 거짓된 철학을 지니고 있을 것이다.

"저는 받은 만큼만 일을 합니다. 덕분에 생활은 뭐 그럭저럭 합니다."

그렇다. 그들은 그저 '그럭저럭' 산다. 그러나 바로 지금 상황이 그들에겐 전부이다. 그것으로 그들은 끝인 것이다.

지금 이 시대는 국가든 사회든 개인이든 상호(相互)관계에 있어서 협력이 얼마나 중요한 시기인지 잘 말해주고 있다.

결과적으로 협력의 골자를 기반으로 하는 사람들이 가장 오래 살아남고 있다는 것은 현실이다. 이 법칙은 가장 하등한 동물에서부터 가장 진화된 인간에게까지 적용되고 있다.

카네기, 록펠러, 포드의 일화는 협력의 가치가 얼마나 위대한지 잘 말해준다. 그들은 원하는 사람들에 한해서 부를 쌓는 방법을 가르쳐 주었다. 이렇게 보면 협력이야말로 성공적인 리더들이 지녀야 할 기본적인 덕목이다.

헨리 포드의 가장 큰 자산은 잘 조직된 대리점 세력이었다. 이 조직들은 생산할 수 있는 최대물량의 판로로서 그를 지지했을 뿐 아니라 어떤 응급상황에도 대체할 수 있도록 경제적 지원 또한 아끼지 않았다. 이 한 가지만 봐도 협력이 얼마나 중요한지 증명할 수 있다.

협력의 가치를 잘 이해하고 적절히 이용한 결과 포드는 경제 분야에서 보통 사람이 오를 수 있는 곳보다 더 높은 곳에 올랐으며, 그 혼자 가졌던 영향력보다 월등히 큰 상업적 영향력을 갖게 되었다.

상호보완적인 이중신경 시스템

우리의 몸은 신경계가 전체를 관통하고 있다. 그 신경계는 마음이라 부르는 영혼적 자아와 신체의 기관을 연결한다는 것은 익히 알려져 있다. 이 신경 시스템은 두 가지로 되어 있다.

하나는 교감(交感)신경으로 우리의 의지와 상관없이 움직인다. 즉, 소화기관 같은 장기를 움직이거나 세포를 매일 교체시키는 등의 일을 하는 신경조직 같은 것이다.

다른 하나는 수의적(隨意的)인 신경계 또는 뇌척수 시스템이라 부른다. 이것은 외부의 물리적 자극을 받아들이고 신체의 움직임을 관장한다. 이 신경조직의 중추는 뇌에 있으며 교감신경조직의 중심부는 위(胃)의 뒷부분에 위치한 신경 집단에 있다. 이곳은 태양신경총(太陽神經叢)이라 불리며 때로는 복부의 뇌라고도 한다.

뇌척수 신경조직은 몸의 움직임과 관련 있다. 그리고 교감신경계는 정신적 혹은 무의식적 행동 – 신체의 기본 바이오리듬을 지지하는 – 에 관계한다. 그러므로 뇌척수 시스템은 의식의 기관이고, 교감신경계는 무의식의 기관이라고 볼 수 있다.

그러나 의식세계와 잠재의식간의 상호작용이 이루어지기 위해서는 뇌척수 신경조직과 교감신경조직 사이에 상호교신이 되어야 한다. 이때 양쪽 신경조직 사이의 상호교신이 가능하게 해주는 것을 미주(迷走)신경계라고 한다.

이 미주신경들은 수의적인 신경을 담당하는 뇌를 지나서 발음기관을 담당하는 기관을 지난다. 그리고 더 앞쪽인 흉부를 거쳐 심장과 폐에 전달된다. 마지막으로 횡격막으로 지나가는데 여기서 신경을 감싸고 있는 물질(불수의(不隨意)신경)이 사라지고 교감신경으로 탈바꿈한다. 이를 통해 신경과 교감신경계간의 연결고리가 형성되면서 인간을 물질적인 하나의 존재로 만들어준다.

이와 유사한 방법으로 뇌가 서로 다른 영역으로 분리가 되어 있는 것은 마치 마음과 마음 사이의 연결로 보인다. 일반적으로 뇌의 앞부분은 앞으로 닥쳐올 일을 관장하고 뇌의 뒷부분은 지나간 일을 담당하며 중간부분은 두 부분을 다 맡는다.

직감에 해당하는 부분은 뇌의 윗부분으로 뇌의 앞부분과 뒷부분 사이에 위치한다. 생리적으로 봤을 때 직관적인 생각들이 관련된 부분이 바로 이곳이다. 이 생각들은 처음에는 다소 미숙하고 일반적인 것이지만 의식세계에 인식된다.

또한 자연의 생리는 이 생각들을 더 정확하고 실용적인 형태로 변형시킨다. 즉, 의식은 수의신경을 타고 전달되어 불수의신경으로 흘러간다. 이어 주체적인 정신으로 전달된다.

뇌의 꼭대기로부터 뇌의 앞부분을 타고 수의신경계를 통해 태양신경총까지 전달되어 내려오는 진동 전류는 방향이 바뀌어 거꾸로 올라간다. 반대로 흐르는 이 전류는 정신의 주체적인 행동을 나타낸다.

만약 우리가 뇌의 윗부분 표면을 벗겨낸다면 뇌량(腦梁 : 좌우의 대뇌반구가 연접된 부분으로 변지체(體)라고도 함 – 편저자 주)이라 불리는 반짝 띄는 벨트 모양을 발견할 수 있을 것이다. 바로 이 부분이 주체와 목적이 만나는 곳이다. 전류는 태양신경총에서부터 이 부분으로 돌아온다.

이 전류는 뇌에서 주체적 정신으로부터 얻어진 목적을 담당하는 부분에 저장된다. 이와 같이 처음에 불분명하게 인식된 개념은 목적을 담당하는 부분에 정확하고 실행 가능한 형태로 저장되고 뇌 앞쪽을 통과하여 (비교와 분석을 담당하는) 명쾌하게 아이디어를 실행에 옮기고 잠재되어 있는 능력까지도 끌어낸다.

앞에서 등장하는 용어 중 '주체적 정신'은 '잠재의식'과 같은 맥락이며 '목적을 담당하는 부분'은 '의식세계'와 같은 말이다. 이 두 가지 다른 단어를 완벽히 이해하길 바란다.

신체가 에너지를 전달하는 이중 시스템을 공부하다보면 이 두 가지 시스템은 서로 연관되었다는 점을 발견할 수 있다. 그리고 의식세계에서부터 잠재의식까지 사고를 전달할 수 있다는 것도 발견할 수 있다. 상호보완적인 이중신경 시스템은 협력의 가장 대표적인 예라고 할 수 있다.

이 시스템을 이해하고 나서 진화의 내용을 생각하면 이전에 언급했던 정확한 사고력을 키우는 데 큰 도움이 될 것이다.

당신의 잠재의식이 어떤 아이디어를 인지했을 때 이것은 자기암시를 거쳐 이중신경 시스템을 통해 직접 행동으로 실행된다. 그리고 잠재의식이 어떤 욕구를 통해 명확한 계획을 세웠을 때는 그 계획은 이중신경 시스템을 통해 의식세계로 전달된다. 이러한 신경의 협력 시스템은 문자 그대로 우리의 의식세계와 무한한 사고를 연결하는 직행선과 같은 것이다.

이 주제를 처음 공부하기 시작했을 때 그때까지의 경험으로는 지금 내가 서술하는 내용을 이해하기 꽤 어려웠다. 그렇지만 지금은 아주 간단한 방법으로 독자가 이해하고 스스로 증명할 수 있도록 가설을 전개하겠다.

오늘 밤 잠자리에 들기 전에 내일 아침 새벽 4시에 일어나겠다고 마음먹어라. 만약 당신이 판단하기에 이 계획이 긍정적인 것으로 결정된다면 잠재의식이 이 계획을 실행해 새벽 4시에 정확히 일어날 수 있다. 이렇게 얘기하면 아마도 다음과 같은 질문이 나올 것이다.

"만약 나의 잠재의식에 일정한 시각에 일어나는 것을 명령할 수 있다면, 그리고 그 시간에 정확히 일어날 수 있다면 왜 좀더 중요한 다른 욕구들은 이와 같이 되지 않는 겁니까?"

🗂 협력과 조직화된 에너지들의 조화

> 경영을 하는 사람에게 가장 힘든 일 중의 하나가 자기와 관련된 사람들을 조화의 정신으로 협동하도록 하는 일이라는 것은 누구나 쉽게 수긍하는 일이다. 주어진 업무가 무엇이든지 구성원간에 끊임없는 협력을 유도하는 일은 힘든 일이다. 그러나 유능한 리더들은 이처럼 고난도의 일을 수행해 낸다.

인간의 두뇌와 신경세포는 이해가 어려운 복잡한 기관이다. 적절하게 조절되고 지도를 받게 된다면 이 기관은 놀라운 성취를 이루어내지만, 이것이 잘 되지 않는다면 정신병원에 입원한 환자의 경우처럼 괴상한 현상을 나타낼 수도 있다.

인간의 두뇌는 인간을 사고하게 만드는 에너지의 끊임없는 유입에 직접 접촉하는 기관이다. 두뇌는 이 에너지를 받아들여 체내에 섭취된 음식물로부터 생성된 에너지와 혼합하여 혈류와 신경계의 도움을 받아 몸 구석구석에 분배해준다. 이렇게 생명활동이 이루어지는 것이다.

도대체 어디서 이런 외부의 에너지가 유입되는 것인지 아는 사람이 없는 것 같다. 우리가 아는 것은 단지 이러한 생명활동을 해야만 하고 그렇지 않으면 그것은 곧 죽음을 의미한다는 사실뿐이다. 아마도 이 에너지는 에테르라고 보는 것이 타당할 것이며, 호흡을 함에 따라 공기 속에 산소와 함께 체내로 흘러들어오는 것으로 보인다.

정상인이라면 누구나 화학 창고를 지니고 있으며 이러한 화학물질은 호흡, 흡수, 체내로 들어온 음식물의 혼합과 분해작용을 통해 영양소가 필요한 곳으로 운반, 분배될 수 있도록 하는 작용을 한다.

수많은 실험을 통해 인간과 동물들은 음식물을 분해하는 과정과 신체에 흡수 가능한 요소로 변환시키는 과정에 마음의 작용이 매우 중요한 역할을 한다는 사실을 알아냈다.

불안, 초조, 흥분, 공포 등은 소화작용을 방해하고 극단의 경우에는 모든 생리 작동을 멈춰 질병이나 죽음에 이르기까지 한다. 이런 사실로 미루어 마음이 음식물의 소화와 분배라는 화학반응에 관여한다는 것은 거의 확실하다.

과학적으로 증명된 사실은 아니지만 권위 있는 과학자들에 따르면, 마음이나 사고라고 알려진 에너지가 부정적이거나 비신사적인 요소에 오염되면 모든 신경계통이 장애를 일으켜 소화작용이 저하되고 이는 갖가지 질병을 유발한다고 한다. 예를 들어 재정상의 어려움이나 일방적인 짝사랑의 경우가 이런 정신상 장애의 수위(首位)를 차지할 것이다.

가족 구성원이 끊임없이 잔소리를 하거나 어떤 일에 방해를 하는 등의 부정적인 환경에 놓이게 되면 그 안의 개인은 마음의 화학반응이 방해를 받게 되고, 결국 야망을 잃고 점차 세상에서 망각되어 버리는 운명을 맞이하게 될 것이다.

그래서 여자는 남자를 잘 만나고 남자는 여자를 잘 만나야 인생이 제대로 열리지, 그렇지 않으면 인생을 그르칠 수도 있다. 이 말은 문자 그대로 참이다. 이에 대해선 앞으로도 계속 이 책을 통해 언급하게 될 것이다.

'힘' 이란 계획된 노력에서 나온다

우리가 먹는 음식물도 경우에 따라서는 사람의 위에 들어가면 소화불량을 일으키거나 격심한 고통을 유발하기도 하고 심지어는 사망에 이르게까지 한다. 건강이라는 것도 사실 부분적으로는 음식물이 조화(調和)를 이루었느냐에 달려 있다고 할 수 있다.

그러나 음식물의 배합이 조화를 이룬 것만으로는 건강을 논하기에 충분하다고는 할 수 없다. 건강을 위해서는 마음이라고 알려진 에너지 간에도 조화가 이루어져야 한다. 결국 신체 건강은 마음의 건강과 마찬가지로 조화의 원리에 기초하여 가능하다.

이렇게 '조화'는 협력이라는 자연법칙의 하나라고 볼 수 있으며, 이것

없이는 조직화된 에너지라든가, 생명이라는 것도 있을 수가 없다. 조직화된 에너지의 조화가 깨지면 에너지(힘)는 무질서의 카오스 상태에 이르게 되고 힘은 작용을 하지 못하거나 멈추게 된다. 가령 신체의 장기가 조화롭게 기능을 하지 못하게 될 때 생명은 와해되고 죽음에 이르는 것이다.

인생에서의 성공은 – 그 의미가 무엇이든지간에 – 크게 자신과 자신이 처한 환경 사이에서 조화가 성립될 수 있는 방향으로 적응시키는 것이라고 볼 수 있다.

대궐에 사는 임금님도 궁내에 조화가 없다면 오두막집에 사는 소작농과 다를 바 없다. 반면 오두막집의 소작농일지라도 조화를 이룬 삶을 산다면 대저택의 부자보다 행복한 삶을 살아갈 수 있다.

완벽한 조화가 없다면, 가령 우주의 별과 행성이 조화를 잃게 되면 이들은 서로 충돌하여 모든 것은 혼돈과 무질서의 상태에 이르게 될 것이다. 이렇게 되면 천문학은 아무짝에도 쓸모없는 학문이 될 것이다.

조화의 법칙이 적용되지 않는다면 도토리는 밤나무, 포플러나무, 단풍나무가 마구 섞인 이질적인 종에서 자랄 것이다. 조화의 법칙이 없다면 머리카락이 자라나야 할 두피에 손톱이 자라나 머리에 뿔이 난 사람이 생겨날 것이다.

조화의 법칙이 없다면 지식의 체계 또한 없을 것이다. 왜냐하면 체계화된 지식이라는 것도 사실과 자연법칙의 조화에 지나지 않기 때문이다.

인간사의 동업관계에 적용되는 조화이든, 천체 행성들의 일괄적인 움직임에 적용되는 조화이든, 불일치의 싹이 보이면 조화는 벌써 뒷문으로 빠져나가기 시작한다.

조화가 존재하지 않는다면 가치 있는 시도, 음악도, 웅변도 주의를 기울일 만한 성취를 이루지 못한다.

훌륭한 건축물은 조화의 소산일 경우가 대부분이다. 조화가 없이는 건축물이라는 것도 건자재더미에 지나지 않을 것이며 그것은 아마도 괴물 같은 모습을 보일 것이다.

튼실한 경영 또한 조화 속에서 원동력을 찾을 수 있다.

잘 차려입은 남녀는 조화를 보여주는 움직이는 표본이다.

세상사에 - 아니 전 우주에 걸쳐 - 이처럼 조화로 이루어지는 일이 많은데, 지각이 있는 사람이라면 이 조화와 인생의 '명확한 목표'를 따로 떼어놓고 생각할 수는 없다. 목표에서 제일 중요한 기반이 되는 조화를 빠뜨리는 것은 곧 '명확한 목표'가 없는 것과 같다고 할 수 있다.

현대의 백화점은 한 건물의 지붕 아래 작은 여러 상점이 모여 운영되고 있다. 이들은 하나의 관리 회사 밑에 같은 자본으로 운영된다. 상업부문에서도 협력이 얼마나 중요하게 이용되는지 잘 보여주고 있다.

'힘'이란 계획화된 노력에서 나온다. 그 계획화된 노력엔 다음과 같이 중요한 3가지 요소가 있다.

① 집중력(Co-ncentration)

② 협력(Co-operation)

③ 조정(Co-ordination)

우리가 이미 앞에서 본 바에 따르면 힘이란 조직된 노력 혹은 조직된 에너지와 같은 말이다. 개인의 힘은 각자의 정신능력을 발전시키고 계획하며, 조정함으로써 생긴다.

개인의 힘을 개발하는 것은 협력을 통해 얻어질 수 있는 잠재적인 힘(그룹 파워)의 개발에 첫 번째 단계이다. 지금까지 큰 행운이나 부를 쌓아 온 사람들은 모두 유능한 '조직자(organizer)' 들이었다는 점은 잘 알려져 있다. 이는 협력을 이용해 자신에게 없는 능력을 다른 사람의 능력으로 채워 나갔다는 것을 뜻한다.

이번 장의 가장 큰 목표는 계획된, 협력된, 그리고 연합된 노력의 법칙을 살펴보는 것이다. 독자들은 이들의 중요성과 철학을 잘 이해하기 바란다.

당신이 선택한 사업이나 전문분야를 예로 들어서 관찰하자. 각 분야에서 나타나는 한계점이란 대개 계획성과 협력의 부족이 초래한 것들이다. 그 예로 법조계를 보자.

협력 통한 힘의 계발 가능성

만일 한 로펌 회사가 한 가지 유형의 법률지식에만 정통한 사람들만 고용되어 있다면 그런 사람들은 아무리 많아도 효율적이지 못하다. 복잡한 법률체계는 한 사람의 능력보다는 여러 사람의 복합적인 재능을 요구하는 것이다.

그러므로 조직된 노력만 가지고는 확실한 성공을 거두기 힘들다는 것을 알 수 있다. 조직은 반드시 다양한 재능을 가진 사람으로 구성되어야 한다는 점이다.

잘 조직된 법률회사는 한 사건을 준비하는 데 여러 가지 능력을 가진 사람들을 투입한다. 관찰력과 상상력이 풍부한 사람과 더불어 사건에 적용될 법들을 어떻게 적절히 조화시킬지 또 증거들을 어떻게 확보할지 잘 아는 사람들로 준비한다.

그러나 이러한 능력을 갖춘 사람이 꼭 법정에서의 진술에도 월등할 것이라는 법은 없다. 그러므로 법정 진술에 강한 사람도 필요하다.

더 나아가 분석해보자면 세상엔 여러 가지 사건들이 있다. 준비과정과 사건을 진행하는 두 가지 능력이 모두 필요하다. 회사법 관련 사건에 능통한 변호사가 형사사건에는 번번이 패할 수도 있다.

법률 파트너를 구성할 때 계획과 협력의 법칙을 잘 이해한 사람은 여러 가지 분야에 박식한 사람들과 그가 중점을 두는 분야에 능력을 갖춘 사람을 뽑을 것이다.

반면 협력의 잠재적 힘에 대해 알지 못하는 사람은 뽑으려는 사람이 어느 분야에 정통한지는 확인하지 않고 인간성이 좋은 사람이나 안면이 있는 사람을 뽑으려 한다.

앞에서 이미 조직된 노력에 대해서는 여러 번 언급이 됐다. 그러나 여기에서 또 언급하는 이유는 목표하는 바를 이루기 위해 필요한 재능을 가진 사람들이 동맹을 맺거나 협력해야 하는 필요성을 다시 한번 피력하기 위해서다.

우리 주위의 모든 상업적 기업을 보자. 거기엔 적어도 3가지 분야가 있다. 이름 하여 구매, 판매, 그리고 재정이다. 이 3가지 분야가 계획적이고 상호 협력적인 노력을 할 때 개인이 결코 가지지 못한 힘을 갖게 되는 사례를 많이 볼 수 있다.

사업에 실패하는 많은 경우를 보면 그 사업체가 이들 중 어느 한 부류의 사람들로만 구성되어 있는 것을 볼 수 있다. 원래 대부분의 세일즈맨들은 낙관적이며 열정적이고 감성적이다. 반면 경제전문가들은 보통 감성적이지 못하고 계획적이며 보수적이다.

이 두 부류의 사람들은 모두 기업의 성공에 필요한 존재들이다. 그러나 어떤 사업에서든간에 어느 한 부류의 사람들만 많게 되면 다른 부류의 사람들과 조화롭게 변화되는 효과를 얻을 수 없게 된다.

제임스 힐(James J. Hill)은 미국에 다시없을 가장 영향력 있는 철도건설업자였다. 그러나 그는 산업기술자도 다리기술자도 아니었으며 철도기관사도 공학기술자도 화학자도 아니었다. 이 모든 분야가 철도건설에 필요한 데도 말이다.

힐이 가지고 있든 재능은 계획된 노력과 협력의 골자를 다 이해하고 있다는 것이다. 그러므로 그의 곁에는 항상 그에게 없는 능력을 가진 사람들이 그를 돕고 있었다.

현대의 백화점은 조직적이고 협력적인 노력을 보여주는 훌륭한 본보기이다. 백화점을 구성하고 있는 각 판매점은 구매나 마케팅에 능통한 한 관리자 밑에 있다. 판매, 구매, 재정의 전문가, 그리고 관리자로 구성된 그룹이 이 백화점을 위해 일하고 있다. 이러한 형태의 계획성 있는 노력은 판매·구매에 각 부서들이 독자적으로 운영되었을 때는 기대하기 힘든 효과를 얻을 수 있게 한다.

앤드류 카네기는 철강사업 분야에서 항상 독보적인 존재였다. 그 이유는 계획과 협력의 요지를 잘 알았기 때문이다. 그의 주위에는 경제분야, 화학분야, 세일즈분야, 도매·구매분야, 운송분야 등 산업에 필수적인 분야의 전문가들이 있었기 때문이다.

그는 이 사람들을 '동업자'로 생각했고, 그의 '마스터 마인드' 힘을 이루는 범주에 이들을 포함시켰다.

이에 관한 또 다른 예로 종합대학교를 들 수 있다. 교수진은 전문화된 사람들, 즉 능력이 제각각인 사람들로 구성되어 있다. 한 학과는 문학의 전문가들로 구성되었고, 수학 전문가로 구성된 학과도 있으며 이외에도 화학, 경제학, 공학, 철학, 의학, 약학, 법학 전문가들로 각 학과가 구성되어 있다.

전체적으로 대학은 여러 단과대로 이루어진 그룹이라고 볼 수 있다. 이들 단과대는 각 분야의 전문가들로부터 운영되고 협동과 노력을 통해 더욱더 효율적으로 한 명의 총장으로부터 운영된다.

어디에 있는 힘이든 어떤 형태의 힘이든 최대한 분석해 보아라. 그 뒤에는 잘 조직된 개체나 이들 사이의 거대한 협력 라인이 형성되어 있다는 것을 알게 될 것이다. 이 중요한 사실의 증거는 미미한 식물에서부터 고등 동물인 인류에게까지 전체적으로 분포되어 있다.

누구도 기회를 주지 않는다

몇 년 전 실업률은 높아지고 연봉수준도 턱없이 높았을 때 신체 건장한 젊은이들이 시카고의 한 공원에서 아무것도 하지 않고 누워 있는 것을 보았다. 난 그들이 어떤 변명을 늘어놓을지 너무 궁금해서 그 중 7명을 인터뷰했다.

먼저 담배와 여송연을 건네 분위기를 화기애애하게 만들어 비교적 우호적인 분위기 속에 인터뷰할 수 있었다. 그들이 모두 입을 모아 늘어놓는 이유는 아무도 자신을 써주지 않는다는 것이었다. 그들은 똑같이 다음처럼 말했다.

"세상이 내게 기회를 주지 않습니다!"

느낌표는 내가 붙인 것이다. 그 대답에 나는 한숨이 나왔다.

생각해 보라. 세상은 결코 '그들에게 기회를 주지 않는다'.

물론 세상은 그들 말고도 그 누구에게도 기회를 주지 않을 것이다. 기회를 얻기를 원한다면 노력을 해야 한다. 누군가 그들에게 고운 은쟁반에 기회를 담아주길 기다린다면 그들은 실망할 것이 뻔하다.

유감스럽게도 젊은이들 사이에는 세상이 기회를 주지 않는다고 생각하는 풍조가 만연해 있다. 바로 이 점이 가난과 실패에서 벗어나지 못하는 이유이다.

32

그 화창했던 오후에 내가 일곱 번째로 인터뷰한 사람은 드물게 훌륭한 외모를 하고 있었다. 그는 얼굴에 신문을 덮고 누워 있었다. 내가 그의 얼굴에서 신문을 치우자 그는 다시 내 손에서 신문을 빼앗아 얼굴에 다시 덮고 누웠다.

그러자 나는 다시 신문을 치우고 그가 닿지 못하는 곳에 던져버렸다. 그제야 그는 자리에 일어나 앉았고 나는 그를 인터뷰할 수 있었다. 그는 동부에 있는 유명대학에서 석·박사학위를 취득한 인재였다. 그가 들려준 이야기는 조금 측은했다.

그는 여러 직장을 구했었지만 고용주나 동료 직원들은 '그를 미워했다'고 한다. 그는 대학에서 배운 자신의 가치를 보여줄 기회를 얻지 못하고 있었다. 그들은 그에게 '기회'를 주지 않았기 때문이다.

유명한 상과대학을 졸업하고 전문직에 대한 능력도 있는 이 사람은 꾸물대며 모래 위에 집을 짓지 않았더라면, 그가 알고 있는 지식에 대해 세상 사람들이 대가를 지불해야 된다고 하는 그릇된 신념을 지니지 않았더라면, 큰 기업의 사장이나 전문 경영인이 될 뻔한 사람이었다.

다행스럽게도 대부분 대학 졸업자들이 이렇게 끈기가 없고 의지가 약하지만은 않다. 왜냐하면 이 세상의 그 어떤 대학도 자신이 아는 것을 가지고 무엇을 할 수 있는가는 생각하지 않고 자신이 아는 것을 통해 대가를 얻으려는 사람에게는 성공의 영예를 가져다준다고 가르치지는 않기 때문이다.

내가 마지막으로 인터뷰한 그 사람은 버지니아에서도 가장 유명한 집안의 아들이다. 그의 조상은 최초로 메이플라워호를 타고 미국에 왔다(제

1세대 패밀리 - 이하 명문가). 그는 어깨를 젖히고 주먹으로 가슴을 치며 외쳤다.

"생각해 보십시오, 선생님! 저는 버지니아의 유구한 역사를 자랑하는 집안의 자손입니다!"

나는 '미국 명문가'의 가족이나 자손이 항상 행복한 것은 아니라는 생각이 들었다. 많은 경우 명문가의 자손들은 집안의 이름을 이용해 3루 베이스에서 홈 베이스로 도루하려고 한다.

내 개인적인 생각이지만 세상에 정말로 중요한 일을 하는 사람들은 자신의 조상을 자랑하는 데 인색한 편이다.

얼마 전 나는 내가 태어난 남부 버지니아로 여행을 간 적이 있었다. 20년이 넘는 오랜 시간이 지난 후에 처음으로 가보았다.

20여 년 전 '미국의 명문가 집안'이라고 칭했던 집안의 자손들과 그저 평범한 집안의 자손들로 태어나 열정적인 행동을 통해 사업에 성공해서 열심히 살아가고 있는 사람들을 서로 비교하는 것은 슬픈 일이었다. 왜냐하면 그 비교에서 소위 명문가 자제들은 결코 좋은 점수를 얻지 못했기 때문이다.

그런 이유로 내가 보통의 집안에서 태어난 것이 참 다행이라고 말하더라도 그것은 결코 과장된 표현은 아니다.

물론 그것은 내가 선택할 성질의 것은 아니지만 만약 나에게 기회가 주어진다면 나도 물론 '명문가'에서 태어나기를 바랐을 것이다.

그러나 분명한 것은 소위 '명문가 집안'의 자식들이라고 해서 태어날 때부터 성공하는 데 필요한 특별한 것들을 지닌 채 태어나는 것은 아니라는 점이다.

얼마 전, 보스턴의 한 대학에서 강연을 제의받았다. 강연이 끝나고 위원회에서 제공한 하버드대학 및 캠브리지를 관광했다. 그곳에 머무르는 동안 나는 수많은 '명문가' 자손들을 만날 수 있었다. 그 중 어떤 사람은 유명한 패커드 자동차를 몰고 다녔다.

20여 년 전에 내가 패커드 차와 함께 하버드대학 학생이 되었다면 나는 큰 자부심을 가졌을 것이다. 그러나 세월이 흘러 숱한 경험을 한 지금 나는 하버드대학에 다니더라도 자가용은 타지 않고 다니겠다는 결론을 얻었다.

나는 자동차를 가지지 못한 몇몇 하버드대학 학생을 유심히 관찰했다. 그들은 식당 등지에서 아르바이트를 하며 열심히 생활하면서도 그 어떤 것도 부러워하지 않았다. 또한 '명문가' 부모들한테 물려받은 재산을 자랑하면서 뽐내는 학생들과 비교당하는 것으로부터 받는 스트레스에도 고통받지 않았다.

물론 내가 말하는 것이 하버드대학에 대해 논하려는 것도 아니고 하버드대학 학생을 자식으로 둔 모든 '명문가'들의 이야기를 하고자 하는 것도 아니다. 다만, 나와 같이 가진 것도 별로 없고 쌓아 놓은 지식도 없지만, 건설적이고 유용한 노력을 하는 사람들에게 용기를 북돋워주고자 하는 바람에서 이 글을 쓰고 있는 것이다.

꿈은 열정적인 행동을 통해 현실화

> 성공은 정확한 사고에 기반을 두어야 하며 정확한 사고의 기본은 반드시 정확한 사실에 기초한다. 흘러듣는 말이나 단순한 정보만 가지고는 안 된다. 한 번에 한 가지씩 일할 수 있는 집중력을 길러야 하고 자신의 계획을 능률적으로 이행하기 위해 협력하는 습관도 길러야 하는 것이다.

상상력에 대해 공부할 때 오래된 아이디어와 새로운 계획을 어떻게 결합해야 하는지 이미 배웠다.

하지만 실리적인 계획도 추진력 있는 행동이 뒷받침되지 못하면 아무 쓸모없는 것이 되고 만다. 자신이 되고자 하는 사람에 대한 혹은 자신이 얻고자 하는 신분에 대한 꿈과 비전을 갖는 것은 존경할 만한 일이다.

그러나 이 꿈과 비전이 열정적인 행동을 통해 현실화되지 못한다면 아무런 의미가 없다. 세상에 꿈꾸는 사람은 많으나 그들은 아무것도 하지 않는다. 반면 어떤 사람들은 이런 몽상가들의 꿈을 현실로 만들어 대리석, 음악, 좋은 책, 철도, 증기선 등을 만들어냈다.

한편 꿈꾸는 것과 현실화, 이 두 가지를 모두 다 하는 사람들도 있다. 이런 사람들을 굳이 구분하자면 '이상과 현실을 겸비한' 타입이라고 할 수 있겠다.

어째서 집중적으로 노력하는 습관을 길러야 하는지에 대해서는 경제적인 이유와 심리적인 이유가 있다.

인간의 몸은 수십억 개의 작은 세포로 이루어져 있다. 이 세포들은 극도로 민감하며 당신이 마음먹기에 따라 수시로 변할 수 있다. 만약 당신의 마인드가 나태하게 혼수상태에 빠진다면 당신의 세포 또한 게을러지고 나태해질 것이다.

흐르지 않는 호수에 고인 물은 이내 더러워지고 썩게 된다. 마찬가지로 나태한 몸에 있는 세포는 곧 병들게 될 것이다.

세포의 나태함으로 게으름이 생기게 된다. 몸이 나른할 때 사우나에 가서 뜨거운 물속에 몸을 뉘어보아라. 그러면 곧 뜨거운 물이라는 인위적인 자극제가 나태함을 사라지게 할 것이다. 혹은 당신이 정신을 바짝 차릴 만큼 좋아하는 게임을 해보아라. 당신의 나태함은 곧 사라질 것이다.

행동하지 않는 게으름, 이른바 '나태함' 이야말로 한 마을을 죽게 할 수도 있는 무서운 요소이다. 어떤 마을을 예로 들어보자. 내 설명을 듣다보면 어느 지방을 말하는지 곧 알게 될 것이다.

부정적인 집단심리의 영향

이 마을은 블루 로(Blue-Law : 18세기 뉴잉글랜드 지방의 매우 엄격한 청교도적인 법 – 편저자 주)를 지키기 때문에 일요일엔 모든 식당이 문을 닫는다. 열차도 이 마을을 지날 때엔 시속 12마일의 느린 속도로 달려야 한다. 그리고 모든 공원엔 '휴장' 이라는 팻말이 걸린다.

바람직하지 못한 도시의 법령 때문에 이 도시는 다른 도시들에게 산업의 우위를 빼앗길 수밖에 없었다. 이 마을의 그 어느 곳에서도 엄격한 제재의 잔해를 볼 수 있었다. 길을 걷는 사람들의 얼굴이나 행동, 심지어 걸음걸이에서도 느껴진다. 당연히 이 도시의 집단심리는 아주 부정적으로 나타났다.

기차를 타고 이 마을 정거장에 내리는 순간부터 풀죽어 있는 마을 분위기를 느낀 사람은 뒤에 오는 기차를 타고 다음 마을로 향하고 싶은 마음이 굴뚝같았다. 마을은 마치 묘지와도 같고 사람들은 걸어다니는 유령같았다. 주민들에게는 아무런 삶의 의욕도 없어 보였다.

그들의 재정상태만 봐도 이러한 부정적인 분위기를 느낄 수 있다. 상점의 쇼윈도에서도, 점원들의 얼굴에서도 마찬가지였다.

어느 날 나는 긴 양말을 사기 위해 한 가게로 들어갔다. 단발머리를 한 젊은 여성이 양말박스를 카운터로 휙 던졌다. 내가 박스를 들어 양말을 한번 보고는 불만 가득한 얼굴을 하자 그녀는 나른하게 하품을 해댔다.

"집으신 그 양말이 이 가게 물건더미 중 가장 좋은 거예요."

'물건더미!'

그녀가 내 마음을 읽은 것이 분명했다. 그녀가 말하기 전에 나도 이 단어를 생각했었다. 그 가게는 마치 쓰레기를 쌓아 놓은 듯했다. 도시의 전체적인 분위기도 그러했다. 더욱더 이상한 건 그 분위기가 마치 내 핏속에도 흐르는 것 같았다. 부정적인 사람들의 정서가 내 안으로 엄습하고 있었다.

오직 메인(Maine)주(州)만이 '블루 로' 때문에 고통받는 것은 아니다.

다른 주의 이름도 말할 수 있으나 언젠가 내가 정치에 발을 들여놓을지도 모르므로 삼가겠다.

이제 이 이야기는 그만하고 나머지는 당신의 분석에 맡기겠다.

어쨌든 열의가 가득 찬 도시와 무기력함 때문에 타락해버린 도시를 비교해보면 나의 주장에 정당성을 인정할 수 있을 것이다.

이렇게 나는 무기력 때문에 망해가는 기업들도 몇 군데 더 알고 있으나 그 이름을 거론하는 것은 그만두겠다. 아마 당신도 그들 중 몇 곳의 기업은 알고 있을 것이다.

몇 년 전, 미국의 가장 유명한 은행가인 프랭크 밴더립(Frank A. Vanderlip)이 뉴욕에 있는 내셔널 시티뱅크로 왔다. 그는 능력이 있었고 성공적인 성취를 해온 사람이라 그의 가치는 높게 평가되어 있어서 연봉 또한 높았다.

그는 원목의 고급책상과 가구들로 배치된 훌륭한 개인 사무실도 배정받았다. 그 책상 위에는 버튼만 누르면 비서실로 연결되는 장치가 있었다. 첫날은 아무 일도 없이 앉아만 있었다. 둘째 날도, 셋째 날도, 넷째 날도 그저 아무 할 일도 없이 자리에 앉아 있어야 했다. 그 누구도 그에게 와서 말을 걸지 않았다.

주말이 되자 그는 불편해지기 시작했다(유능한 사람은 자신의 앞에 일이 없어지면 항상 불안해한다). 그 다음 주가 되자 프랭크 밴더립은 사장실로 찾아가 말했다.

"보십시오. 당신은 나에게 높은 연봉을 주면서 아무것도 시키지 않고 있습니다. 저는 마치 보이지 않는 감옥에 갇힌 기분입니다."

사장은 날카로운 눈에 생기를 띠며 바라만 보고 있었다.

"제가 할 일이 없어 앉아 있는 동안 생각을 해봤습니다만, 은행의 규모를 더 크게 할 수 있는 방안이 한 가지 떠올랐습니다. 그것을 제안하겠습니다."

사장은 '생각'과 '제안'이란 단어의 가치를 높게 평가하며 그와의 대화를 계속 이어갔다.

"제 경험에 비추어 보면 다른 업체와 연합을 맺는 것이 은행에 더 큰 이익이 될 것입니다. 은행의 가맹점을 모집하고 광고를 하는 게 어떨까요?"

"뭐라고? 은행을 광고하자고? 사업을 시작하고부터 나는 한 번도 광고를 해본 적이 없다네. 광고 없이도 잘만 되었는데."

"글쎄요. 지금부터가 광고를 해야 할 때인 것 같은데요. 그리고 가장 먼저 은행의 가맹점 모집 광고를 내야 합니다. 제가 계획했던 대로요."

밴더립의 승리였다. 행동으로 옮기는 사람은 항상 승리한다. 이 점이 승리하는 사람들의 특징이기도 하다. 내셔널 시티뱅크 또한 승리를 거두었다. 이 대화야말로 그 어떤 은행에서도 시도하지 않았던 진보적이고 실리적인 대화였던 것이다. 이 일로 내셔널 시티뱅크는 미국에서 가장 영향력 있는 은행이 되었다.

밴더립 역시 은행과 함께 영향력을 키워나갔다. 소신 있게 행동을 추진하는 사람은 그가 어떤 일을 맡아도 항상 승리한다. 마침내 그는 미국 최고의 은행장이 되었다.

활동적이고 다이내믹한 정신력

육체의 세포는 정신상태에 반응을 보인다. 도시를 감싸고 있는 전체적인 분위기가 개개인의 몸속의 세포에도 영향을 미친다. 따라서 만일 지도자들이 도시를 살리기 위해 활발한 활동을 한다면 그 도시에 사는 사람들은 금세 긍정적인 영향을 받게 될 것이다.

몸과 마음의 관계도 그러하다. 활동적이고 다이내믹한 정신력은 몸의 항상성을 유지하게 한다.

대도시의 주민들이 대부분 겪고 있는 '자가 중독'이라는 증상이 있다. 이는 내장의 움직임이 활발하지 않아서 생기는 병이다. 대부분의 두통은 아랫배를 청소해주면 한 시간 안에 다 낫는다.

하루에 물 여덟 잔을 마시는 것은 마치 운동을 한 효과와도 같아 관장 효과를 낸다. 일주일만 시도해보아라. 계속할 의무는 없지만 만약 평상시에도 운동을 많이 하고 물도 많이 마시는 사람이 아니라면 아마 새로 태어난 듯한 기분을 느낄 수 있을 것이다.

하루 24시간 중 16시간 동안을 건강하고 활동성 있게 살고 싶은 사람이라면 이 책의 두 페이지 정도에 실려 있는 충고를 따르면 된다. 하지만 이 충고들은 너무나 간단해서 사람들이 오히려 잘 따르려 하지 않는다.

내가 매일매일 해내는 엄청난 업무량에도 불구하고 지금까지도 건강을 유지하고 있는 것은 나를 잘 알고 있는 사람에게 놀라움이며 미스터리한 일일 것이다.

하지만 결코 미스터리가 아니다. 내가 따르고 있는 방법엔 돈 따위는 전혀 들지 않는다.

여기에 그 방법을 소개하니 원한다면 이 방법을 따라해 보라.

첫째 : 아침에 일어나 식사하기 전에 한 잔의 따뜻한 물을 마신다.

둘째 : 아침식사로 밀빵, 시리얼, 과일, 가끔가다 삶은 계란, 그리고 커피를 마신다. 점심으로 모든 종류의 야채를 먹고 밀빵과 우유를 한 잔 마신다. 저녁으로는 일주일에 한두 번씩 스테이크를 먹고 양상추를 위주로 한 야채와 커피를 마신다.

셋째 : 하루에 10마일(약 16km) 정도를 걷는다. 교외 쪽으로 5마일 걸어 갔다가 되돌아온다. 이 시간이 나에겐 명상과 상념에 잠기게 하는 시간이다. 이 시간이 나에게는 무척 가치 있는 시간이며 더불어 걷는 운동도 할 수 있는 일석이조의 시간이다.

넷째 : 의자의 앉는 부분에 등을 똑바로 드러눕는다. 머리와 팔은 거의 바닥에 닿을 정도로 긴장을 풀고 눕는다. 이 자세는 신체 각 신경의 균형을 맞춰준다. 아무리 피곤해도 10분 정도 이 자세를 유지하면 피로에서 완전히 회복할 수 있다.

다섯째 : 열흘에 한 번씩 관장을 한다. 필요하면 더 자주 해도 된다. 체온보다 조금 낮은 온도의 물에 소금 한 숟가락을 타서 마신다.

여섯째 : 아침에 일어나 뜨거운 물로 샤워를 한 뒤 찬물로 마무리한다.

나는 나 자신을 위해 이 간단한 일들을 실행으로 옮겼다. 나의 건강에 필요한 그 외의 부분은 자연의 어머니가 돌봐줄 것이다.

장을 깨끗이 하는 것이 얼마나 중요한지 알기 때문에 되도록 스트레스를 안 받으려고 노력한다. 현재 대부분의 많은 대도시 주민들이 '자가 중독' 증상을 보이고 있다.

하지만 물 한 잔으로도 간단히 장을 깨끗이 청소할 수 있다. 장이 안 좋아져 변비증상이 나타날 때까지 기다리기만 해서는 안 된다. 물론 변비에 걸렸을 때 약을 복용하면 잠시 나아질 수도 있겠지만, 평상시에 장을 깨끗이만 한다면 변비 때문에 겪는 고통에서 평생 해방될 수 있다.

지난 15년 동안 나는 두통 없는 주말을 보낸 적이 없었다. 그때마다 아스피린을 복용했고 잠시 잠깐이나마 고통에서 해방되기도 했다. 그때는 나도 몰랐던 자가 중독 증상에 고통받고 있었다.

내 문제점이 무엇인지 알았을 때 여러분께 추천한 것과 마찬가지로 두 가지 일을 했다. 아스피린의 복용을 중지했고, 내가 먹던 음식의 양을 절반으로 줄였다.

아스피린이란 – 그것을 파는 사람조차도 좋아하지 않을 – 두통의 영원한 치료제가 될 수 없다. 이것은 마치 화재신고를 하고 있는 사람의 전화선을 끊어놓는 전기배설공과도 같다.

아스피린은 위나 장기에서 오는 신경의 흐름을 무감각하게 차단시켜 버린다. 자가 중독은 혈액 혹은 뇌로 독소를 쏟아 부어 심각한 통증을 수반하기도 한다.

화재신고를 하는 전화선을 끊는다고 해서 불이 꺼지는 것은 아니다. 마찬가지로 아스피린을 먹는다고 해서 두통이 해결될 수 있는 것도 아니다.

당신의 뇌에 자가 중독 증상이 판을 치는 한 당신은 활동성 있는 사람이 될 수 없다. 거기에 걸맞은 대비를 해야 한다. 또 보기 좋은 하얀 빵(천연 음식의 영양을 모두 없애버린)만을 고집하는 사람, 자신이 소화시킬 수 있는 양보다 훨씬 많은 음식을 먹는 사람 역시 활동적인 사람이 될 수 없다.

매번 약병을 들고 다니는 사람이나 약에만 의존하는 사람 혹은 한 잔의 소금물로도 충분히 처방할 수 있는 데도 아스피린을 꿀꺽 삼키는 사람 역시 추진력 있는 사람이 될 수 없다. 음식을 많이 먹고 운동은 하지 않는 사람은 활발한 활동을 할 수 없다.

항상 약품 광고지만을 들고 다니며 암시의 법칙을 교묘하게 이용한 광고 문구를 보고 자신이 그 병과 같은 증상이라 믿으며 상상으로 병을 키우는 사람 역시 활동가가 될 수 없다.

나는 지난 5년간 남들보다 일을 훨씬 더 많이 했음에도 불구하고 단 한 번도 약봉지에 손을 댄 적이 없었으며 아프거나 병석에 드러누운 적도 없었다.

그 이유는 건강한 육체를 만드는 데 아주 기본적인 영양소가 있는 음식을 먹었기 때문이며 모든 일에 열정과 인내와 추진력을 가지고 일했기 때문이다. 그리고 샤워를 함으로써 내 몸에 있는 잔여물을 모두 제거했기 때문이다.

이렇듯 간단하고 기본적인 방법들을 당신도 한번 이용해 보아라. 내가 효과를 본 것처럼 당신도 분명 효과를 볼 수 있다면 독자와 나 모두가 이 책에 소개된 내용을 통해 도움을 받은 것이다.

이 논의를 끝내기 전에 미지근한 물의 위대함에 대해 설명을 하겠다. 이 물은 대장을 청소하는 데 도움을 준다. 내장근육에 직접 닿기 때문에 내장기관의 구멍으로부터 독소를 뽑아낸다. 다른 방법으로 관장을 하지 않아도 자연적인 방법으로 내장근육을 활발히 움직이게 해주므로 장을 청소하는 데 도움이 된다.

그러나 너무 따뜻한 물은 오히려 관장에 방해가 된다. 내장근육의 긴장을 너무 풀어줘 활동이 잠시 멈추기 때문이다.

이제 마지막으로 현재 건강관련 직업을 가진 내 친구들에게 사과한다. 의사, 접골사, 척추교정 전문지압사, 그 외에 건강에 관한 직업을 가진 내 친구들이 내가 건강에 대해 언급한 이 장을 읽지 않았으면 한다.

당신이 추진력 있는 사람이 되기 전에 물리쳐야 할 또 하나의 적이 있다. 걱정하는 습관이다. 걱정, 질투, 시기, 증오, 의심, 두려움 따위의 감정들은 당신의 행동을 파멸로 몰고 갈 것이다.

이와 같은 감정들은 몸과 마음을 모두 파괴시켜 소화된 음식물이 몸의 곳곳으로 흘러가는 기능을 방해할 것이다. 이 방해공작들은 신체적인 것에서 끝나는 것으로 보이나 사실은 정신적으로도 영향을 미치기 때문에 성공에 대한 욕구들을 모두 없애버리고 만다.

앞에서 인생의 명확한 중점 목표는 불타는 욕망이 뒷받침되어야 한다고 배웠다. 당신이 부정적인 마음을 가지고 있다면 절대 욕망을 불태우는 일은 일어나지 않을 것이다.

생각하는 모습이 바로 자신이다

> 인생의 가장 커다란 난제는 다른 사람과 어떻게 하면 슬기롭게 조
> 화할 수 있는지를 배우는 것이다. 그러므로 자신의 중점 목표가 무
> 엇이든지간에 유쾌한 성품을 형성하는 방법, 그리고 주어진 업무
> 를 수행할 때 충돌과 질시 없이 다른 사람과 연계하는 기술을 배운
> 다면 성공은 그리 어렵지 않을 것이다.

긍정적인 마음을 유지하고 있으려면 아주 효과적인 '분위기 전환제'를
마련해야 한다. 어려운 방법으로 분위기를 바꾸라는 말은 아니다. 분위
기 전환이란 그저 건강한 웃음 한번이면 족하다.

누군가와 쓸데없는 논쟁으로 기진맥진해 있을 때 분위기 전환이 필요
하다. 그럴 때마다 나는 아무도 날 방해하지 못하는 곳으로 가서 한바탕
크게 웃고 온다. 만약 주위에 웃을 일이 없다면 그냥 인위적으로라도 한
번 크게 웃고 온다. 결과는 둘 다 같다. 그저 5분 정도의 웃음으로 나의
정신적이고 육체적인 부정적인 생각은 크게 달라진다.

얼마 전 축음기에서 흘러나오는 '바보의 웃음'이라는 콩트를 들은 적
이 있다. 5분간의 웃음을 찾는 사람에게 추천할 만한 콩트인 것 같다.

어떤 여자와 남자가 녹음하였는데, 남자는 코넷이라는 악기를 연주하
고 여자는 그 남자를 비웃는다. 그녀의 웃음은 너무도 우스꽝스러워서

46

마침내 남자도 웃게 만든다. 그것을 듣고 있노라면 나도 모르게 저절로 웃음이 나온다.

'마음으로 생각하는 그대로의 모습이 바로 자신인 것이다.'

마음속에 두려움을 갖고서는 용감하게 행동할 수 없다. 마음속에 증오를 가득 담고는 남에게 친절하게 대할 수 없다. 마음속에 있는 생각이 – 강하고 깊게 뿌리박힌 생각은 – 분명히 행동에 영향을 준다.

당신 머릿속의 생각은 몸속 세포 하나하나에 영향을 준다. 머릿속에 두려움을 갖고 있으면 이 전파를 다리 근육에 전달하고 이 근육은 재빨리 당신을 그 상황으로부터 도망가게 한다. 겁에 질려 도망가는 사람은 그의 다리가 뇌로부터 두려움의 전파를 받아 움직이는 것이며 이러한 지시는 무의식적으로 내려진다.

그리고 당신의 생각은 텔레파시를 통해 다른 사람에게도 전파된다. 뿐만 아니라 한 걸음 더 나아가 당신의 생각이 사람들의 마음뿐 아니라 당신 몸의 세포 하나하나, 그들 몸속의 세포 하나하나에도 영향을 미친다.

이 요지를 이해하기 위해 다음 문장을 다시 한번 읽어보자.

'마음으로 생각하는 그대로의 모습이 바로 자신인 것이다.'

행동이라는 단어는 정신적, 육체적 두 가지 의미로 쓰인다. 불수의신경을 제외하고 몸이 활동하지 않는 시간에도 당신의 마음은 활발하게 움직이고 있다. 혹은 몸과 마음이 모두 활동할 수도 있다.

이 두 가지 타입을 이렇게 정의할 수 있다. 전자는 관리인 타입으로, 안정적인 자세로 남을 격려하는 사람이며, 후자는 어떤 행동을 개시하는 사람 혹은 세일즈맨 타입이다.

이 두 가지 유형의 사람은 사업이나 경제 분야에 모두 필요하다. 한 타입은 '발전기(활동적인)'에 비유될 수 있고, 다른 한 타입은 '평형바퀴'(안정시키는)라고 불릴 수 있다. 물론 이 두 가지 성향이 모두 있는 사람을 종종 발견할 수는 있으나 매우 드문 일이다.

대부분의 성공적인 기업은 이 두 가지 유형의 사람들을 적절히 고용하고 있다.

'평형바퀴'형 사람은 아무것도 하는 일이 없어보일지도 모르나 능동적인 성격으로 사람들에게 아이디어를 파는 적극적인 사람만큼이나 중요한 역할을 한다. 어떤 사람이 능동적인 성격을 가진 사람인지 아닌지를 알아보기 위해서는 그의 정신적, 육체적 습관 모두에 대해서 분석해 보아야 한다.

행동하는 것에 대가를 지급

흔히 하는 얘기 중에 이런 말이 있다.

"세상은 당신이 하는 일에 대가를 주지, 당신이 알고 있는 일에 대해선 대가를 주지 않는다."

이 문장을 자칫 잘못 이해하면 오해가 될 수도 있다. 세상 사람들이 정말로 지불하는 것은 행동히는 것 혹은 행동하도록 만드는 것에 대가를 지급하는 것이다.

다른 사람을 설득해 동업을 꾀하는 사람이나 서로 힘을 합쳐 좀더 노력하자고 권유하는 사람보다는 실제로 세상에 유용한 서비스를 하는 사람이 더 활동적인 사람이다.

산업이나 경제 분야에서는 다른 사람을 설득해 자신의 협력자로 만들면서 더 큰 힘을 키워가는 사람이 있다. 가장 대표적인 예로 카네기를 들수 있다. 그는 주위 사람들을 진두지휘하는 능력이 있어 자신이 필요로하는 능력을 가진 사람을 항상 주위에 두었다. 그 결과로 큰 재산을 모을수 있었다.

어떤 분야에서든 위대한 지도자들은 아마도 같은 능력을 가졌을 것이다. 재산을 모으는 것만이 지도자들이 가진 능력의 전부가 아니다. 그들의 리더십을 통해 많은 사람들이 이득을 얻고 있다.

그래서 경제 분야의 뛰어난 감각을 가진 사람이 반대 성향을 가진 직원들을 호되게 꾸짖는 경우를 종종 볼 수 있다. 그러나 만약 같은 성향을 가진 사람끼리 모여 사업을 한다면 불황의 구렁텅이로 빠질 것이다.

이 책의 첫머리에서 이미 협력의 중요성은 수차 강조한 바 있다. 어떤한 사람은 미래의 가능성을 점치고 계획을 세우는 데 능하고 또 다른 사람은 계획을 세우기보단 이미 세워진 계획을 실행에 옮기는 능력이 더 뛰어나다.

앤드류 카네기가 큰 성공을 거둔 이유는 계획을 세우고 실행하는 사람을 두루 곁에 두었기 때문이다. 카네기의 곁에는 세계에서 가장 유능한세일즈맨이 포진해 있었다. 하지만 모든 팀원을 유능한 세일즈맨으로만구성했다면 그는 큰 부자가 될 수 없었을 것이다. 추진력 있는 행동이 물론 중요하지만 훌륭한 지도자의 지휘 아래 추진되는 것이 더 현명하다.

미국에서 가장 유명한 로펌은 두 명의 변호사로 구성이 되었는데, 한 명은 법정엔 전혀 출두하지 않는다. 그는 단지 사건의 정황이나 자료들을 수집하고 분석할 뿐 또 다른 변호사가 법정에서 진술한다.

만약 이 두 명의 변호사가 모두 법정에서 진술하는 능력만 갖췄다면 그들은 미국 일류의 로펌을 운영하지 못했을 것이다.

대부분의 경우 어떤 일을 수행할 때 행동이 필요한 만큼 준비과정에서 그에 못지않은 행동이 필요하다.

이 세상에서 당신이 어디에 서 있는가를 알고자 한다면 자기 자신을 분석해 보아라. 당신이 남들보다 앞장서는 활동가 타입인가? 평형바퀴 타입인가? 당신이 타고난 능력을 잘 조합시켜서 거기에다가 명확한 중점 목표를 설정해야 한다.

당신이 만약 남들과 동업을 한다면 당신만큼이나 동업자의 능력도 잘 파악해야 한다. 그들의 적성에 어떤 일이 가장 어울릴지 파악을 해야 한다.

다시 말해 사람들은 '추진형'과 '관리자형'으로 나뉜다. 추진형의 예로는 진취적인 세일즈맨이나 사업을 계획하고 추진하는 주최자 등이 있고, 관리자형의 예로는 일단 모아진 자산을 잘 보존하고 관리하는 사람이 있다.

관리자형 타입의 사람에게 책을 관리하는 책임을 맡기면 그는 행복해 할 것이다. 하지만 그 책을 팔아오라고 하면 그는 불행해 할 것이고 이내 그 직업에 실패할 것이다. 반면 추진형 타입의 사람에게 책을 맡겨놓고 관리하라고 한다면 그는 불행해 할 것이다. 그의 천성은 행동하는 것이다. 그는 수동적인 행동에 만족스러워 하지 못한다. 심지어 실패의 두려움까지 느끼게 될 것이다.

종종 목격할 수 있는 공금횡령사건들은 추진형 타입의 사람에게 돈을 맡겨놓았기 때문이며, 이 부류의 사람들은 제한된 일에 갇혀 있으므로 유혹을 떨치지 못하게 된다.

사람들에게는 자신이 타고난 능력에 걸맞은 직업을 주어야 한다. 그러나 무엇보다 비극적인 일은 대부분의 사람들이 자신의 적성에 맞는 일을 찾지 못한다는 점이다. 그저 돈을 모으려는 목적으로 직업을 찾기 때문에 자신의 적성과는 상관없는 직업을 평생의 업으로 삼기도 한다.

만일 돈만이 성공을 구성하는 전부라면 그 방법도 괜찮을 것이다. 그러나 진정한 성공이란 자신에게 꼭 맞는 일을 하는 사람들만이 얻을 수 있는 즐거움과 안정된 마음이 있어야만 얻을 수 있는 것이다.

큰 웃음과 노래가 주는 효과

이번 장의 목표는 당신이 타고난 적성이 무엇인지 분석하고 가장 어울리는 일이 무엇인지 아는 데 있다. 이제 당신의 추진력 있는 행동이 좀더 발전되어야 할 시기에 왔다. 어떻게 하면 꾸물거리지 않고 추진력 있는 행동을 할 수 있을까.

여기엔 다음의 제안들이 있다.

첫째 : 가장 하기 싫은 일은 가장 먼저 하자. 처음엔 어려울지 모르나 한 번 습관을 들인다면 어려움 없이 수행할 수 있다.

둘째 : 다음 문장을 적은 종이를 침실에 붙여두고 아침에 일어나자마자 읽고, 잠자리에 들기 전 몇 번이고 읽어라. '사람들에게 당신이 무얼 할 수 있는지 말하지 말고, 행동으로 보여줘라.'

셋째 : 잠자리에 들기 전 열두 번 정도 큰소리로 다음 문장을 읽어라. '내일 내가 할 일을 제때에 모두 하고야 말겠다. 내가 해야 할 때이고, 내가 해야 하기 때문이다. 가장 어려운 일을 먼저 하자. 그렇지 않으면 게으름이 내 몸속을 파고들 것이다.'

넷째 : 이 지침들을 신념과 믿음을 가지고 행동에 옮겨라. 분명히 당신의 목표를 이루게 될 것이다.

이 책의 큰 특징은 당신이 할 일을 명료하게 요약해 놓았다는 점이다. 위대해 보이는 것도 알고 보면 기본적인 사실은 간단하다. 누가 연설을 하든 혹은 교양강좌에 대한 글을 쓰든 그 목적하는 바를 가장 명료하고 간결한 방법으로 전달되어야 한다.

이 장을 끝내기 전에 건강한 웃음이 주는 가치에 대해서 다시 한번 되돌아보자. 한번 크게 웃는 효과에 덧붙여 노래가 주는 효과를 생각해보자. 노래하는 것도 동일한 효과를 낸다는 점에서는 같다.

세계대전의 역사를 보면 알겠지만 독일 군대는 항상 승리를 거뒀다. 어떤 사람은 그 이유가 독일 군대는 노래하는 군대였기 때문이라고 한다. 그들이 노래하는 이유는 전투하는 군인에게 신념을 심어주기 위해서였다. 독일군이 노래를 멈추자 이내 세계의 대세는 독일군에게 불리하게 변해갔다.

빌리 선데이는 세계에서 가장 활동적이고 에너지 넘치는 목사이다. 하지만 그에게 성가대가 없었다면 그의 예배는 훨씬 무거웠을 것이다.

교회에 가는 이유가 성가대에 참석하는 것 이외에 다른 의미가 없다고 생각하는 사람들이 있다. 하지만 성가대에 참석하는 것 그 자체만으로도 교회에 가는 의미는 있다. 왜냐하면 찬양을 하는 사람들은 점점 더 찬송가를 좋아하게 되기 때문이다.

오랜 세월 동안 나는 성가대의 노래를 듣고 난 후 더 좋은 글을 썼다. 내 말을 증명하고 싶다면 다음 일요일 아침 교회에 가서 찬송가를 부르고 그 자리에 동참해보면 알 것이다.

전쟁 기간 동안 나는 전쟁용품의 생산을 가속화할 방법을 궁리했다. 공장에는 3천여 명의 근로자가 일을 하고 있었다. 나는 밴드를 조직해 10분 간격으로 '그곳에' '딕시' '그 마을엔 좋은 일이' 등의 쾌활한 노래를 부르게 했으며 그 결과는 노래를 시작한 지 30일도 안 되어서 생산율이 45%나 성장했다.

근로자들은 노래의 리듬을 타고 생산에 더욱 열을 올렸다. 이 음악을 들은 근로자들은 상상도 못할 추진력을 냈다. 그런데 수많은 근로자를 감독하는 사람들이 이런 효과를 이해하고 있는 것 같지는 않다.

여행 중에 있었던 일이다. 보스턴에 있는 필렌 백화점은 음악으로 직원들의 시기를 올려주었고 나는 그 백화점의 사장을 만날 수 있었다. 여름 동안 이 백화점은 개장 전 30분간 오케스트라가 최신 댄스음악을 연주한다.

백화점 문을 활짝 열어놓고 직원들은 복도로 나와 춤을 춘다. 그 활기찬 기운은 하루 종일 지속된다. 우연일진 모르겠지만 필렌 백화점의 직원들처럼 예의 바르고 일 잘하는 직원들을 본 적이 없다.

백화점의 한 관계자가 말하길 아침 음악 프로그램 덕분에 직원들은 큰 노력을 들이지 않고도 고객들에게 최상의 서비스를 하는 것 같다고 말했다.

전쟁터에서든 백화점 카운터에서든 노래하는 사람에겐 승리만 있을 뿐이다. 조지 와튼 제임스(George Wharton James)가 지은 《신과 함께 노래를》이란 책이 있다. 노래가 주는 영향에 대해 궁금한 독자에게 권한다.

조금은 단조롭고 무거운 분위기의 공장이라면 음악 프로그램을 신설해 보라고 권하고 싶다. 뉴욕 브로드웨이에 사업체를 가지고 있는 한 그리스 사람은 독창적인 아이디어를 냈는데, 축음기로 음악을 틀어 고객과 직원들을 즐겁게 해주는 방법이 그것이었다.

그곳에 오는 모든 사람들은 음악에 맞춰 즐거운 기분으로 옷을 골랐다. 만약 이 그리스 주인이 직원들의 근무 속도를 빠르게 하고 싶을 때는 단지 음악을 좀 빨리 돌리면 그만이었다.

완벽한 조화를 토대로 한 파워

어떤 명확한 중점 목표를 달성하기 위해 두 명 혹은 그 이상이 모여 협력하는 것은 개개인의 노력보다 훨씬 더 강한 힘을 낸다.

물론 그라운드 외에서는 서로 친하지 않고 어긋나는 점이 많은 풋볼 팀이라도 경기 중에 호흡만 잘 맞는다면 그 팀은 항상 승리할 것이다. 또 마스터 마인드에 기인한 원칙의 조화 없이도 많은 부를 모으고 잘 사는 부부들도 있다. 하지만 반쪽만 조화를 이루어 해내는 일보다 완전히 조화를 이루어 해내는 일의 가치가 더 높다.

일반적인 협력만으로도 물론 힘을 낼 수 있다. 이 점엔 의심할 여지가 없다. 하지만 완벽한 조화 아래서는 슈퍼 파워를 낼 수 있다.

같은 목적으로 모인 사람들이 한마음으로 노력한다면 마스터 마인드를 더욱 발전시킬 수 있다. 그룹의 하나된 목표 아래 개개인이 자신을 희생할 각오가 있다면 이루고자 하는 목표도 함께 이룰 수 있다.

어떤 그룹의 협력을 통해 발생하는 힘의 정도는 항상 그들이 얻고자 하는 동기의 본질에 따라 측정된다. 어떤 목적으로 모인 사람들이든 협력을 발휘한다면 실제로 이익을 볼 수 있다.

그러므로 사람들이 감정적으로 동조할 만한 동기, 그들의 열정을 조화시킬 만한 동기를 찾아내라. 그러면 마스터 마인드를 창조할 수 있는 어떤 시발점을 찾을 수 있다.

단순히 돈을 목표로 일하기보다 자신의 이상을 실현하기 위해 일하는 사람이 훨씬 더 적극적이라는 점은 잘 알려진 사실이다. 모두가 납득할 만한 '동기'를 찾아내는 것이 더 큰 이익을 얻게 될 것이다.

인간이란 기묘한 동물이다. 평범한 능력을 가진 사람에게 충분한 동기를 부여하면 보통의 상황에서도 엄청난 힘을 낸다

남성들은 자신이 선택한 여성(여성은 남성이 행동하게 하기 위해 어떤 일

을 해야 하는지 알고 있다)을 즐겁게 해주기 위해 놀라운 행동을 한다.

보통 남성들이 반응하는 데는 3가지 동기가 있다.

① 자기 보존의 동기

② 성적 유혹의 동기

③ 경제적, 사회적 성취의 동기

좀더 간단히 말하자면 남성을 행동하게 만드는 근원은 돈, 섹스, 그리고 자기 보존이다. 추종자들을 이끌 리더들이 찾는 대부분의 동기가 이 3가지 안에 모두 있을 것이다.

우리는 정신의 조화 없이 필요성에 따라 협력하며 일할 수도 있다. 그러나 이러한 종류의 협력은 모든 조직원이 한마음이 되어 같은 목적으로 완벽한 조화를 이루며 일하는 사람들의 힘과는 비교도 할 수 없다.

조직원들에게 얼마나 강한 동기부여를 하느냐에 따라 그들이 행동하는 차원이 달라진다. 마스터 마인드를 만드는 완벽한 조화는 조직원 개개인이 자신만의 목적을 희생하면서 그룹의 목표만을 위해 혼신의 힘을 다할 때, 이상주의 혹은 자비나 박애를 위해 일할 때 이룰 수 있다.

이타적인 희생, 즉 자신의 모든 것을 바쳐서 일할 준비가 되어 있는 사람들을 이끌 리더가 부여해야 할 동기로, 이는 앞에서 본 3가지이다. 물론 강력한 동기로 그들을 한데 모이게끔 하지 않고는 사람들은 그 리더를 따르지 않을 것이다.

사람들은 자신이 사랑하는 일을 아주 잘한다. 각 그룹의 리더들은 이

56

점을 마음속에 명심하고 그의 조직원들로 하여금 동기를 잘 이해하게 해서 같은 목표 아래 열심히 일하도록 해야 한다.

이 모든 것을 다 갖춘 리더는 그의 조직원들도 자신과 같은 마음이 되게 한다. 왜냐하면 리더가 강력한 동기를 마음에 품었기 때문에 조직원 각각의 마음에도 이 동기가 전달된다. 그러므로 그 그룹의 멤버들이 완벽한 조화를 이루어내는 것이다.

당신이 어떤 사람이고 명확한 중점 목표가 무엇이든 간에 만약 다른 사람과의 협력을 통해 자신의 목표를 이루고 싶다면, 마스터 마인드의 힘을 기본으로 함은 물론이고 조직원들이 분열되지 않고 이기적이지 않도록 적절한 동기부여를 해야 한다.

모든 자연법칙의 기본은 조화로운 협력에 있다. 인생의 성공은 협력적인 노력 없이는 거둘 수 없다. 그러므로 경쟁관계보다 협력관계를 중요시하는 사람은 많은 기회와 부를 손에 넣을 수 있을 뿐 아니라 다른 사람은 느끼지 못하는 행복도 덤으로 느낄 수 있다.

다른 사람과 협력하게 되면 두 가지 형태의 보상을 받을 수 있다. 하나는 인생을 변화시킬 수 있는 기회와 눈에 보이는 재산이고, 또 하나는 무엇이든 욕심부터 내는 탐욕스런 사람들은 절대 느끼지 못할 마음의 평화가 그것이다.

성취하려는 노력이 부족한 사람들은 무슨 일을 하든 뒷걸음치고 어떤 고난에 빠지면 그대로 주저앉고 만다. 그런 상황에서 벗어나는 길은 지금까지 해왔던 습관을 버리고 어떤 행동을 하는 것이다. 패배자들의 공통점은 무슨 일을 하든 질질 끄는 습관을 지녔다는 것이다.

잠재의식이 어떤 아이디어를 인지했을 때 이것은 자기암시를 거쳐 이중신경 시스템을 통해 직접 행동으로 실행된다. 그리고 잠재의식이 어떤 욕구를 통해 명확한 계획을 세웠을 때는 이중신경 시스템을 통해 의식세계로 전달된다.

인간의 두뇌는 인간을 사고하게 만드는 에너지의 끊임없는 유입에 직접 접촉하는 기관이다. 두뇌는 이 에너지를 받아들여 체내에 섭취된 음식물로부터 생성된 에너지와 혼합하여 혈류와 신경계의 도움을 받아 몸 구석구석에 분배해준다. 이것이 생명활동이다.

'조화' 는 협력이라는 사연법칙의 하나라고 볼 수 있으며, 이것 없이는 조직화된 에너지라든가, 생명이라는 것도 있을 수가 없다. 조직화된 에너지의 조화가 깨지면 에너지(힘)는 무질서의 카오스 상태에 이르게 되고 힘은 작용을 하지 못하거나 멈추게 된다.

인생에서의 성공은 – 그 의미가 무엇이든지간에 – 크게 자신과 자신이 처한 환경 사이에서 조화가 성립될 수 있는 방향으로 적응시키는 것이라고 볼 수 있다.

세상사에는 조화로 이루어지는 일이 많은데, 지각이 있는 사람이라면 이 조화와 인생의 '명확한 목표'를 따로 떼어놓고 생각할 수는 없다. 목표에서 제일 중요한 기반이 되는 조화를 빠뜨리는 것은 곧 '명확한 목표'가 없는 것과 같다고 할 수 있다.

힘이란 조직된 노력 혹은 조직된 에너지와 같은 말이다. 개인의 힘은 각자의 정신능력을 발전시키고 계획하며, 조정함으로써 생긴다. 개인의 힘을 개발하는 것은 협력을 통해 얻어질 수 있는 잠재적인 힘(그룹 파워)의 개발에 첫 번째 단계이다.

지금까지 큰 행운이나 부를 쌓아온 사람들은 모두 유능한 '조직자(organizer)'들이었다는 점은 잘 알려져 있다. 이는 협력을 이용해 자신에게 없는 능력을 다른 사람의 능력으로 채워 나갔다는 것을 뜻한다.

어떤 실리적인 계획도 추진력 있는 행동이 뒷받침되지 못하면 아무 쓸모없는 것이 되고 만다. 자신이 되고자 하는 사람에 대한 혹은 자신이 얻고자 하는 신분에 대한 꿈과 비전을 갖는 것은 존경할 만한 일이지만 이 꿈과 비전이 열정적인 행동을 통해 현실화되지 못한다면 아무런 의미가 없다.

인간의 몸은 수십억 개의 작은 세포로 이루어져 있다. 이 세포들은 극도로 민감하며 당신이 마음먹기에 따라 수시로 변할 수 있다. 만약 당신의 마인드가 나태하게 혼수상태에 빠진다면 당신의 세포 또한 게을러지고 나태해질 것이다.

당신이 추진력 있는 사람이 되기 전에 물리쳐야 할 또 하나의 적이 있다. 걱정하는 습관이다. 걱정, 질투, 시기, 증오, 의심, 두려움 따위의 감정들은 당신의 행동을 파멸로 몰고 갈 것이다.

마음속에 두려움을 갖고서는 용감하게 행동할 수 없다. 마음속에 증오를 가득 담고는 남에게 친절하게 대할 수 없다. 마음속에 있는 생각이 — 강하고 깊게 뿌리박힌 생각은 — 분명히 행동에 영향을 준다.

'세상은 당신이 하는 일에 대가를 주지, 당신이 알고 있는 일에 대해선 대가를 주지 않는다.' 이 문장은 자칫하면 오해가 될 수도 있다. 세상 사람들이 정말로 지불하는 것은 행동하는 것 혹은 행동하도록 만드는 것에 대가를 지급하는 것이다.

사람들에게는 자신이 타고난 능력에 걸맞은 직업을 주어져야 한다. 그러나 무엇보다 비극적인 일은 대부분의 사람들이 자신의 적성에 맞는 일을 찾지 못한다는 점이다. 그저 돈을 모으려는 목적으로 직업을 찾기 때문에 자신의 적성과는 상관없는 일을 업으로 삼기도 한다.

어떤 명확한 중점 목표를 달성하기 위해 두 명 혹은 그 이상이 모여 협력하는 것은 개개인의 노력보다 훨씬 더 강한 힘을 낸다. 비록 그라운드 외에서는 서로 친하지 않고 어긋나는 점이 많은 풋볼 팀이라도 경기 중에 호흡만 잘 맞는다면 그 팀은 항상 승리할 것이다.

어떤 그룹의 협력을 통해 발생하는 힘의 정도는 항상 그들이 얻고자 하는 동기의 본질에 따라 측정된다. 어떤 목적으로 모인 사람들이든 협력을 발휘한다면 실제로 이익을 볼 수 있다. 그러므로 사람들이 감정적으로 동조할 만한 동기, 그들의 열정을 조화시킬 만한 동기를 찾아내라. 그러면 마스터 마인드를 창조할 수 있는 어떤 시발점을 찾을 수 있다.

단순히 돈을 목표로 일하기보다 자신의 이상을 실현하기 위해 일하는 사람이 훨씬 더 적극적이라는 점은 잘 알려진 사실이다. 모두가 납득할 만한 '동기'를 찾아내는 것이 더 큰 이익을 얻게 될 것이다.

당신이 어떤 사람이고 명확한 중점 목표가 무엇이든 간에 만약 다른 사람과의 협력을 통해 자신의 목표를 이루고 싶다면, 마스터 마인드의 힘을 기본으로 함은 물론이고 조직원들이 분열되지 않고 이기적이지 않도록 적절한 동기부여를 해야 한다.

2장
성공은 올바른 습관의 산물

습관으로 생성된 한계의 벽

인간은 습관의 원리를 통해 자신의 성격을 형성한다. 어떤 행동이라도 여러 번 반복해서 행하다보면 습관이 된다. 그리고 사람의 마음(정신)도 일상적인 습관으로부터 생성되는 힘의 복합체에 지나지 않는다. 일단 마음속에 습관이 형성되면 자연스럽게 행동으로 추진된다.

우리가 누구든, 직업이 무엇이든 관계없이 우리 모두는 스스로의 습관에 의해 지배된다. 다른 사람으로부터의 암시, 환경, 그리고 동료들의 영향 등에서 비롯되어 조심스레 마음에 심어진 어떤 생각은 그에 따르도록 행동을 유발시킨다.

이러한 의미에서 번영과 부유함에 대해 생각하고 그것에 대해 말을 하는 습관을 들인다면 더 넓은 기회와 새롭고 예기치 않은 찬스가 다가올 것이다.

수도 없이 많은 사람들이 습관의 원리를 파괴적으로 활용함으로써 빈곤과 결핍의 삶을 벗어나지 못한다. 지금 설명하는 '습관의 원리'나 '유유상종(類類相從)'의 '흡인(吸引)법칙'을 모르고 빈곤 속에 살아가는 사람들은 그들의 행동에서 이미 그런 결과가 비롯된 것임을 깨닫지 못하고 있는 것이다.

저축을 하는 것은 순전히 습관의 문제이다. 자기 능력으로는 얼마나 벌수 있겠다는 생각을 하는 한 그 이상은 획득할 수가 없다. 습관의 원리가 자신이 벌 수 있는 금액에 명확한 한계를 긋기 때문에 더 많은 돈을 벌 수 없는 것이다.

그렇게 되면 자신의 무의식은 곧 이 한계를 받아들여 자기도 모르는 사이에 하향하면서 결과적으로 (인간의 6가지 두려움 – 가난에 대한 두려움, 늙음에 대한 두려움, 타인의 비판에 대한 두려움, 사랑 상실에 대한 두려움, 건강 상실에 대한 두려움, 죽음에 대한 두려움 – 중의 하나인) 가난에 대한 두려움에 둘러싸이게 된다.

이때는 더 이상의 기회도 당신의 문을 두드리지 않을 것이고, 당신의 운명은 그 상태에서 낙인이 되어버릴 것이다.

저축하는 습관의 형성은 당신이 벌 수 있는 소득에 제한을 두려는 것이 아니다. 정반대로 이 법칙을 적용하면 당신이 벌어들인 것을 체계적으로 보존해줄 뿐 아니라, 당신에게 더욱 큰 기회와 비전, 자신감, 상상력, 열정, 자제력, 자발성과 리더십 등을 길러줄 것이며 돈 벌 능력을 신장시켜 줄 것이다.

다시 한번 이 위대한 법칙에 대해 서술해 보자면 당신이 이 '습관의 원리'를 철저히 이해한다면 '어부지리의 게임법칙'에 따라 돈을 벌어들이는 게임에서 틀림없이 성공을 하게 될 것이다. 이를 위해서는 다음의 방법에 충실히 따라야 한다.

재정적 독립을 위한 저축 습관

첫째 : '명확한 중점 목표'에 따라 당신이 무엇을 원하는가에 대한 정확한 목표설정을 한다. 이때는 자신이 벌어들이고자 하는 돈의 액수도 정확히 포함시킨다. 이때 당신의 무의식은 당신이 창조한 그 그림을 접수하여 '중점 목표' 또는 '목적이 되는 대상'을 획득하기 위해 당신의 생각과 행동을 실제적인 계획으로 옮겨줄 청사진으로 삼게 된다.

결국 습관의 원리를 통해 명확한 중점 목표의 대상을 마음속에 심어두는 결과가 된다. (이렇게 형성된 목표가 확고하고도 항구적으로 뿌리내리면) 이러한 실행을 통해 빈곤에 대한 인식이 파괴되고 그 자리에 풍요의 의식이 세워질 것이다.

이때쯤 되면 정말로 풍요함을 요구하게 되고, 또 그것을 성취하기 위한 준비를 하게 된다. 이리하여 저축의 습관을 형성하는 단계에 접어들게 된다.

둘째 : 앞에서 얘기한 방법에 따라 증대된 당신의 수입능력을 토대로 총소득 중 일정비율을 저축함으로써 당신의 습관 원리는 한 단계 더 발전하게 된다. 이렇게 되면 당신의 소득이 늘어나는 대로 일정한 비율에 따라 저축도 증가하게 된다.

이런 방법으로 수입능력을 증대하도록 촉구하는 한편 당신에게 내재되어 있는 가상의 제한을 뛰어넘어 체계적으로 총소득분에서 일정량을 떼어놓는 형태로 재정적 독립을 향한 길에 들어서게 될 것이다.

단언하건대, 이처럼 쉽고 실제적인 방법은 없을 것이다!

'습관의 법칙'의 작용을 달리 적용해보자.

당신의 마음속에 빈곤에 대한 두려움을 심게 되면 머지않아 이런 공포가 당신의 소득액을 감소시킬 것이고, 결국 충분한 돈을 벌어들이지 못하는 지경에 이르게 될 것이다.

실제로는 사업에 실패하는 사람들이 많지 않음에도 언론에서 온 나라 안에 부도난 사람, 도산한 기업들로 가득하다는 뉴스를 대서특필함으로써 불과 1주일만이면 커다란 공황의 불안을 초래할 수 있다.

소위 '유발 범죄'는 대개 이슈화시키기에 급급한 언론의 산물이다. 신문에 큼직한 제목으로 살인사건이 실리면 여러 지역에서 유사 범죄가 발생한다. 일간지에 반복적으로 실리는 지방의 살인사건으로 비슷한 사건이 다른 지역에서 보도되는 것이다.

유유상종! 즉, 비슷한 것끼리는 모인다고 한다.

만약 당신이 사업에 종사하고 있으면서 '내 사업은 나빠지고 있다'라고 생각하면서 입으로 그 말을 뱉으면 사업은 틀림없이 잘 풀리지 않게 된다. 한 명의 비관주의자로부터 만들어진 이러한 파괴적인 영향은 유능한 동료들의 일까지도 망칠 수 있다.

결국 그의 빈곤과 실패에 연계된 두려움으로 유능한 동료조차도 추락하게 된다. 절대 이런 유형의 사람이 되어서는 안 된다.

일리노이주에서 크게 성공한 한 은행가의 사무실에는 다음과 같은 팻말이 걸려 있다.

'여기에서 우리는 오로지 풍요로움에 대해서만 생각하고 말을 합니다. 만약 당신이 조금의 우려라도 가지고 있다면 그것은 당신만 품고 계십시오. 왜냐하면 우려라는 것은 우리가 원하는 것이 아니기 때문입니다.'

어떤 회사도 비관주의자를 원하지는 않는다. 유유상종의 '흡인(吸引)의 원리'와 '습관의 법칙'을 이해하고 있는 사람이라면, 차라리 강도가 회사에 들기를 원할지언정 비관주의자를 원하지는 않을 것이다. 이런 사람은 주위의 유능한 사람에게까지 부정적 영향을 끼치기 때문이다.

수많은 가정에서 이루어지는 대화의 대부분은 빈곤과 결핍에 관련되어 있다. 그래서 당연한 결과로 그들은 빈곤해지게 된다. 가난에 대해 생각하고 빈곤에 대해 얘기함으로써 그들은 빈곤을 그들 인생에 운명으로 끌어들인다.

또한 가난을 조상 탓으로 돌리면서 조상이 빈곤했기에 그들도 가난해야 한다고 이유를 대곤 한다. 이렇게 빈곤은 그것을 두려워하고 더 나아가 빈곤을 생각하는 습관의 결과로서 발생하는 것이다.

빚은 저축 습관에 치명적인 적

빚은 자비라고는 없으며 저축의 습관에는 치명적인 적이다. 빈곤은 그 자체로 야망을 죽이고 자기 확신과 희망을 파괴하는데, 이에 더해 빚의 부담까지 있다면 이 두 요인의 희생자는 실패의 운명에 처할 수밖에 없다.

빚의 무게가 사람을 짓누르고 있다면 어떤 사람도 최선의 효과를 볼 수가 없고 인생의 목적을 창조하지도 실행하지도 못한다. 빚에 구속되어 있는 사람은 무지나 쇠사슬에 구속된 노예나 다름없다.

나에겐 매우 친한 친구가 한 명 있는데 월수입이 1,000달러였다. 그의 아내는 소위 '사교적'인 것을 좋아하여 연간 12,000달러의 수입에도 불구하고 20,000달러씩을 쓰고 있으며, 그 결과 친구는 1년에 8,000달러씩의 빚을 안게 되었다. 또한 모든 가족 구성원들이 엄마로부터 이런 '소비 습관'을 배우게 되었다.

이 친구에게는 두 딸과 아들 하나가 있었다. 이제 대학 진학을 고려해야 할 나이가 되었는데도 자신의 부채 때문에 진학은 불가능한 일이 되었다. 이런 이유로 아버지와 자식간에 불화가 생기고, 결국 전 가족이 불행하고 비참하게 되어버렸다.

다른 누군가에게 빚 때문에 종속되고 인생을 쇠사슬에 묶인 죄수처럼 살아야 한다는 것은 생각만 해도 끔찍한 일이다. 부채의 축적 또한 습관이다. 처음에는 대수롭지 않게 시작되어 점차 막대한 비중으로 늘어 결국에는 한 사람의 영혼을 망쳐버리게 된다.

많은 젊은이들이 불필요한 부채를 지고 그로부터 벗어나려는 노력도 하지 않은 채 결혼생활을 시작한다. 결혼의 신비로움이 사라지고(대부분 그렇듯이) 나시는 물질적 결핍에 당황스러움을 느끼게 되고 결국 서로에 대한 불만족이 누적되어 이혼법정에 서게 된다.

부채에 시달리는 사람은 이상을 세우고 그것을 실현할 시간이나 의지를 상실하면서 결국 자신의 마음에 한계를 설정하고 다시는 벗어날 수 없으리라는 의심과 두려움의 벽에 둘러싸인다.

어떤 희생을 치르더라도 부채의 비극은 피해야 한다!

'당신 자신과 다른 사람에게 무엇을 빚졌는지 생각하고 당신에게 의지하는 사람들을 위해서도 채무자만은 되지 않겠다고 결심하라.'

이것은 나중에는 성공했지만 한때는 부채 때문에 좋은 기회를 상실했던 사업가가 주는 충고이다. 그는 불필요한 것을 사는 습관을 던져버려 결국 노예상태에서 벗어나게 되었다.

빚은 희생자를 더욱 깊게 끌어당기는 모래수렁과 같아서 부채의 습관을 가지고 있는 사람은 대부분 자신을 구제할 수 있는 때를 제때에 파악하기가 어렵다.

'빈곤에 대한 두려움'은 앞에서 본 바와 같이 인간의 6가지 기본적인 공포 가운데서도 가장 파괴적인 공포이다. 빚더미에 앉아 앞으로의 가망이 없는 사람은 이 빈곤의 두려움에 사로잡혀 그의 야심과 자신감은 마비되고 점차적으로 세상에서 잊혀진다.

부채에는 2가지 종류가 있다. 그 둘은 각자 성격이 다르므로 다음과 같이 구분해놓았다.

① 사치에 따른 부채. 이는 치명적인 손실이 된다.

② 사업의 과정에서 발생하는 부채로써 자산으로 전환될 수도 있는 재화와 용역(서비스 상품).

이 중 첫 번째에 해당되는 부채는 피해야 한다. 두 번째에 해당되는 부채는 지불이 유예될 수 있다.

부채 발생시 합리적인 판단으로 감당할 수 있는 범위를 넘지 않도록 해야 한다. 한계를 넘어서 구매하는 순간 그것은 투기의 범주에 들어가게 되며, 투기는 부를 불려주기보다 희생자로 삼켜버릴 공산이 더 크다.

자신의 수입을 넘어서는 생활을 하는 사람들은 투기의 유혹을 받기 쉬운데 그들은 단 한번의 도박으로 부채 전체를 해결할 수 있다는 희망으로 투기를 하는 경향이 있다.

그러나 도박은 대개 엉뚱한 결과를 초래해 빚에서 빠져나오도록 해주는 것이 아니라 빚의 노예상태로 더욱더 구속한다.

빚에 시달리다 못해 자살한 뉴스가 신문에 실리지 않은 날이 없을 정도로 매년 다른 어떤 요인들보다 자살을 유발하는 원인으로 꼽히고 있는데, 이를 보더라도 빈곤의 공포가 불러온 잔혹함을 엿볼 수 있다.

전쟁 기간에는 어느 순간에라도 목숨을 잃을 수 있다는 것을 알면서도 전쟁의 포화 속에서 수백, 수천의 군인들이 두려움 없이 전방의 참호를 지키고 있다. 그러나 똑같은 사람들이 '빈곤의 공포'에 대면하게 되면 움찔하고 자포자기하여 이성이 마비되어 때로 자살에까지 이르게 된다.

빚에서 자유로운 사람은 빈곤에게 승리하고 괄목할 만한 재정적인 성공을 달성할 것이지만, 빚에 구속된 사람에게는 그러한 성취 가능성이 희박하다.

가난에 대한 두려움은 부정적이고 파괴적인 마음의 상태이다. 게다가 이러한 부정적인 마음은 이와 유사한 형태의 마음을 불러들이는 경향이 있다. 예를 들어 '가난에 대한 두려움'은 '건강 상실에 대한 두려움'을 불러들이고 이 두 가지는 다시 '늙음에 대한 두려움'을 불러올 가능성이 높다.

그 결과 빈곤의 희생자가 된 사람은 노령의 징후가 나올 시기가 아닌데도 질병과 노령화를 겪고 있는 자신의 모습을 발견하게 된다. 제대로 된 삶을 살지 못하고 간 수많은 이름 없는 무덤들이 가난에 대한 두려움으로 알려진 잔혹한 공포의 희생자들이다.

10여 년 전에 한 젊은이가 뉴욕의 시티 내셔널 은행(City National Bank)에서 중요한 직책을 맡았다. 그는 수입에 맞지 않는 생활을 하다가 상당한 빚을 지게 되었는데, 이러한 파괴적 습관이 직장에도 영향을 미쳐 은행에서 정리해고되었다.

그는 좀더 낮은 보수에 다른 직책을 잡았지만 채권자들 때문에 사표를 내고, 그 채무를 다 갚을 수 있을 때까지 이들을 피하고자 다른 도시로 이사하기로 결심하였다. 그러나 채권자들은 채무자를 추적하는 방법을 알고 있어서 그들은 이 젊은이를 찾아내었고, 그 직장의 상사 또한 그의 부채에 대해 알게 되어 또다시 일자리를 잃게 되었다.

그는 두 달간 새 일자리를 물색했지만 실패로 돌아갔다. 어느 추운 겨울밤 그는 브로드웨이의 고층빌딩 꼭대기에서 뛰어내렸다. 이렇게 빚이 또 한 명의 희생자를 낸 것이다.

빈곤의 두려움을 극복하는 과정

부채를 가지고 있는 자가 빈곤의 공포를 이겨내기 위해서는 취해야 할 단계가 있다. 우선 신용으로 물건을 사는 습관을 그만두고 이미 지고 있는 빚을 점차적으로 갚아 나가야 한다.

부채의 걱정으로부터 자유롭기 위해서는 자신의 습관을 고치고 풍요를 위한 방향으로 습관을 재정비해야 한다. 명확한 중점 목표의 일부분으로 아무리 적은 금액일지라도 소득의 일정분을 정기적으로 저축하는 습관을 들여야 한다. 이 습관은 매우 빨리 당신의 마음을 차지하고 저축의 기쁨을 맛볼 수 있도록 할 것이다.

어떤 습관도 그 자리에 다른 바람직한 습관을 대치함으로써 먼저의 습관을 근절할 수 있다. 재정적 독립을 꾀하는 사람이라면 '소비'의 습관은 반드시 '저축'의 습관으로 대체해야 한다.

단지 바람직하지 못한 습관을 중단하는 것만으로는 충분하지 않다. 왜냐하면 습관이란 다른 종류의 습관으로 채워지지 않는 한 재발하는 경향이 있기 때문이다. 한 습관의 중단은 빈자리를 남겨놓게 되는데 이 빈자리는 반드시 다른 종류의 습관으로 채워놓아 옛 습관이 되돌아올 자리를 남겨놓아서는 안 된다.

이와 같은 과정에서 독자들이 기억하고 실행해야 할 심리학적 방법이 묘사되있나. 여러분은 이미 자기 확신의 장에서 이러한 공시을 발견할 수 있었을 것이다. 만일 당신이 그 지시사항을 제대로 따른다면 그러한 습관의 법칙은 당신 내부의 일부가 될 것이다.

여러분은 지금 재정적인 독립을 꾀하기 위해 노력하고 있다고 추정된다. 일단 빈곤에 대한 두려움을 극복하고 그 자리를 저축하는 습관으로 대체한다면 돈을 모으기가 그렇게 어렵지는 않을 것이다.

만약 여러분이 이 책을 읽으면서 성공이 오로지 돈에 따라서만 측정된다는 인상을 받았다면 나는 실망을 금치 못할 것이다.

그렇다고 해서 돈이 성공을 이루는 중요한 요소임을 부인하는 것은 아니다. 오히려 유용하고 행복하고 풍요롭고자 하는 사람을 위해 봉사하는 철학이라면 돈에 대한 적절한 가치평가를 내려야 한다.

오늘날과 같은 물질문명의 시대에서 돈의 방패막이 없는 존재는 모진 바람 속에 스러지는 모래더미에 불과하다는 사실이 우리의 냉정한 현실인 것이다. 천재는 그 재능에 따라 상을 받고 영예를 거머쥘 수 있지만, 재물이 뒷받침되지 않는다면 이는 다만 껍데기와 같은 텅 빈 영예에 지나지 않는다.

돈이 없는 사람은 돈이 있는 사람의 처분에 좌지우지되는 것이다!

이는 개인이 얼마나 능력을 지녔는지, 타고난 재능이 있는지, 교육은 얼마나 잘 받았는지 상관없이 적용되는 진실이다.

당신이 누구이고 무엇을 할 수 있는지에 관계없이 사람들은 당신의 통장 잔액으로 당신을 평가한다. 대부분의 사람들이 새로운 사람을 만났을 때 하게 되는 생각은 '저 사람은 얼마만큼이나 돈이 있을까?' 이다. 만약 그가 돈이 있다면 환영받을 것이고 사업 기회도 그를 기다릴 것이다. 모든 종류의 관심이 그에게 쏟아지며 모든 것에 걸맞은 왕이 되는 것이다.

그러나 반대로 신발 뒤꿈치는 닳고, 양복은 다림질 안 돼 구깃구깃하고, 와이셔츠 칼라는 더러워져 있는 등 빈곤의 징조를 내비치는 사람이 있으면 군중들은 그를 지나치고 무시의 눈길을 보낼 것이다. 이렇게 경제 능력 없는 그의 운명은 애처로운 것이다.

유쾌하지 않은 명제일 수 있으나 이것은 참이고 진실이고 사실이다!

이처럼 타인이 지닌 재물이나 재물을 행사할 수 있는 능력에 따라 사람을 평가하려는 경향은 특정계층의 사람에게 국한된 현상이 아니다. 우리가 인지하든 안하든 우리 모두가 이러한 성향을 지니고 있다.

역사상 가장 위대하고 존경받는 과학자인 토머스 에디슨의 경우도 그가 자신의 재산을 저축하지 않았더라면 알려지지 않은 채로 생을 마감했을 것이라 해도 과언이 아닐 것이다.

포드사의 헨리 포드 또한 유년시절부터 길러온 저축하는 습관이 없었더라면 자동차를 만들어냈던 토대를 이루지 못했을 것이다. 그뿐 아니라 그가 재물을 모으지 않아 방패막이 없었다면 경쟁자나 그의 공을 가로채고자 했던 사람들에게 진작 '잡아먹혔을' 것이다.

비상시를 대비하여 모아둔 돈이 없었으므로 많은 사람들이 넘어지고 비틀거리면서 다시는 일어서지 못하고 성공에 이르지 못한다. 이처럼 매해 비상시 자금이 없어서 도산하는 비율이 엄청나다. 사업상 다른 어떤 요인보다 자금 문제 때문에 기업이 도산하는 경우가 많은 것이다. 의심의 여지없이 자금 축적이야말로 성공적인 경영을 위한 필수사항이다!

사업의 경우와 마찬가지로 개인에게도 저축은 필요하다.

통장에 잔고가 없는 개인은 특히 다음과 같은 2가지 점에서 어려움을 겪게 된다.

첫째 : 기회(자금이 준비된 자에게만 오는)를 잡지 못한다.

둘째 : 현금이 급히 필요한 비상시가 닥치면 당황하게 된다.

또 저축하는 습관을 들이지 않는다면 여타 성공의 필수요건이 결핍되어 앞으로 나아가지 못하고 정체되고 말 것이다.

저축하는 습관의 진정한 가치

인생에서 가장 위대한 가치는 자유이다! 일정한 수준의 경제적 독립이 없는 한 진정한 자유란 있을 수 없다. 일평생 매일매일의 출근일이 정해져 있고, 정해진 시간 동안 한정된 공간에서 별로 좋아하지도 않는 특정 업무를 수행해야 한다면 그 생각만으로도 끔찍하다.

앞에서 설명한 것처럼 우리 모두는 습관에 의해 지배된다!

불행히도 대부분의 부모들은 저축하는 습관에 대해 아무런 개념도 없이 자식들을 키우고 있다. 또한 습관의 법칙에 관한 교육이 이루어지지 않아 그들은 자신의 잘못을 인식하지도 못한 채 자녀에게 지나친 소비의 습관을 심어주는 데 한 몫을 하고 있다.

'세 살 버릇이 여든 간다'라고 하였다.

일면 다행스러운 것은 저축하는 습관이라는 가치를 이해하는 안목이 있는 부모는 그들의 자녀에게 이 습관을 반복 주입시키고 있다. 그들은 정말 행복한 아이인 것이다. 이러한 조기 훈련은 상응하는 결실을 맺어 준다.

일반인에게 예상치도 못한 100달러를 주어보라. 그는 어떻게 소비할지 생각하기 시작할 것이고, 그에게는 필요하거나 필요하다고 생각되는 것들이 머릿속을 스쳐갈 것이다.

저축하는 습관이 있는 사람이 아니라면 이 돈을 저축할 생각은 떠오르지도 않을 것이다. 하루가 지나기도 전에 그는 이미 그 돈을 다 써버렸거나 그렇지 않으면 어떻게 써버릴지 결정할 것이며 이는 타오르고 있는 그의 소비 습관에 기름을 붓게 된다.

우리 인간은 습관에 의해 지배된다!

은행계좌를 개설하고 액수가 적더라도 소득의 일정분을 정기적으로 적립하는 데는 결심과 의지가 필요하다. 그리고 이것은 많은 사람들이 그토록 소망하는 경제적인 자유와 독립을 얻느냐, 마느냐를 결정짓는 원칙인 셈이다. 그 원칙은 개인의 소득과는 하등 관련이 없다.

자신의 소득이나 여타의 수입에서 일정 분량을 체계적으로 저축하는 습관을 따른다면 재정적으로 독립적인 위치를 누릴 수 있게 된다는 것이 그 원칙이다. 만약 저축을 하지 않는다면 그의 소득이 얼마가 됐든 경제적인 독립을 절대 누릴 수 없다는 것은 분명하다.

저축을 하지 않으면서도 이 원칙에 해당되지 않는 유일한 예외라곤 평생을 쓰고도 남을만한 유산을 상속받는 것인데, 그런 요행은 실현 가능성이 희박하고 이런 기적이 일어나리라는 희망에 기대서는 안 될 것이다.

나는 미국뿐 아니라 다른 국가에도 많은 사람들과 친분관계가 있다. 그들을 20년 가까이 관찰하고 많은 실례를 지켜보면서 그들이 어떻게 살고 있으며, 성공하는 사람이 있는 반면 왜 실패하는 사람도 있는지 등등의 성공과 실패에 관한 원인을 알아낼 수 있었다.

어떤 사람들은 수백, 수천만 달러를 주무르고 실제로 백만장자인 사람들이 있고, 어떤 사람들은 한때 수백만 달러를 가졌으나 지금은 동전 한 닢 없는 빈털터리 신세가 된 경우도 있다.

저축하는 습관과 기회 포착

자기 자신의 수입에서 저축해야 할 부분을 희생하면서까지 '남을 따라 시류를 따르는 것'은 바람직하지 못하다. 체계적인 저축하는 습관이 형성되어 있지 않다면, 젊을 때는 젊은 시절대로 즐기다가 중년 및 노년으로 바로 들어서는 것보다는 유행에 약간 뒤떨어지는 편이 장기적인 관점에서 현명하다 할 것이다.

젊을 때 잠시 희생하는 것이 (저축하는 습관을 들이지 못한 모든 사람들이 그러는 것처럼) 늙어서 어쩔 수 없이 희생을 강요당하는 것보다는 훨씬 나은 것이다. 자신의 능력이 사회에서 더 이상 발휘될 수 없고 친지나 자선단체에 자신을 의탁해야 할 노년기에 주머니에 한 푼도 없다면 그보다 더 비참하게 걱정과 고통을 가져다주는 것도 없을 것이다.

결혼을 했든, 미혼이든 가계예산에 따라 계획을 세워야 하는데 여가와 여흥에 들어가는 비용을 줄일 용기가 없이는 그런 예산계획은 별 쓸모가 없다. 만약 자신보다 수입이 많거나 혹은 씀씀이가 헤픈 부류와 어울리면서 '그를 따라 잡아야지' 라고 생각한다면 강한 의지가 필요하다. 그것이 안 된다면 그 어떤 예산계획도 실행되지 못할 것이다.

그러므로 저축하는 습관을 들이려면 우선 자신의 부담으로 무리하게 여가를 보내지 않아도 좋은 그룹을 선정하고 나머지는 어느 정도 교제를 제한해야 한다. 또 아주 적은 돈이라도 소비를 줄여서 저축을 하려는 용기가 없다는 것은 성공으로 이끄는 하나의 품성이 결여되어 있다는 것과 같은 의미다.

알고 있듯이 저축하는 습관이 있는 사람에게 책임감이 따르는 직위 혹은 높은 지위에 오를 기회가 주어진다는 것은 주지의 사실이다. 그러므로 저축은 비단 충분한 통장 잔고와 취업에 유리하게 작용할 뿐 아니라 실제적으로 돈을 벌 수 있는 능력도 증대해준다.

고용주라면 일정하게 돈을 모으고 있는 사람을 고용하길 원하게 마련이다. 이는 단지 그가 돈을 모았다는 사실 때문이 아니고 유용하게 쓰일 수 있는 그 사람의 어떠한 품성 때문이다. 많은 기업이 저축을 하지 않는 사람은 고용하려 하지 않는다.

사실 모든 기업은 그 직원들에게 저축을 하도록 장려하는 것이 관행이나. 그런 분위기 속에서 저축하는 습관을 형성하게 되는 사람은 그렇지 못한 사람들보다 훨씬 축복받은 사람들이다.

헨리 포드는 오랜 기간 자신의 직원에게 돈을 저축하도록 했을 뿐 아니라 현명하게 소비하여 경제적이고 합리적으로 생활하도록 유도했다. 아주 합당한 처사였다. 그런 관점에서 자기의 직원에게 저축하는 습관을 가지도록 독려하는 경영주야말로 정말로 존경받아야 할 박애주의자라 할 수 있다.

몇 해 전 한 청년이 펜실베이니아의 농촌지역에서 필라델피아로 건너와 인쇄공장에서 일을 하게 되었다. 한 동료 직원이 건축주택조합에 가입하여 매주 5달러씩을 그 조합에 저축하고 있었다.

그 동료에게 감화받은 청년도 조합에 가입하여 저축을 하기 시작했다. 3년이 지나자 900달러를 모을 수 있었다.

그런데 그가 일하고 있었던 인쇄공장에 재정위기가 닥쳐 조만간 도산할 위기에 처했을 때 그는 조금씩 모아왔던 900달러를 내놓아 회사를 살려냈고, 그 대가로 사업이익의 절반을 받게 되었다. 검소한 생활 덕에 그는 문 닫을 위기의 회사를 살려놓은 셈인데 50% 이익을 받음으로써 그는 해마다 25,000달러가 넘는 액수를 받고 있다.

만약 그가 저축하는 습관을 들이지 않았더라면 이런 기회는 결코 오지 않았을 것이다.

포드의 자동차 공장이 완성되었을 때 제조와 판매에 필요한 자금이 필요했다. 포드는 친구 몇 명이 모은 수천 달러를 얻어 썼는데, 그 중의 한 명이 쿠즌스(Couzens) 씨이다. 단지 몇 천 달러에 불과했지만 이 친구들의 원조로 사업이 가능했고 후에 이들은 수백만 달러씩을 돌려받게 되었다.

울워스가 처음 할인점인 '파이브 앤 텐 센트 스토어' 계획을 세웠을 때 자금이 없어서 친구들에게 부탁하여 몇 천 달러를 마련할 수 있었다. 이러한 친구들의 도움에 대해 그는 수십만 달러로 돌려주었다.

밴 허슨(Van Heusen)은 남성을 위한 소프트칼라(Soft-collar)를 구상하였다. 아이디어는 좋았으나 실행에 옮길 자금이 없었다.

그는 몇 친구의 도움으로 수백 달러를 모을 수 있었고, 이때부터 사업을 시작하여 부를 거머쥐게 되었다. 그 후 그에게 사업 착수의 기회를 만들어준 그들은 오늘날 그 칼라 덕분에 부자가 되었다.

엘 프로덕토 시가(El Producto Cigar) 사업을 시작한 사람들은 자금이 부족했다. 그들이 가진 것은 시가를 제조하면서 박봉에서 떼어내 저축해왔던 약간의 돈밖에 없었다.

그들은 좋은 아이디어가 있었고 어떻게 하면 좋은 시가를 만들 수 있는지는 충분히 알았지만 분명한 것은 그들이 만약 조금이나마 저축해놓은 돈이 없었다면 이 아이디어는 사장되었을 것이라는 점이다. 그들은 그 소자본으로 사업을 시작했고, 몇 년 후에는 그 사업을 800만 달러에 아메리칸 타바코(American Tobacco)사에 팔았다.

이처럼 서의 모든 거대한 기업의 배경에는, 또는 큰 재력가의 시작을 살펴보면 거기에는 항상 저축하는 습관이 있었음을 알 수 있다.

기회는 저축하는 사람에게 있다

존 록펠러는 평범한 회계원에 불과했다. 그는 당시로서는 사업으로 간주되지도 않았던 석유사업에 관한 구상을 가지고 있었다. 이 사업을 위해 자본이 필요했다. 그 자신이 저축하는 습관을 가지고 있었기 때문에 다른 사람들에게도 그들의 투자금을 잘 쓸 수 있다는 믿음을 주어 돈을 빌리는 데 어려움이 없었다.

이렇게 보면 록펠러 재단의 진정한 기반은 40달러의 월급으로 회계원 생활을 하는 가운데 형성한 저축하는 습관이라고 말할 수 있다.

제임스 힐(James J. Hill)은 월급 30달러를 받는 전신기사로 가난한 청년이었다. 그는 대 북부철도 시스템(Great Northern Railway System)에 관한 사업 구상을 가지고 있었는데 실행을 뒷받침할 자본이 없었다.

그러나 그는 저축하는 습관을 가지고 있었으므로 30달러의 박봉에도 저축을 해서 시카고로 갈 경비를 마련한 후 거기서 그의 계획을 실행하는 데 도움을 줄 자본가들을 만났다. 그가 적은 수입에서도 저축을 해왔다는 사실은 그들의 돈을 맡길 만하다고 믿음을 주는 징표가 되었다.

대부분의 사업가는 자신의 돈을 맡아서 유용하게 사용할 수 있는 능력이 없는 사람에게 돈을 맡기려 하지 않는다. 이러한 사실은 저축하는 습관을 형성하지 않은 사람에게는 난감한 것이지만 매우 실제적인 교훈이 될 것이다.

시카고의 한 인쇄공장에서 일하던 청년이 작은 인쇄소를 차려 직접 경영하고 싶었다. 그는 인쇄공급 업체의 매니저에게 가서 자신이 원하는 바를 말하고 인쇄기계와 다른 장비를 대줄 수 있느냐고 물었다.

매니저의 첫 번째 질문은 "그래, 당신 저축은 하고 있소?"였다.

그는 30달러의 주급에서 매주 15달러씩을 근 4년간 정기적으로 저축을 해왔으며 그로 인해 신용을 얻을 수 있었고 사업에 필요한 것을 외상으로 조달할 수 있었다.

그 후에도 계속해서 신용을 쌓아올려 지금은 시카고에서 가장 성공한 인쇄공장을 가지고 있다. 그가 바로 조지 윌리엄스(George B. Williams)로, 나와는 잘 아는 사이이다.

이런 일이 있고 나서 수년 후 나는 윌리엄스를 찾아가서 몇 천 달러를 빌려달라고 부탁하였다. 당시는 1918년으로 전쟁이 막 끝난 직후였으며 나는 황금률(Golden Rule) 잡지를 출판할 목적으로 돈이 필요했다.

그 말을 듣고 그가 당시 나에게 던진 첫 번째 질문은 "당신은 저축 습관이 있습니까?"였다. 비록 그동안 저축했던 돈을 전쟁기간 중에 모두 잃어버렸지만 나는 저축을 해왔다는 사실만으로 그에게서 3만 달러나 되는 돈을 기꺼이 빌릴 수 있었다.

이렇게 기회는 도처에 널려 있다. 그러나 돈을 준비하고 있는 사람만이 그 기회를 포착할 수 있다.

그렇지 않으면 저축하는 습관을 형성함으로써 돈을 관리할 수 있고 또 다른 품성들을 겸비한 자에게만 그 기회는 존재한다.

고(故) 모건(J.P. Morgan)은 "낭비하는 사람에게 1,000달러를 빌려주느니, 차라리 저축하는 습관을 가진 건실한 품성을 지닌 자에게 100만 달러를 빌려주겠다"라고 말하였다.

대체로 세상은 저축하는 자에게 기회를 준다. 비록 수백 달러의 적은 저축액이라도 재정적 독립을 위한 출발로 충분할 때가 많다.

몇 해 전 한 젊은이가 독특하고 실용적인 가정용품을 개발했는데, 대개의 개발자가 그러하듯이 자금이 없어서 실용화할 수가 없었다. 게다가 저축을 하지 않고는 은행에서 돈을 빌리는 것조차 불가능하다는 것을 알게 되었다.

그의 룸메이트는 기술자였는데 마침 200달러의 저축액이 있었다. 적은 액수지만 이 금액을 발명가 친구에게 투자하였고, 그 젊은이는 상품을 만들어 사업을 시작할 수 있었다.

그 젊은이는 자기가 만든 상품을 집집마다 다니면서 팔았고, 그게 팔리면 다시 집에 돌아와 상품을 만들어 다시 판매하면서 자본금을 축적했다. 물론 사업이 가능했던 것은 룸메이트의 저축 덕에 따른 것은 의심의 여지가 없다.

그 뒤 그는 충분히 쌓아올린 신용으로 제품을 생산할 기계를 살 수 있었다. 이 기술자 청년은 약 6년 후에 사업의 절반 지분을 25만 달러에 팔아넘겼다. 만약 그의 룸메이트가 돈을 저축해두지 않았다면 그는 평생 이런 액수를 만져보지도 못했을 것이다.

세부적으로 들어가면 제각기 다른 점들이 많겠지만 오늘날 이 미국 땅에서 큰 부를 이룬 자산가들 대부분의 초창기는 대략 이와 비슷하며 그런 사례는 셀 수 없이 많다.

만약 돈도 없고 저축하는 습관도 형성되어 있지 않다면 큰 돈을 벌 기회, 즉 행운은 자신을 비켜간다. 슬프고도 냉정하지만 이것이 현실이다.

저축하는 습관을 경시해서 일평생을 단조롭고 고된 노동으로 보내는 사람을 지켜보는 것은 슬픈 일이다. 거의 모든 자산가들이 액수에 관계없이 저축하는 습관을 가지고 있었다는 사실은 아무리 강조되어도 지나침이 없을 것이다.

이 기본원리를 마음 깊이 새기면 당신은 경제적 독립을 위한 길에 제대로 들어선 것이다.

📖 보수보다 더 일해야 하는 이유

자신이 사랑하는 일을 할 때, 혹은 자신이 사랑하는 사람을 위해 일할 때 사람은 가장 능률적이고 빠른 속도로 성공의 기반을 마련한다. 아무리 힘든 일이라 할지라도 '사랑'이라는 요소를 첨가하면 그 일의 가치를 크게 높이고 힘든 내색 없이 훌륭한 결과를 얻을 수 있다. 여기서 우리는 또 하나의 중요한 성공의 법칙을 발견할 수 있다.

나는 20년이 넘는 세월 동안 사람들이 경험하는 성공과 실패에 대해 연구하였다. 그간의 연구를 통해 얻은 결과는 '성공의 법칙'을 공부하고 그대로 실천한 사람이 그렇지 않은 사람보다 더 큰 성공을 거둔다는 사실이었다.

개인적으로 나는 대가에 비해 더 좋은 서비스를 제공하려고 노력했고 그 결과로 빠른 승진을 할 수 있었다.

사람들의 가치를 높이기 위해 성공의 법칙의 중요성을 지겹도록 강조하고 있다. 이 법칙을 강조하면 할수록 이 책을 읽는 사람들의 보수는 직원뿐 아니라 고용주와 전문가들에게도 적용된다.

이 법칙에 익숙해진다면 다음 2가지 유형으로 대가가 돌아올 것이다.

첫째 : 이 법칙을 무시하고 넘어가는 사람보다 더 큰 이득이 생긴다.

둘째 : 자신의 가치에 만족감을 느낄 수 있다. 월급 액수가 중요한 게 아니라 당신은 항상 무언가를 받고 있다는 생각을 하게 된다.

진정 자신의 직업을 사랑하는 사람은 믿기 어려울 만큼의 오랜 시간 동안 일에 열중한다. 하지만 자신의 직업에 애정이 없는 사람은 조금만 일을 해도 빨리 지치게 된다. 사람의 인내력은 자신의 직업을 얼마나 사랑하느냐에 따라 결정되기 때문이다.

적성이나 취향에 맞는 직업

몇 년 전 어느 그룹의 사회학자들은 직업에 관한 실험을 했다. 한 시골 마을에 수백 에이커의 농경지를 매입해 그 안에 자신들만의 공동체를 만들었다. 공동체의 이상적인 목표는 주민 각자가 자신이 가장 잘할 수 있고 애정이 있는 직업을 택함으로써 행복과 기쁨을 주민 모두가 공유한다는 것이었다.

단, 공동체에는 그 누구에게도 급여를 주지 않는다는 한 가지 룰이 있었다. 주민 각자가 자신이 가장 잘할 수 있는 일을 했으며 노동의 결과로 나온 수확물은 공동분배를 했다.

그 안에는 낙농업에 종사하는 사람도 있었고 벽돌공장에 다니는 사람도 있었으며 젖소나 각종 조류를 키우는 사람도 있었다. 아이들을 위한 학교 지역신문을 발행하는 신문사도 있었다.

그러던 어느 날 미네소타에서 온 한 스웨덴 남자가 이 공동체에 들어오길 원했다. 그는 곧 공동체의 일원이 되었고 신문사에 취직해 일을 하기 시작했다. 하지만 그는 얼마 지나지 않아 신문사에서 하는 일에 불만을 늘어놓기 시작했고 곧 직업을 바꿔 농장에서 트랙터를 운전하게 되었다.

그러나 고작 이틀이 그의 한계였다. 그는 또 다른 직업으로 바꾸길 원했다. 결국 세 번째 직장으로 목장을 선택했다. 하지만 젖소를 다루는 일에 곧 염증을 느끼고는 세탁소로 직장을 바꾸었다. 역시 세탁소에서도 단 하루를 버티지 못했다.

그는 어떠한 일에도 흥미를 느끼지 못한 채 하루하루 지쳐가기만 했다. 사람들은 그가 공동체 생활에 적응을 못한다고 생각했고, 몇 개 남지 않은 직장에서마저 일하기를 꺼려한다면 어쩔 수 없이 공동체에서 떠나야 할 것이라고 생각했다.

그의 다음 직장은 벽돌공장이었다. 직접 손수레를 끌고 가마에서부터 작업장까지 벽돌 나르는 일을 했다. 어쩐 일인지 이번 일을 시작하고는 일주일이 지나도록 아무런 불만이 없었다. 그에게 벽돌 나르는 일이 마음에 드는지 물어보았더니 "이 일이야말로 그토록 내가 원하던 일입니다"라고 말했다.

벽돌 나르는 일을 좋아하는 사람이 있다고 상상해 본 적이 있는가?

실제로 이러한 종류의 단순노동은 스웨덴 사람의 정서에 맞는 일이었다. 별 다른 고민 없이 혼자서 묵묵하게 할 수 있는 일, 책임감을 느끼지 않아도 되는 부담없는 일. 이것이 바로 그가 원하던 일이었다.

그는 모든 벽돌을 작업장에 옮기고 나서야 퇴근했으며 벽돌공장에서 하는 모든 일에 적극적인 자세로 임했다. 시간이 흐른 후 이제 더 이상 공동체에서 벽돌을 만들 필요가 없어졌다. "멋진 일감이 떨어졌으니 나는 이제 고향으로 돌아갑니다"하고 환하게 웃으며 그는 미네소타로 돌아갔다.

지금 하고 있는 일에 애정이 있다면 자신이 받는 급여보다 더 많은 일을 한다 해도 마음은 즐겁다. 바로 이 점이 자신의 적성이나 취향에 맞는 직업을 택해야 하는 이유이다.

이번 장의 앞에서 기술한 내용을 잘 이해하고 있다면 당신은 성공의 기본법칙을 공부할 준비가 되어 있다고 볼 수 있다.

대다수 사람들이 '보수보다 많은 일을 하는 습관'에 익숙하지 못한 것이 현실이다. 하지만 이 습관을 길러야 하는 이유는 많이 있다.

그 중에서도 중요한 2가지 이유를 들자면 다음과 같다.

첫째 : 보수보다 더 많은 일을 하게 되면 자연스레 그 일의 전문가가 될

것이다. 그렇다면 당신의 상사는 당신을 주의 깊게 살펴볼 것이고 주변 사람들과 비교를 하게 될 것이다. 당신이 어떤 직업에 종사하건 경쟁의식은 큰 차이를 만든다.

이것은 여러 번 강조해도 지나침이 없다. 당신이 법을 공부하든, 책을 집필하든, 또 학생을 가르치든, 농사를 짓든 자신의 일에 매진해 명성을 얻어 간다면 당신의 가치는 점차 빛이 나게 될 것이다.

둘째 : 이렇게 설명해보자. 당신은 지금 강하고 힘이 센 팔을 만들고 싶다. 그럼 팔을 줄로 묶어서 충분한 휴식을 취하는 것이 팔을 강하게 만드는 방법일까, 아니면 그것이 오히려 약하게 만드는 방법일까?

이미 당신은 알고 있다. 강한 팔을 만들기 위해서는 열심히 운동을 해야 한다는 사실을 말이다. 이에 대한 증거를 보고 싶으면 대장장이의 팔을 떠올려 보라. 힘든 순간을 감내하고 이겨낸다는 것은 곧 힘을 기른다는 뜻이다.

강한 나무는 숲의 보호를 받지 않고 태양으로부터 숨어 있지도 않는다. 거센 바람과 내리쬐는 태양빛을 견뎌내야 가장 강한 나무가 되는 것이다.

투쟁과 저항을 통해서 강해진다는 것은 자연의 불변하는 법칙 중 하나다. 그러므로 지금 이 장에서 언급하는 설명의 목적은 자연의 법칙을 이용해 성공으로 가는 길을 보여주려는 것이다.

'보수보다 많은 일을 하는 습관'을 기르게 되면 남들에게 없는 자신만의 특별한 적성을 계발할 수 있고 기술을 연마할 수 있다. 그에 따라 자신의 가치를 높일 수 있다. 또한 이 습관이 없는 사람보다 훨씬 더 큰 보상을 대가로 받을 수 있게 된다.

당신이 이 법칙을 바탕으로 자신의 가치를 높인다면 그에 따른 보상은 자연히 뒤를 따를 것이며 그 누구도 이 진리를 부정할 순 없다. 설령 직장 상사가 당신 위치에 할당된 일만 하라고 종용해도 걱정하지 마라. 뛰어난 관찰력을 가진 다른 회사의 상사가 당신의 가치를 알아보고 자신의 사람으로 만들려 할 것이기 때문이다.

대부분 사람들이 자신에게 주어진 일을 그저 대충대충 넘기려 한다. 왜냐하면 옆사람과 비교해 근소한 이익만을 얻으려고 하기 때문이다. 물론 자신이 맡은 일을 대충 할 수도 있다. 하지만 이 상황이 계속된다면 언젠가 있을 구조조정 때 당신의 이름이 1순위에 올라가 있을 것이다.

가치를 높이면 보상은 자연히 온다

내 아내가 얼마 전에 나에게 읽어주고 싶다고 입버릇처럼 말하던 그 책을 빌려왔다. 책 제목은 《모든 이에게는 자신만의 대학이 있다》이다. 저자는 러셀 콘웰(Russell Conwell)이다.

우연히 책을 열어 첫 장을 보게 되었다. 그러다 나도 모르게 책 전체를 훑어보게 되었다. 그리고 나서 첫 번째로 느낀 충동은 여러분께 권하건대 당장 도서관에 가서 이 책을 빌려보라는 것이다. 아니, 서점에 가서 이 책을 구입하라. 그리고 시간만 있으면 수십 번이고 수백 번이고 이 책을 읽어라.

왜냐하면 내가 지금 이 책에서 하려고 하는 이야기보다 더 명쾌하게 해설하고 있기 때문이다. 여러분은 그 책에서 다음의 한 구절만 들어봐도 이 책이 얼마나 읽을 만한 가치가 있는지 알게 될 것이다.

'지식이란 것은 사람들로 하여금 모든 사물을 더 훤히 내다볼 수 있게 해준다. 하지만 모든 대학에서 이 방법을 가르치는 것은 아니다. 그것은 자기 수양이 있어야만 가능하다. 각 개인은 이 능력을 스스로 배양해야 하는데 입학하기 어려운 대학에 들어간 학생에게서 그 능력은 더 많이 발견되는 것은 그 때문일 것이다.'

다시 강조하는데 이 장의 내용을 더 많이 이해하고자 한다면 이 책을 읽어보라. 내가 설명하려는 철학정신을 깨닫는 데 많은 도움이 될 것이다.

우리는 살면서 두 번의 중요한 시기를 거치게 된다. 한 번은 지식을 얻고 분류하고 조직하는 시기이며, 다른 한 번은 그러한 지식을 자기 것으로 만들기 위해 힘쓰는 시기이다. 이 시기에는 우리가 다른 사람들을 위해 유익한 일을 할 수 있다 하더라도 그 일을 할 수 있다는 능력이 있음을 다른 사람들에게 납득시켜야 한다.

우리가 서비스를 제공할 마음이 있어야 하고 준비가 되어 있어야 하는 가장 중요한 이유 중 하나는 서비스 제공을 통해서 다른 사람에게 자신의 능력을 보여줄 수 있다는 것이다. 즉, 이 과정을 통해서 다른 사람으로부터 인정받을 수 있고 자신이 능력이 있다는 사실을 그들에게 인식시켜 줄 수 있는 것이다. 남들로부터 인정받는다는 것은 매우 중요한 일이다.

"내가 받을 수 있는 대가를 먼저 보여주시오. 그럼 내가 할 수 있는 일을 보여주겠소" 라고 하는 대신에 "내가 가진 모든 능력을 보일테니 나의 능력이 마음에 든다면 그때 대가를 지불해 주시오" 라고 말할 수 있도록 하라.

1917년의 일이다. 어느 나이 지긋한 중년 부인이 주급 15달러를 받으며 속기사로 일하고 있었다. 그녀가 받는 보수로 보아 그다지 유능한 속기사는 아니었던 것 같다. 그런데 큰 변화가 일어났다.

작년에 속기사가 아닌 연설로 벌어들인 그녀의 수입은 100만 달러가 넘는 돈이었다. 이 두 가지의 수입은 너무나 큰 차이가 난다. 과연 무슨 일이 일어났던 것일까.

그녀는 '보수보다 많은 일을 하는 습관' 과 '수확체증의 법칙' 을 이용한 것이다!

그녀는 지금 저명한 응용심리학 강사로 일하고 있다. 그녀는 어떤 방법으로 수확체증의 법칙을 이용했을까?

우선 그녀는 큰 도시로 가서 15번의 강연을 아무런 보수 없이 했다. 이 강연을 하는 동안 자연스레 사람들은 이 강사에 대해 관심을 갖게 되었고 결국 그녀의 강연을 들으려는 사람 1명당 25달러의 수강료를 받게 되었다.

이것이 그녀가 원하던 계획이었다. 그녀는 자신에게 다가오는 조그만 기회라도 놓치지 않고 잡을 줄 아는 사람이었다. 반면 노련한 강의 기술은 있지만 기대 이하의 대가에 익숙하지 못한 유명한 강사들이 있다.

왜 그런지 그 차이를 이해하는가?

그들은 이 책의 기반이 되는 기본철학을 잘 모르기 때문이다!

자, 이제 독자들에게 질문을 해보겠으니 읽는 것을 멈추고 답해보라.

특별한 재능이 없는 아주 평범한 50세의 중년 부인이 수확체증의 법칙을 이용해 주급 15달러의 속기사에서 100만 달러의 강사로 변했다면 여러분들도 이 법칙을 이용하여 여러분들이 소유하고 싶어 하는 것을 얻을 수 있다고 생각되지 않는가?

당신이 이 질문에 대답할 수 있을 때까지 뒤따라오는 모든 생각들을 잊어라. 그리고 올바른 답이 나올 때까지 계속 답을 구하라. 반드시 그 질문에 답할 수 있어야 한다.

당신은 지금 미온적이든, 열성적이든 진지한 자세로 이 세상에 한자리를 차지하기 위해 열심히 노력하고 있다. 만약 당신이 수확체증의 법칙에서 배운대로 노력하고 있다면 더 높은 수준의 성공에 곧 다다르게 될 것이다.

어떻게 하면 이 법칙의 효과를 극대화시킬 수 있을까? 그것은 전적으로 당신 자신에게 달려 있다.

먼저 준 다음 더 크게 얻어라

이제 아까 그 질문으로 돌아가 보자. 나는 당신이 이 문제를 쉽게 풀 수 있으리라곤 생각하지 않는다. 즉, 당신의 미래에 직결되는 문제들에 직접 맞부딪치며 해결하려는 노력을 해야 한다. 그저 피하려고만 한다면 모든 실패의 책임은 당신이 져야 한다.

이 장을 모두 읽은 후 이 법칙에서 말한 대로 당신의 행동이 변화되는 것은 당신만이 가진 특권이라 생각하라. 단, 자신의 이익만을 위해 이 법칙을 사용하진 말아라. 나중에 거울을 보며 다음과 같은 질책을 하면서 자신의 처지를 한탄하고 싶지 않으면 말이다.

"너는 고의적으로 네 자신을 속이고 있다!"

이 사실을 이야기해주는 사람이 고지식해 보일지도 모른다. 하지만 성공의 법칙을 이해하고 나면 이내 그 사실을 깨닫게 될 것이고 별 다른 거부감 없이 그 법칙에 익숙해질 것이다.

당신이 이 장을 다 읽은 후에 다시 '솔선수범과 리더십' '열정' 그리고 '보수보다 많은 일을 하는 습관'에 관한 글을 읽어본다면 그 내용을 더 잘 이해할 수 있다.

이 장은 앞에서 말한 3가지 정신을 기본 바탕에 두고 있다. 당신이 만약 올바른 의식으로 이 3가지 정신을 연구한다면 당신의 생활에는 큰 변화가 있을 것이다. 당신이 어떤 직업에 종사하든 당신의 사회적 위치가 무엇이든 간에 이 진리는 통할 것이다.

내가 사용하는 단도직입적인 말투가 당신을 언짢게 할지도 모르지만 나는 어떤 희열을 느낀다. 왜냐하면 당신이 언짢게 느끼는 그 감정은 바로 당신을 움직이는 모티브가 될 것을 알기 때문이다.

당신보다 더 많이 실수했던 사람의 충고를 받아들여라. 그것은 당신에게 더 많은 이익을 가져다 줄 것이다. 삶의 밑바탕이 되는 경험을 배우기 위해 이 언짢은 마음을 모티브로 활용하라. 그리고 더 많이 일할 수 있게 집중해서 지니고 있는 능력을 발휘하라.

만일 그런 방식으로 노력을 한다면 당신은 어마어마한 금액의 보수를 받을 수 있을 것이다.

이제 '보수보다 많은 일을 하는 습관'의 중요한 다른 면을 살펴보자. 그것은 바로 '허락받지 않고도 일하는 습관'이다. 이 일은 다른 사람의 참견 없이 창의적으로 해야 한다.

당신이 돕고자 하는 사람에게 조언을 얻을 필요는 없다. 만약 당신이 '보수보다 적게 일한다'면 주위 사람들에게 항상 끌려다니게 된다. 그리고 당신의 서비스를 원하는 사람은 발길을 멈출 것이다.

나는 당신이 '보수보다 많은 일을 하는 습관'의 중요한 의미를 전부 다 이해했으면 한다. 만약 그렇지 못하다면 당신은 더 이상 물러설 자리가 없다. 그리고 마침내 '명확한 중점 목표'를 달성하는 데 실패하고 만다.

우리가 배워야 하는 가장 필요하고도 어려운 일은 모든 사람들이 자신의 일에 감독자가 되어야 한다는 점이다. 우리는 자신의 결점을 덮어두려고 수많은 '알리바이'를 만들고 '변명'을 창조한다.

우리는 '진실이 무엇인지' 알아내려 하지 않고, 자신이 '알고 있는 것이 진실이길' 원한다. 또 우리는 냉정하고 선입견 없는 진실보다 달콤한 거짓을 더 원한다. 게다가 우리는 자신에게 이익이 되는 진실만 알아내려 한다.

내가 사회 초년생이었을 때 가장 충격을 받았던 사실은 사람은 진실을 전하는 데 너무나 인색하다는 것이었다. 즉, 진리를 말하는 사람들은 십자가에 못 박히고 경원당하는 것이 현실이라는 점이다.

🌀 자연의 법칙, 수확체증의 법칙

> 큰 승리는 오직 노력하는 자만 이룰 수 있을 것이며, 매일 끼니를 거르지 않듯이 노력하는 습관 역시 하루도 빠지지 말고 연습해야 한다. 또한 이렇게 당신이 받은 대가보다 더 많은 일을 하게 되면, '세상은 당신이 일한 것보다 더 많은 것을 당신에게 주고 싶어 한다'라는 말이 증명되는 날이 올 것이다.

이제 우리는 이 장에서 설명했던 내용을 분석할 때가 되었다.

우선 이 자연의 법칙이 농부에게는 어떻게 적용되고 있는지 분석해 보자. 농부는 조심스레 땅을 일구고 씨를 뿌린 다음 수확을 기다린다. 그러면 수확체증(收穫遞增)의 법칙에 따라 원래의 씨앗대로가 아니라 엄청나게 배가된 곡물이 수확된다.

그러나 이 수확체증의 법칙이 없다면 인간은 소멸되었을지도 모른다. 인간의 생존을 위한 충분한 식량을 땅으로부터 얻어낼 수 없기 때문이다.

자연에서 얻을 수 있는 이 결정적인 '팁'은 우리 실생활에서 수확체증의 법칙이 얼마나 중요한지 보여준다.

다음과 같은 실험은 수확체증의 법칙과 친숙해지는 데 도움이 될 것이다. 당신에게도 이것을 권한다. 그 실험은 이렇게 하면 된다.

6개월 동안 아무런 보수를 기대하지 말고 최소한 한 사람에게 매일 더나은 서비스를 베풀어보라. 영구적인 성공을 획득하기 위한 가장 효과적인 법칙을 발견하여 당신을 성공으로 이끌고 있다고 굳게 믿어라. 그렇다면 당신은 절대 후회하지 않을 것이다.

서비스를 베풀어주는 방법은 아주 다양하다. 개인적으로 한 사람이나 혹은 몇 사람에게 할 수도 있으며, 근무시간이 지난 후 고용주에게 할 수도 있다.

또한 다시 만나리라고 기대되지 않는 전혀 낯선 사람에게도 서비스를 베풀 수가 있다. 누구에게 베푸느냐 하는 점은 별로 중요하지 않으며 열성적으로 오직 다른 사람을 도와준다는 목적으로 하기만 하면 된다.

올바른 마음가짐으로 이 실험을 행하면 이 실험의 기반이 되는 진리를 발견하게 될 것이다. 즉, 서비스를 제공하지 않으면 대가가 없는 것과 마찬가지로 서비스를 제공하는 한 상응하는 보상은 반드시 돌아오게 되어 있다는 점이다.

에머슨(Emerson)의 다음과 같은 얘기는 음미할 만하다.

"원인과 결과, 수단과 목적, 씨와 열매는 분리될 수 없다."

결국 이것을 풀이해보면 원인으로부터 결과가 나왔고 방법에 이미 결과가 있으며, 수단 속에 이미 목적이 내재되어 있고 열매 안에 이미 씨가 있다는 말이 된다.

"만약 당신이 고마워할 줄 모르는 사장을 만났더라도 계속해서 그에게 봉사하라. 최소한 하느님은 그것을 알고 있을 것이다. 당신의 모든 행동은 반드시 보답받을 것이다. 보답이 늦어지면 늦어질수록 당신에게는 더욱 이익이 된다. 이자에 이자까지 얹혀서, 즉 복리에 복리의 비율로 돌아오게 되기 때문이다."

'일을 하라. 그러면 힘을 얻을 것이다' 라는 것이 자연의 법칙이다. 그러므로 당연히 아무것도 하지 않는 사람은 아무것도 이룰 수 없다.

"사람들은 항상 자신이 속고 있다고 믿으면서 한평생을 고통 속에 살아간다. 하지만 실제로 타인이 아니라 자신에게 속으며 사는 것이다. 그러나 사물이 존재함과 동시에 존재하지 않을 확률이 '0' 인 것처럼 사람이 남에게 속을 확률은 '0' 이다. 한편 모든 일에는 대가가 생기게 마련이므로 정직하게 일하는 사람은 결코 손해 보는 일이 없을 것이다."

이 법칙을 공부하는 데 가장 중요하게 생각할 점은 어떤 속임수나 거짓도 있지 않다는 것이다. 그럼에도 불구하고 대다수의 사람들은 아무런 노력도 하지 않고 혹은 별로 힘들이지 않고 어떤 큰 대가를 얻으려고 애쓰고 있는데 그들은 이 위대한 법칙을 전혀 알지 못하는 사람들이다.

넓은 의미의 성공을 생각했을 때 자신에게 돌아오는 이익만을 생각하고 이 법칙을 공부한다면 여러분에게 이 법칙을 추천하는 것은 무의미한 일이다.

그러나 이 법칙을 제대로 공부하고 실천에 옮기는 사람들은 분명 엄청난 대가를 얻을 것이다.

수확체증 법칙의 실제

몇 년 전 헨리 포드는 '5달러 최저임금제'를 처음으로 도입했다. 그가 이 제도를 도입한 이유는 자선사업가의 입장에서가 아니라 단지 심오한 비즈니스 원칙을 수행하기 위해서였다.

다른 사람이 받는 임금보다 더 많은 돈을 지급함으로써 직원들은 질 좋은 서비스를 하기 시작했다.

이 최저임금제를 도입한 직후 포드자동차 회사는 그 시대의 가장 인기 있는 회사로 손꼽혔으며, 헨리 포드가 시행한 제도 중 가장 성공적인 제도라고 평가받고 있다. 확실한 서면상의 증거는 없지만 나는 헨리 포드가 지급했던 5달러가 아닌 적어도 7달러 50센트 정도를 지급한 만큼의 이익을 얻었을 것이라 확신한다.

또한 포드사는 인력관리 비용을 많이 절약했을 것으로 생각되는데 그당시 포드사의 일자리는 누구나 선망하던 자리라 우수한 인재들을 끌어 모을 수 있었으며, 그의 회사에서 일하는 사람들에게 어떤 특권의식을 심어줄 수 있었다.

다른 고용주들은 값비싼 비용을 들여 직원을 관리하는 데 반하여 포드사는 감독비용을 대폭 절감할 수 있었던 것이다.

마셜 필드(Marshall Field)는 아마도 당대에 가장 유능한 사업가였을 것이다. 더불어 그가 경영한 시카고의 그레이트 필드 스토어는 수확체증이 법칙에 가장 걸맞은 경영계의 신화로 남아 있다.

한 일화를 소개하겠다. 한 여성 고객이 필드 스토어에서 허리띠를 사고 한 번도 착용한 적이 없었다. 2년이 지난 후 자신의 조카에게 그 허리띠를 결혼선물로 주었고, 그 조카는 필드 스토어로 가 다른 품목으로 교환을 요구했다. 무려 2년이나 지난, 그것도 유행이 한참 지난 허리띠였는데도 불구하고 말이다.

필드 스토어의 점원은 단 한마디 불평도 없이 낡은 허리띠를 교환해 주었다. 물론 필드 스토어측은 허리띠를 교환해 줄 어떤 의무도 법적 책임도 없었다.

2년 전 그 허리띠의 가격은 50달러였다. 하지만 지금은 유행에 뒤처져 아무리 싼값에도 팔리지 않을 정도였다. 그러나 필드 스토어측은 단지 허리띠 하나를 손해 보는 것에 개의치 않고 실제로 값을 매길 수 없는 이익을 보게 된 것이다.

그 여성 고객은 허리띠 가격을 2년 전 가치 그대로 돌려받고는 감동을 받았다. 그리고는 필드 스토어의 영원한 고객이 된 것이다. 하지만 이 효과는 여기서 끝나지 않았다.

그 여성 고객은 필드 스토어에서 받은 '특별한 대우'를 여기저기 퍼뜨리고 다녔고, 이 소문이 퍼지고 퍼져 필드 스토어는 크게 번성하게 되었다. 결과적으로 보면 허리띠를 10개 판 것과는 비교도 안 될 만큼의 광고 효과를 본 것이다.

필드 스토어의 마셜 필드는 수확체증의 법칙을 완벽하게 이해하고 사업의 기본 방침으로 삼았던 것이다. '고객은 항상 옳다' 라는 슬로건을 내걸고 사업을 했던 것이다.

만일 당신이 보수를 받은 만큼만 일을 한다면 아마도 상투적인 말만 내뱉으며 고객을 대할 것이고 결과는 어떤 호의적인 평가가 나올 수 없다. 하지만 받은 것보다 더 많이 일한다면 당신의 행동은 고객들로 하여금 호감을 느끼게 할 것이고 나아가서 당신의 명성은 널리 퍼지게 될 것이다.

캐롤 다운즈(Carol Downes)는 자동차회사의 회장인 듀런트(W.C. Durant) 밑에서 오른팔로 일하고 있었다. 또한 지금은 자회사 중 한 곳의 경영을 책임지고 있다. 그가 이 위치까지 오게 된 이유는 보수보다 많은 일을 하는 습관 법칙을 철저히 준수했기 때문이다.

최근에 나는 그와 대화를 나눌 기회가 있었다. 사람들이 가장 관심 있어 하는 최단기 승진에 대해 말문을 열었다.

"제가 처음 이곳에 입사했을 때였어요. 다들 퇴근하고 난 한밤중에 듀런트 씨가 혼자 남아 열심히 일하는 것을 봤습니다. 문득 저도 남아 있어야 하겠다고 생각했지요. 그 누구도 나에게 야근하라고 시키진 않았지만, 늦게까지 남아서 듀런트 씨의 보조를 해야 한다고 생각했어요. 듀런트 씨는 종종 파일 심부름을 해줄 사람을 찾곤 했고, 그때마다 저는 그 사람 뒤에 대기를 하고 있었어요. 시간이 흐르다 보니 그는 나를 찾는 것이 습관이 되어버린 겁니다. 그것이 제가 하는 이야기의 전부예요."

'그는 나를 찾는 것이 습관이 되어버렸다.'

앞 문장을 다시 한번 읽어보라. 거기에는 풍부한 의미가 담겨 있다.

어째서 듀런트는 다운즈를 부르는 게 습관이 되어버렸을까. 다운즈는 항상 그의 뒤에서 같이 일해 왔고 다시 말해 수확체증의 법칙을 철저히 이행해 왔기 때문이다.

누가 그에게 야근을 하라고 시켰는가? 그것은 결코 아니다!

그러면 보상을 받았는가? 그렇다! 그는 자신을 승진해줄 수 있는 사람과 함께 일하며 황금과도 같은 기회를 잡고 보상을 받은 것이다.

우리는 이제 이 장에서 가장 중요한 부분에 이르렀다. 왜냐하면 이제 당신은 다운즈와 마찬가지로 수확체증의 법칙을 활용하여 더 많은 것을 얻을 수 있다는 점을 알게 되었기 때문이다. 그러므로 이 법칙을 연습해 보자. 즉, 남들이 꺼리는 대가 없는 일에 자발적으로 나서보자.

'그러나 내 상사는 듀런트와는 다르다' 라는 낡아빠진 것은 입 밖에 내지도 말며 아예 생각도 하지 말라. 물론 당신의 상사는 다를 수 있다. 모든 사람은 다 다르게 마련이다.

하지만 '자기중심적' 사고를 한다는 점에서는 매우 유사하다. 솔직히 사람들은 캐롤 다운즈 같은 사람과는 경쟁하려고 하지 않을 만큼 이기적이다. 바로 그러한 이기심을 당신의 자산으로 활용할 수 있을 것이다.

게다가 당신 말고 그 누구와도 거래하지 않을 만큼 당신의 가치를 알아주는 사람이 있다면 상사의 이기심에 대항해 볼만한 재산이 있는 셈이다.

장점은 단점에서부터 생겨난다

나는 몇 년 전 에머슨의 《보상》에 관한 에세이를 읽는 도중에 내 인생의 가장 큰 결점을 발견했었다. 그때의 깨달음은 다음과 같은 부분을 읽으면서이다.

'우리의 장점은 단점에서부터 생겨난다.'

'우린 심하게 상처받거나 다치기 전까진 자기 안의 분노를 일깨우지 않는다. 만약 당신이 지금 편한 의자에 앉아 있다면 당신은 그 의자의 소중함을 모를 것이다. 당신이 힘들고 지쳤을 때에야 비로소 의자의 소중함을 느끼고 그동안의 무심함을 후회할 것이다.

현명한 사람은 항상 자신을 힘든 상황에 처하게 만든다. 그리고 다른 사람을 비판하기보다는 자신을 비판하는 데 더 흥미가 있다. 칭찬보다는 비난이 더 편하다.

나는 신문에서 내 입장을 옹호하는 기사를 싫어한다. 사람들이 나에게 뭐라고 하는 한, 나는 그 속에서 성공의 확신을 느낀다. 그러나 나에 관한 달콤한 칭찬이 들려올수록 나는 나의 적 앞에서 노출된 채로 벌거벗겨진 기분이 든다.'

이 위대한 에머슨의 법칙에 당신의 재료를 섞어 단단한 무기를 만들어라. 그리고 그 무기로 삶의 전쟁에 대비하라. 그리고 만약 이 책을 읽는 당신의 나이가 아직 어리다면 더욱더 많은 공부를 해야 한다. 왜냐하면 이 법칙에는 다년간의 진지한 경험이 포함되어 있기 때문이다.

당신은 냉정한 경험에서 나오는 교훈을 얻기 전에 다음과 같은 사실을 먼저 이해해야 한다.

경험이란 바로 아주 엄격한 선생과도 같다. 내가 만약 당신에게 '경험'을 통해 이익을 추구하라고 한다면, 나는 이제 내 할 일을 다한 것이나 다름없다. 마치 예전에 내 아버지가 자신의 의무를 다한 것처럼······.

아버지는 언제나 이 철학이 담긴 한마디를 해주곤 했다.

"아들아, 이것은 내가 큰 고통을 겪으며 배운 것이니, 너는 그런 고통은 받지 않고 배우도록 해라."

어쨌든 우리는 이 주제의 막바지에 이르렀다. 그러나 이 장의 주제에 대해 내가 하고 싶은 말은 무궁무진하다. 어쩌면 지금까지는 단지 빙산의 일각 정도만 언급한 것 같다.

한 가지 내 머릿속에 떠오르는 오래된 이야기가 있다.

2천 년 전 고대 로마의 안티오크란 도시에서 시작된 이야기이다. 그 당시는 예루살렘과 유대의 모든 지역이 로마의 가혹한 정치에 시달리고 있던 때였다.

어린 유태인 벤허(Ben Hur)는 억울하게 누명을 써서 갤리선(노예나 죄인에게 노를 젓게 함으로써 항해하는 범선)의 노를 젓는 일을 형벌로 선고받았다.

벤허는 갤리선 안에서 쇠사슬에 묶인 채 계속해서 노를 저었고, 이에 따라 강한 힘을 기를 수 있었다.

그를 담당하던 고문관은 이 형벌이 그를 더욱 강하게 한다는 사실을 조금이나마 알고 있었지만, 그가 풀려나지 않는 한 그 힘은 쓸 곳이 없었다. 그러던 어느 날 전차 레이스를 하는 날이 돌아왔다. 그날은 벤허가 쇠사슬에서 풀려나 갤리선에서 해방되는 유일한 날이었다.

전차 레이스에 참여하는 여러 대의 전차 가운데 한 대의 전차에 조종자가 없었다. 주인은 다급하게 다른 조종자를 찾았고 벤허의 굵은 팔을 본 주인은 그에게 전차의 조종을 해달라고 부탁했다. 벤허는 고삐를 낚아 쥐었고 그의 우렁찬 외침은 관중석까지 울려 퍼졌다.

"와, 저 팔을 좀 봐. 어떻게 저런 강한 팔뚝을 만들었지?"

관중들은 벤허에게 소리쳤고 그는 대답했다.

"갤리선의 노를 저으며 만들었소!"

레이스가 시작되었다. 그 우람한 팔뚝으로 그는 전차를 힘차게 몰아 레이스에서 우승했다. 우승의 대가는 자유였다.

이해되는가? 삶은 거대한 전차 경주와 같다. 그리고 승리는 항상 힘을 기르고 강한 의지를 가진 사람의 몫이다. 한정된 갤리선에 갇혀 있더라도 주어진 기회를 놓치지 않고 잘 이용한다면 우리는 인생에서 승리를 거두게 될 것이다.

인내가 힘을 키운다는 것은 불변의 진리이다. 만약 우리가 하루 종일 5파운드짜리 망치를 휘두르는 가난한 대장장이를 불쌍히 여기지만 또 한편으로는 그것을 통해 길러진 강인한 팔을 보고 감탄하는 것이다.

그래서 에머슨은 "……세상의 모든 만물은 이중성이 있다. 삶에 노력에는 속임수가 있을 수 없다"고 말하고 있다.

"도둑은 바로 자신의 물건을 훔치는 사람이다. 사기꾼은 바로 자신에게 사기를 치는 사람이다. 노력의 가치는 지식과 미덕인 데 비해 재산은 간판과도 같다. 간판은 종이처럼 위조될 수도 있고 도둑맞을 수도 있다. 하지만 지식과 미덕은 그럴 수 없다."

헨리 포드는 자신의 회사에 취직하고 싶어 하는 젊은이의 편지를 일주일에 1만 5천 통이나 받았다.

하지만 그 중의 과연 몇 사람이 헨리 포드의 진정한 재산이 무엇인지 알고 있을까. 포드의 진정한 재산은 은행의 잔고나 그가 경영하는 공장의 개수가 아니라 바로 그가 지금까지 쌓아올린 '명성'이라는 점을 알고 있을까?

그렇다면 그는 어떻게 그러한 명성을 쌓아올렸을까? 분명히 일을 적게 하려고 노력하거나 상대방의 돈을 깎아먹으려고 하진 않았을 것이다. 포드의 경영철학의 기초는 이렇다.

"고객들에게 가장 저렴한 가격으로 가장 좋은 물건을 제공하라."

다른 자동차회사가 자동차 가격을 올리는 대신에 포드는 가격을 내렸다. 어찌된 일일까? 이 정책은 수확체증의 법칙에 따라 만들어진 것이어서 포드는 세상에서 가장 부유하고 힘 있는 사람이 되었다.

오! 바로 앞의 이익에만 눈이 멀어 부를 쫓아다니는 바보들이여!

하루살이식 사냥에서 빈손으로 되돌아오는 자들이여!

왜 포드처럼 이 책의 가르침을 받지 않은 것인가?

어째서 기존 사고방식을 뒤엎고 먼저 주고 난 다음에 더 큰 것을 얻으려고 하지 않는가?

큰 승리는 오직 노력하는 자만 이룰 수 있을 것이며, 매일 끼니를 거르지 않듯이 노력하는 습관 역시 하루도 빠지지 말고 연습해야 한다. 또한 당신이 받은 대가보다 더 많은 일을 하게 되면, '세상은 당신이 일한 것보다 더 많은 것을 당신에게 주고 싶어 한다' 라는 말이 증명되는 날이 올 것이다.

결국 보수보다 많은 일을 하는 습관을 지닌 채, 그 같은 태도로 일한다면 당신에게 돌아오는 결과는 이자에 이자를 덧붙여 상상도 못할 정도의 규모가 될 것이다. 노력의 결과로 얻은 이 재산을 어떻게 쌓아올릴지는 당신에게 달린 일이다.

번영과 부유함에 대해 생각하고 그것에 대해 말을 하는 습관을 들인다면 더 넓은 기회와 새롭고 예기치 않은 찬스가 다가올 것이다. 그러나 많은 사람들이 습관의 원리를 파괴적으로 활용함으로써 빈곤과 결핍의 삶을 벗어나지 못한다. 그들 모두는 습관의 희생자들이다.

자기 능력으로는 얼마나 벌 수 있겠다는 생각을 하는 한 그 이상은 획득할 수가 없다. 습관의 원리가 자신이 벌 수 있는 금액에 명확한 한계를 긋기 때문에 더 많은 돈을 벌 수 없는 것이다.

저축을 하는 것은 순전히 습관의 문제이다. 이 법칙을 적용하면 당신이 벌어들인 것을 체계적으로 보존해줄 뿐 아니라, 당신에게 더욱 큰 기회와 비전, 자신감, 상상력, 열정, 자발성과 리더십 등을 길러줄 것이며 돈 벌 능력을 신장시켜 줄 것이다.

재정적 독립을 위해서는 '명확한 중점 목표'에 따라 자신이 무엇을 원하는가에 대한 정확한 목표설정을 한다. 이때는 자신이 벌어들이고자 하는 돈의 액수도 정확히 포함시킨다. 그리되면 무의식은 당신이 창조한 그 그림을 접수하여 '중점 목표' 또는 '목적이 되는 대상'을 획득하기 위해 당신의 생각과 행동을 실제적인 계획으로 옮겨줄 청사진으로 삼게 된다.

유유상종! 즉, 비슷한 것끼리는 모인다고 한다. 만약 '내 사업은 나빠지고 있다'라고 생각하면서 입으로 그 말을 뱉으면 사업은 틀림없이 잘 풀리지 않게 된다. 한 명의 비관주의자로부터 만들어진 이러한 파괴적인 영향은 유능한 동료조차도 추락하게 된다.

수많은 가정에서 이루어지는 대화의 대부분은 빈곤과 결핍에 관련되어 있다. 그래서 당연한 결과로 그들은 빈곤해지게 된다. 간난에 대해 생각하고 빈곤에 대해 얘기함으로써 그들은 빈곤을 그들 인생에 운명으로 끌어들인다.

다른 누군가에게 빚 때문에 종속되고 인생을 쇠사슬에 묶인 죄수처럼 살아야 한다는 것은 생각만 해도 끔찍한 일이다. 부채의 축적 또한 습관이다. 처음에는 대수롭지 않게 시작되어 점차 막대한 비중으로 늘어 결국에는 한 사람의 영혼을 망쳐버리게 된다.

가난에 대한 두려움은 부정적이고 파괴적인 마음의 상태이다. 이런 부정적인 마음은 다시 유사한 형태를 불러들이는 경향이 있다. 예를 들어 '가난에 대한 두려움'은 '건강 상실에 대한 두려움'을 불러들이고 이 두 가지는 다시 '늙음에 대한 두려움'을 불러올 가능성이 높다.

어떤 습관도 그 자리에 다른 바람직한 습관을 대치함으로써 먼저의 습관을 근절할 수 있다. 바람직하지 못한 습관을 중단하는 것만으로는 충분하지 않다. 그러므로 재정적 독립을 꾀하는 사람이라면 '소비'의 습관은 반드시 '저축'의 습관으로 대체해야 한다.

습관이란 다른 종류의 습관으로 채워지지 않는 한 재발하는 경향이 있다. 한 습관의 중단은 빈자리를 남겨놓게 되는데 이 빈자리는 반드시 다른 종류의 습관으로 채워서 옛 습관이 되돌아올 자리를 남겨놓아서는 안 된다.

돈이 없는 사람은 돈이 있는 사람의 처분에 좌우지된다! 이는 개인이 얼마나 능력을 지녔는지, 타고난 재능이 있는지, 교육은 얼마나 잘 받았는지 상관없이 적용되는 진실이다. 그가 누구이고 무엇을 할 수 있는지에 관계없이 사람들은 그의 통장 잔액으로 평가하는 것이다.

통장에 잔고가 없는 개인은 다음과 같은 2가지 점에서 어려움을 겪게 된다.
첫째 : 기회(자금이 준비된 자에게만 오는)를 잡지 못한다.
둘째 : 현금이 급히 필요한 비상시가 닥치면 당황하게 된다.

우리 인간은 습관으로부터 지배된다! 은행계좌를 개설하고 적은 액수라도 소득의 일정분을 정기적으로 적립하는 데는 결심과 의지가 필요하다. 그리고 이것은 많은 사람들이 소망하는 경제적인 자유와 독립을 얻느냐, 마느냐를 결정짓는 원칙인 셈이다. 그 원칙은 개인의 소득과는 하등 관련이 없다.

인생에서 가장 위대한 가치는 자유이다! 일정 수준의 경제적 독립이 없는 한 진정한 자유란 있을 수 없다. 일평생 매일매일의 출근일이 정해져 있고, 하루에 정해진 시간 동안 한정 공간에서 별로 좋아하지도 않는 특정 업무를 수행해야 한다면 그 생각만으로도 끔찍하다.

진정 자신의 직업을 사랑하는 사람은 믿기 어려울 만큼의 오랜 시간 동안 일에 열중한다. 하지만 자신의 직업에 애정이 없는 사람은 조금만 일을 해도 빨리 지치게 된다. 사람의 인내력은 자신의 직업을 얼마나 사랑하느냐에 따라 결정되기 때문이다.

지금 하고 있는 일에 애정이 있다면 자신이 받는 급여보다 더 많은 일을 한다 해도 마음은 즐겁다. 바로 이 점이 자신의 적성이나 취향에 맞는 직업을 택해야 하는 이유이다. '보수보다 많은 일을 하는 습관'을 기르게 되면 남들에게 없는 자신만의 특별한 적성을 계발할 수 있고 그에 따라 자신의 가치를 높일 수 있다.

우리는 살면서 두 번의 중요한 시기를 거치게 된다. 한 번은 지식을 얻고 분류하고 조직하는 시기이며, 다른 한 번은 그러한 지식을 자기 것으로 만들기 위해 힘쓰는 시기이다. 이 시기에는 그 일을 할 수 있다는 능력이 있음을 다른 사람들에게 납득시켜야 한다.

남들로부터 인정받는다는 것은 매우 중요한 일이다. 그러므로 "내가 받을 수 있는 대가를 먼저 보여주시오. 그럼 내가 할 수 있는 일을 보여주겠소"라고 하는 대신에 "내가 가진 모든 능력을 보일 테니 나의 능력이 마음에 든다면 그때 대가를 지불해 주시오"라고 말할 수 있도록 하라.

우리가 배워야 하는 가장 필요하고도 어려운 일은 모든 사람들이 자신의 일에 감독자가 되어야 한다는 점이다. 우리는 자신의 결점을 덮어두려고 수많은 '알리바이'를 만들고 '변명'을 창조한다. 우리는 '진실이 무엇인지' 알아내려 하지 않고, 자신이 '알고 있는 것이 진실이길' 원한다.

3장
자신을 통제할 수 있는 힘

열정과 자제력의 2가지 감각

사람들이 겪는 대부분의 불행은 자제력 부족으로 생겨난다. 자신을 스스로 통제하지 못하는 것이다. 성경에는 자제력에 대한 많은 충고들이 기록되어 있다. 심지어는 적을 사랑하라고 하며, 우리에게 상처 주는 자를 용서하라고 가르치고 있다. 성공자들은 대부분 자제력이라는 덕목을 소유하고 있다는 것은 주지의 사실이다.

자신을 통제할 수 있는 힘인 자제력(Self-Control)은 사람들의 열정을 건설적인 목적으로 사용할 수 있게 해주는 것이다. 자제력이 없는 열정은 전기 폭풍으로부터 발생하는 무자비한 번개와 같다. 그것은 번개와 마찬가지로 어느 곳에든 떨어져 생명이나 재산을 파괴할 수 있다.

열정은 행동에 이르게 하는 매우 중요한 원천이다. 반면에 자제력은 이 행동이 그릇된 방향이 아닌 올바른 방향으로 향하도록 균형을 맞추어주는 평형바퀴와 같다.

'균형감각'을 유지하는 사람이 되기 위해서는 열정과 자제력이 평형상태에 머물러 있어야 한다.

얼마 전 미국의 교도소에 수감되어 있는 16만 명의 성인 수감자들을 대상으로 한 설문조사 결과를 보면 놀라운 사실을 발견할 수 있다. 그것은 이 불행한 남녀 수감자들 중 92%가 자신들의 에너지를 긍정적인 방향으로 이끌어주는 자제력이 부족했기 때문에 수감되었다는 사실이다.

이 얼마나 놀라운 사실인가!

세계적으로 영웅이라 칭송되는 사람들을 분석해보면 이들은 예외 없이 자제력이라는 덕목을 소유하고 있는 것으로 나타난다.

예를 들어 불후의 명성을 지닌 링컨을 살펴보자.

그의 인생에서 가장 힘든 시절에 그는 인내심, 평상심, 그리고 자제력을 갖기 위해 애썼다. 이들을 포함한 여러 품성을 기반으로 그는 훌륭한 사람이 될 수 있었던 것이다.

링컨은 내각의 의원들 중 자신에게 불충(不忠)하는 사람들이 있다는 사실을 알았지만, 그 이유는 지극히 개인적인 것이고 그들이 국가에 이로움을 줄 수 있는 사람들이란 사실을 알았기 때문에 자제력을 발휘해 불쾌한 감정을 억눌렀다고 한다.

당신이 알고 있는 사람들 중에 이에 견줄 만큼의 자제력을 갖춘 사람이 얼마나 있는가?

야구선수 생활을 하다가 목사가 된 빌리 선데이(Billy Sunday)는 연단에서 강한 어투로 이렇게 외쳤다.

"항상 남의 비밀을 폭로하려고 애쓰는 사람들이 있습니다. 그들은 지옥처럼 썩어 빠졌습니다!"

빌리가 이렇게 소리쳤을 때 악마 역시 "형세어, 아멘!"이라고 외치지 않았을까 궁금할 따름이다.

자제력이 성공의 법칙에서 중요한 요소가 되는 이유는 자제력이 부족할 경우 그에 따른 고통이 수반되기 때문이라기보다는 '명확한 중점 목표'를 달성하는 데 필요한 다른 자질을 상실하게 되기 때문이다.

자제력이 부족하면 다른 사람들에게 상처를 줄 수 있을 뿐 아니라 자신에게도 상처를 입힐 수 있다는 사실을 명심하라!

자제력 부족으로 인한 재앙

사회생활 초기시절에 나는 자제력의 부족이 내 인생에 얼마나 큰 재앙을 불러오는가를 깨닫게 된 사건을 경험한 적이 있다. 약간 다른 이야기가 될 수도 있겠으나, 위대한 삶의 진실 대부분은 우리의 일상생활에서 벌어지는 일반적이고 아주 흔한 사건들 속에 숨어 있다.

나는 이 발견을 통해 지금까지 내가 배운 것보다 더욱 중요한 것을 알게 되었다. 그 발견은 다음과 같은 사건을 통해 이루어졌다.

어느 날 나는 내 사무실이 있는 건물의 수위와 사소한 오해가 생겼다. 그리고 이 오해는 우리 사이를 험악하게 만들고야 말았다. 그는 날 모욕하곤 했는데, 내가 사무실에 홀로 앉아 일하고 있는데도 건물의 전등을 모두 꺼버릴 정도였다.

수위의 이런 행동은 내가 받은 모욕을 되돌려줘야겠다고 결심할 때까지 몇 번이나 되풀이되었다. 그러던 중 어느 일요일, 드디어 나는 그 기회를 잡았다. 그날 나는 다음날 밤에 있을 강연의 연설문을 준비하고 있었는데 또 불이 꺼지고 말았다.

더 이상 참지 못한 나는 자리를 박차고 일어나 수위가 있을 법한 건물 지하실 쪽으로 달려갔다. 지하실에 도착했을 때 나는 마치 아무 일도 없었다는 듯이 휘파람을 불며 화로에 석탄을 열심히 넣고 있는 수위를 만났다.

그를 보자마자 나는 석탄이 활활 타오르고 있던 화로의 불보다 더 열을 내며 5분여 동안 미친 듯이 비난을 퍼부어댔다. 그러다가 마침내 할 말이 바닥났고, 나는 흥분을 가라앉혀야만 했다. 그때 똑바로 몸을 일으켜 세운 그가 고개를 돌려 어깨너머로 나를 향해 뭐라고 했는지 짐작이나 가는가?

그는 만면에 미소를 띤 채 조용하고 부드러운 목소리로 이렇게 말했다 (그는 자제력을 발휘하고 있었다).

"이른 시간부터 약간 흥분하셨군요. 그렇죠?"

그 말을 들었을 때 나는 마치 송곳에 찔린 듯한 느낌이 들었다.

그때 내가 받은 느낌을 상상해보라. 나는 읽지도 쓰지도 못하는 사람에게서, 게다가 내가 일으킨 전쟁에서 패배자의 꼴이 되고 말았다.

나의 양심은 나를 비난하며 손가락질을 해대고 있었다. 나는 자신이 무참히도 패배했다는 사실뿐 아니라 내가 잘못했음에도 그를 공격해버린 공격자가 되었다는 더욱 심각한 사실을 깨달았다. 이에 더욱 심한 굴욕감을 느끼게 되었다.

내 머릿속에는 여러 가지 창피한 일이 맴돌았고 그것은 계속 나를 조롱하며 괴롭혔다. 그날 문학이나 철학에는 전혀 문외한이었던 사람 앞에 서 있었던 나는 고등철학을 한다고 자부하던 학생이었고 황남튤 삽지의 대표였으며 셰익스피어, 소크라테스, 플라톤, 에머슨, 그리고 성경에 정통한 사람이었다. 그럼에도 나는 언어의 전쟁에서 그에게 패하고 말았다.

나는 발길을 돌려 내 사무실로 최대한 빨리 돌아갔다. 더 이상 내가 할 수 있는 일은 없었다. 나는 내 잘못에 대해 생각하기 시작했으며 이내 나의 잘못도 깨달았다. 그러나 솔직히 말해 나는 자신의 잘못을 바로잡기 위해 해야 할 일이 꺼려졌다.

물론 나는 오직 그 사람을 위해서라기보다는 마음의 평화를 얻기 위해서라도 그에게 사과해야 한다는 사실을 알고 있었다. 마침내 나는 결코 피할 수 없는 굴욕감을 감수하기로 결심했다. 그렇게 하기까지는 꽤 오랜 시간이 걸렸고 그것은 쉽지 않은 일이었다.

나는 지하실로 내려가기 시작했다. 처음에 화가 났을 때 뛰어갔던 것과는 비교할 수조차 없는 꽤나 느린 속도의 걸음걸이로 말이다. 나는 굴욕감을 최소화할 수 있는 방법을 떠올리기 위해 골몰했다.

지하실에 도착한 나는 문 쪽으로 수위를 불렀다. 그러자 전과는 다른 차분한 분위기 속에서 그가 부드러운 목소리로 물었다.

"이번에는 뭘 원하시나요?"

"만약 당신이 허락한다면 내 잘못에 대해 사과하고 싶습니다."

그의 얼굴에는 다시 미소가 번졌다. 그리고 그는 이렇게 말했다.

"주님의 사랑으로 당신은 사과하지 않으셔도 됩니다. 그 일에 대해서는 당신과 나, 그리고 이 벽들을 제외하곤 아무도 모릅니다. 나는 이 일을 아무에게도 말하지 않을 겁니다. 물론 당신도 그럴 거란 사실을 알고 있습니다. 그러니 잊어버리십시오."

그의 말은 나에게 처음 했던 말보다 더욱 심금을 울렸다. 그는 기꺼이 나를 용서했을 뿐 아니라 이 사건으로 내가 피해를 보지 않도록 진정으로 염려해주기까지 했다.

나는 그의 손을 잡았다. 나의 진심을 담아 그와 악수를 했다. 그리고 나서 사무실로 돌아오며 나는 자신이 저지른 잘못을 바로잡기 위해 용기를 냈다는 사실에 한결 마음이 가벼워졌다.

그 일이 있은 뒤로 나는 상대가 누구든 그 앞에서 자제력을 발휘하지 못해 굴욕감을 느끼는 일이 없도록 노력했다. 그러자 내 삶에 큰 변화가 일어났다. 내가 쓰는 글은 더 큰 힘을 가졌고 내가 하는 말은 더 큰 무게를 싣기 시작했다. 그리고 더 많은 친구가 생겼고 적(敵)은 줄어들었다. 이 일은 내 인생에서 가장 큰 전환점 중 하나다.

나는 이 일을 통해 큰 깨달음을 얻었다. 또한 '신은 스스로 무너지는 사람에게 먼저 실패를 맛보게 하신다' 라는 구절이 더욱 내 마음에 와 닿았다.

그뿐 아니라 이 사건은 나에게 무저항주의 법칙의 개념을 분명히 이해하도록 만들었으며, 이 법칙을 염두에 둠으로써 예전에는 전혀 몰랐던 성경 구절의 의미를 이해하게 해주었다.

이 사건을 통해 나는 지식의 창고로 가는 열쇠를 얻었고 나의 인생에서 내가 하는 일과 앞으로 해야 할 일을 하는 데 많은 도움을 받았다. 적이 나를 공격하려 했을 때 이 지식의 창고는 나에게 강력한 방어무기를 제공해 주었고, 단 한 번도 나를 실망시키지 않았다.

자신을 통제해야 남도 통제한다

자제력 부족은 세일즈맨에게도 치명적인 약점이다. 세일즈맨은 직업 상 소비자들에게서 듣기 싫은 소리를 들을 수도 있다. 만약 이때 자제력 을 발휘하지 못한다면 그는 자신의 경력에 치명적인 오점을 남기고 말 것 이다.

시카고의 가장 큰 백화점에서 나는 자제력의 중요성을 목격할 수 있었 다. 불편사항 접수창구에 많은 여성 고객들이 긴 줄을 이루고 있었는데 고객들은 불만사항과 백화점의 잘못된 사항들을 젊은 담당 여직원에게 말하고 있었다. 화를 내는 고객들이 있는가 하면 말도 안 되는 이유를 대 며 흥분한 고객도 있었고 심지어 욕설까지 서슴지 않는 고객들도 있었다.

그러나 데스크에 있는 젊은 여직원은 조금의 동요된 모습도 없이 고객 의 불편사항을 다 들어주고 있었다. 그 여직원은 얼굴에 미소를 띤 채 차 분하고 상냥한 태도로 여성 고객들을 담당부서로 안내하고 있었다. 자제 력을 발휘하는 그녀를 보며 나는 어떤 경이로움을 느꼈다.

여성 고객들이 불만을 토로하고 있는 동안 또 다른 젊은 여직원은 고객 들의 말을 정리해 데스크의 여직원에게 건네주고 있었다. 그런데 그 종 이에는 고객들의 심한 욕설이나 짜증을 제외한 불만사항들만이 요약되 어 있었다.

웃는 얼굴로 고객의 불만사항을 듣고 있던 여직원은 청각장애인이었고 고객들의 말을 정리한 여직원은 백화점이 반드시 개선해야 할 사항들만을 기입하여 전달한 것이다.

이러한 방식에 매우 감동받은 나는 백화점의 매니저를 만나보았다. 그가 말하기를 불편사항 접수창구는 백화점에서 가장 중요하고 힘든 자리인데 그 자리를 버틸 만큼 자제력을 갖춘 사람을 찾기 힘들어 청각장애인을 직원으로 채용했다는 것이다.

나는 화가 난 여성 고객들을 보면서 데스크에 앉아 있는 여직원의 미소가 얼마나 기분을 좋게 만드는지 알 수 있었다. 그 여성 고객들은 울부짖는 늑대처럼 왔다가 양처럼 온순하고 조용하게 돌아갔다.

그들 중 몇몇은 여직원의 자제력으로 그들 스스로 창피함을 느끼고는 양과 같이 순한 모습을 하며 떠났던 것이다. 그 장면을 목격한 이후로 나는 내가 듣기 싫은 말을 들어서 화가 날 때마다 그 여직원의 자제력 발휘를 생각했다.

그리고 모든 사람에게는 때때로 귀마개가 필요하다고 생각했다. 이때부터 나는 사람들이 하는 쓸데없는 말에 전혀 신경 쓰지 않는 습관을 갖게 되었다. 우리가 듣기 싫어하는 말에 대해 일일이 대응하기에는 인생이 너무 짧고 해야 할 건설적인 일들이 너무 많다.

법정에서 "기억이 안 나요" 혹은 "몰라요" 라는 대답으로 일관하는 비협조적인 목격자를 심문할 때 아주 기발한 속임수를 사용하는 변호사를 본 적이 있다. 그들은 모든 심문방법이 실패로 돌아가면 최후의 수단으로 목격자들을 화나게 만드는 것이다. 그러면 이내 목격자들은 이성을 잃어 이야기하지 않으려고 했던 것까지 모두 말해버리고 만다.

우리 중 대부분은 어디 화젯거리가 없는지 촉각을 곤두세우고 문제점을 찾아 나선다. 그러고는 이내 없는 문제도 찾아낸다. 기차 여행을 하면서 나는 '기차 여행 중의 대화'에 등장함직한 사람들을 관찰한 적이 있다. 이때도 나는 많은 것을 배울 수 있었다.

실질적으로 대부분 사람들은 자제력 능력이 부족해 주변에서 떠드는 모든 화젯거리에 다 끼어들고 싶어 한다. 남의 대화에 끼어들지 않고 가만히 듣고만 있는 사람이 과연 몇 명이나 될까?

어느 날 나는 알바니시(市)에서 뉴욕으로 여행을 갔다가 돌아오는 길이었다. 몇 사람이 타마니 홀(Tammany Hall : 혁명전쟁 퇴역군인들이 조직한 공화파의 정치기구 - 편저자 주)의 회장인 리처드 크로커(Richard Croker)에 대해 이야기하기 시작했고 그 대화는 점점 격해졌다.

급기야는 그 대화를 먼저 시도해 적극 참여함으로써 사람들을 동요시켰던 한 노신사를 제외하고는 모두 극도로 흥분했다. 그 신사는 시종일관 차분했고 타마니 홀의 '호랑이(회장)'에 대해 다른 사람들이 하는 이야기를 즐기는 듯 보였다.

나는 당연히 그 신사가 타마니 홀 회장의 반대파일 것이라고 생각했다. 그러나 아니었다. 바로 그가 리처드 크로커였던 것이다. 그는 현명하게도 이러한 속임수를 통해 사람들이 자신에 대해 어떻게 생각하는지, 자신의 적들이 어떠한 계획을 세우고 있는지에 대해서 알아냈던 것이다.

그는 자제력의 명수였다. 이에 따라 결과적으로 그는 어떤 논란의 여지도 없이 타마니 홀의 회장직을 그토록 오랫동안 고수할 수 있었다. 요컨

대 '자신을 통제할 수 있는 사람은 어떤 일을 하든지 간에 그것을 좌지우지할 수 있는 힘을 발휘한다'는 것이다.

앞의 문장을 다시 한번 읽어보라. 이 문장은 당신에게 이익이 될 수도 있는 중요한 내용을 전달하고 있다. 리처드 크로커 회장이 겪은 이 일화는 일상생활에서도 흔히 일어날 수 있는 일이다. 정작 위대한 삶의 진리는 평범한 일상에 감춰져 있는 것이다.

📖 자기계발을 위해 필요한 항목

'기회'가 자신에게 오지 않는다고 생각하는가? 아마도 수백 번의 기회가 당신 곁으로 왔다 갔을 것이다. 그러므로 기억하라! 준비하면서 기다리면 당신은 조만간 찾아오는 기회를 잡을 수 있다. 그를 위해 자신을 부단히 갈고 닦아라. 그 결과는 '이것이 기회다'라고 생각될 때 자신의 것으로 확실히 만들 수 있다.

나는 얼마 전에 아내를 따라 '바겐세일'을 하는 곳에 간 적이 있다. 그곳에서는 많은 여성들이 속치마를 판매하는 한 가게 앞에 몰려들어서는 서로 밀쳐내는 데 여념이 없었다.

그때 한 중년 여성이 사람들 사이로 기어들어가서는 마침내 그 '철벽' 같은 장막을 뚫고 이제 막 점원이 어떤 고객과 상담하는 곳으로 끼어들었다. 그러고는 큰 목소리로 점원의 관심을 자신에게로 끌고자 했다.

그러나 인간의 본성(本性)에 대해 잘 알고 있으며 흥정 또한 잘했던 점원은 그 여성에게 미소를 지어보이며 "예, 아가씨, 잠시만 기다려주세요"라고 한 뒤 처음에 상담하던 고객에게로 시선을 옮겼다. 우리는 여기서 그 점원 역시 자제력에 능숙한 사람이었음을 알 수 있다.

끼어들었던 그 중년 여성은 스스로 조용해졌다!

그녀의 태도를 돌연 바꾸게 만든 것이 '아가씨'라는 말 때문이었는지, 아니면 점원의 친절한 태도 때문이었는지는 잘 모르겠다. 어쨌든 점원은 자제력을 발휘한 덕분에 그 여성에게 속옷을 세 벌이나 팔 수 있었고 그 '행복한 아가씨'는 젊어진 기분에 행복해하면서 떠날 수 있었다.

하루는 대형 소매점의 장갑 파는 코너에서 일하는 직원과 이야기를 하고 있었다. 그는 4년이나 그곳에서 일했지만 아무도 자신의 가치를 알아봐주는 사람이 없다며 다른 직장으로 옮길 생각이라고 말했다.

그와 대화를 하는 사이에 한 손님이 다가와 모자를 좀 보여 달라고 했다. 그러나 이 직원은 손님이 자신의 도움을 애타게 기다린다는 것을 알면서도 자신의 이야기가 끝날 때까지 무시해 버렸다.

한참 후에야 그는 손님에게 돌아서더니 "이 코너는 모자를 팔지 않습니다"라고 말했다. 손님이 다시 어느 코너에서 파느냐고 물어보자 그는 "저기 서 있는 안내원한테 가서 물어보세요"라고 했다.

사실 4년이라는 긴 시간 동안 그에게는 수많은 기회가 찾아왔을 것이다. 하지만 그는 자신에게 그런 기회가 있었는지조차 모르고 있었다. 그 직원은 상점에서 만나는 수많은 고객과 친구가 될 수 있었고, 그 기회만 제대로 활용했다면 많은 고객들이 그와 거래하려고 가게를 찾았을 것이다.

다시 말해 그는 상점에서 반드시 필요한 사람이 될 수도 있었던 것이다. 하지만 도움을 청하는 손님에게 그런 식으로 딱딱하게 잘라 말해서는 이런 기회를 다시는 얻지 못한다.

자기 가치는 스스로 만드는 것

어느 비 오는 날 오후, 중년 부인이 피츠버그의 한 백화점으로 걸어 들어갔다. 그녀는 매장 여기저기를 목적 없이 서성거리며 물건은 사지 않고 점원들에게 계속 말을 걸었다. 직원들 대부분이 그 부인을 한번 위아래로 훑어보고는 그녀와 눈이 마주치는 것을 피하려 물건을 정리하느라 바쁜 척했다.

그런데 어느 젊은 남자 직원이 그 부인을 보고는 "무엇을 도와드릴까요?" 하고 정중히 물었다. 그러자 그 부인은 직원에게 "아니에요, 저는 그냥 비가 그치기만을 기다리고 있어요" 라고 대답했다.

분명 그 부인은 백화점에서 물건을 살 생각이 전혀 없었다. 그렇지만 직원은 그 부인에게 물건은 사지 않아도 괜찮다고 하며 백화점의 물건들에 관해 최선을 다하여 설명해 주었다. 부인이 백화점 밖으로 나가려고 하자 그 직원은 거리로 배웅하며 우산까지 펴주었다. 그녀는 직원에게 명함을 한 장 달라고 한 뒤에 이내 빗속으로 사라졌다.

오래 시간이 흐르고 직원은 이 일을 까맣게 잊고 있었다. 그러던 어느 날 백화점 사장이 그 남자 직원을 사장실로 불렀다. 사장은 그에게 편지한 장을 보여주었다. 내용인즉 스코틀랜드로 사람을 보내 자신의 저택에 들여놓을 가구를 주문받아 달라는 요청이었다.

편지를 보낸 사람은 놀랍게도 몇 달 전 비를 피해 백화점 안으로 들어왔던, 거리까지 배웅했던 그 부인이었던 것이다. 더욱 놀라운 것은 바로 그 부인이 철강왕 앤드류 카네기의 모친이었다는 사실이다.

카네기 여사의 편지에 써있기를, 얼마 전에 자신을 도와줬던 그 젊은 남자 직원이 주문을 받아갔으면 한다고 했다. 카네기 여사의 총 주문량은 실로 어마어마했고, 이 일로 젊은 남자 직원은 높은 자리로 승진할 수 있었다. 이는 전혀 물건을 구매할 것 같지 않은 고객에게도 최선의 친절을 다한 포상이었다.

이처럼 인생의 기본이 되는 중요한 법칙은 매일매일 일어나는 아주 평범하고 작은 일상에 가려서 잘 보이지 않는다. 그래서 우리 대부분은 그것을 전혀 눈치 채지 못한다. 다시 말해 정말로 중요한 기회들이 종종 겉으로 보기에는 중요하지 않은 일 속에 감춰져 있다는 것이다.

현재 당신 옆에 있는 10명의 사람에게 왜 자신의 직업에서 더 큰 성공을 이루지 못했느냐고 물어보라. 그러면 적어도 10명 중에 9명은 이렇게 대답할 것이다.

"나에게는 기회가 오지 않는 것 같습니다."

더 나아가 이 9명의 하루 동안 행동들을 자세하게 관찰하고 분석해 보라. 아마도 9명 모두가 하루에도 몇 번씩 자신들에게 다가오는 절호의 기회를 자신도 모르는 사이에 놓쳐버린다는 사실을 알게 될 것이다.

자제력 발휘를 잘하는 사람들은 미움이나 부러움, 질투, 두려움, 복수심 등과 같은 비생산적인 감정에 잘 빠져들지 않는다. 또한 그 무엇에 대해서도 혹은 누구에게도 자신을 잃을 정도로 도취되거나 통제할 수 없는 광신도적인 감정에 빠져들지 않는다.

그러나 자신의 가치를 너무 과대평가하는 것은 탐욕과 이기심, 자만과 같은 부작용을 초래하기도 한다. 앞의 현상들은 자제력이 부족한 사람에게 나타나는 아주 위험한 증상이다.

자부심이란 성공의 가장 중요한 필수요소지만 도를 지나치면 매우 위험한 요소가 된다. 자기희생이란 칭찬받을 만한 덕목이긴 하지만, 너무 과하면 자제력 부족의 위험한 상태가 된다.

자신의 행복이 다른 사람의 손에 좌지우지되지 않도록 적절한 행동으로 처신하는 것은 전적으로 자신에게 달린 일이다. 사랑이란 행복의 필수요소이다. 그러나 사랑에 너무 집착하는 사람은 자신의 행복이 항상 남의 손으로부터 좌지우지될 것이다.

이것은 결과적으로 작은 양이 늑대의 동굴로 기어들어가 '착하고 얌전한 늑대님의 곁에서 잠을 자도 될까요?' 라고 간청하는 것이나 카나리아가 자꾸 고양이의 수염을 가지고 놀겠다며 고집을 피우는 것과 같다.

자제력 발휘에 능숙한 사람은 냉소적인 사람이나 염세주의자들의 영향을 받지 않는다. 또한 남들에게서 '저 사람의 인생은 너무 어두워' 라는 소리도 결코 듣지 않을 것이다.

자제력 발휘에 능숙한 사람은 자신이 어떠한 행동을 결정하기까지 상상력과 열정을 계속 불태울 것이다. 물론 그들은 자신의 행동을 조절하고 그 행동으로부터 지배되지도 않을 것이다.

자제력 발휘에 능숙한 사람은 결코 다른 사람을 비방하지 않고 무슨 일을 당하든지 간에 남에게 복수하려는 마음을 품지 않을 것이다.

자제력 발휘에 능숙한 사람은 자신에게 반론을 제기하는 사람을 미워하지 않고 그의 반론을 이해하고자 노력할 것이다. 그리고 그렇게 노력한 대가를 반드시 얻을 것이다.

자제력 부족은 일종의 습관

이제 우리는 다른 어떤 경우보다 더 큰 문제를 야기하는 자제력 부족현상에 대해 살펴보자. 자제력 부족은 어떤 사실을 제대로 확인조차 하지 않은 채 그것에 대한 자신의 의견을 형성하는 일종의 습관으로부터 발생하는 현상이다.

'자제력'이란 주제를 논할 때 우리는 이 습관에 대해 반드시 언급해야 한다. 정도의 차이는 있겠지만 우리 모두는 이 나쁜 습관을 가지고 있기 때문이다.

그 어느 누구에게도 자신이 믿는 사실이나 설득력 있는 가설을 정설로 만들 권리는 없다. 그럼에도 자세히 관찰해 보면 스스로 그렇게 되었으면 혹은 되지 않았으면 하는 기대를 정설로 만들고 있는 자신을 발견할 수 있을 것이다.

또 하나 안타까운 자제력 부족현상으로는 '낭비'하는 습관을 들 수 있다.

여기서 말하는 낭비는 필요 이상으로 소비하는, 즉 과소비 습관을 의미한다. 이 습관은 1차 세계대전이 끝난 후에 놀라울 정도로 급속히 확산되었다.

한 유명한 경제학자는 학교와 집에서 아이들에게 절약하는 습관을 가르치지 않는다면 미국은 3세대가 지나기 전에 세계에서 가장 부자 나라에서 가장 가난한 나라로 추락할 것이라고 예언했다.

대부분의 사람들은 집 장만을 위한 계획보다는 자동차 할부 구입을 계획하는 데에만 신경을 쓰고 있다. 15년 전부터 자동차의 반짝 유행이 만연해지자 몇 만 명에 이르는 사람들이 자신의 미래를 담보로 자동차를 구입하는 데 열중하고 있다.

풍자적인 유머감각이 뛰어난 어느 유명한 과학자는 우리가 이 습관으로 은행계좌에 구멍을 낼 뿐 아니라 자동차를 너무 좋아한 나머지 몇 년 후 태어날 우리의 아기들은 다리 대신 바퀴를 달고 태어날 것이라고 말했다.

현대를 살아가는 사람들은 속도에 미쳤고 과소비에 여념이 없는 세대이다. 그리고 우리 대부분은 남보다 더 빠르게 유행을 누리는 것이 최고의 삶이라고 생각한다.

얼마 전에 고용 직원 600명인 회사의 한 간부는 자사의 직원 상당수가 '고리대금'을 끌어다 쓴다는 사실을 알게 되었다. 그는 그 빚더미에서 직원들을 구해내야겠다고 절감했다.

그가 조사를 끝내고 보니 직원들 중 오직 9%만이 적금계좌를 가지고 있었고 나머지 91%는 저축해놓은 돈이 한 푼도 없었다. 또 75%의 직원이 이런저런 형태로 빚을 지고 있었으며 그 중 몇 명은 재정적으로 아무런 대책이 없었다.

그런데 빚이 있는 사람들 중에서 210명은 차를 소유하고 있었다.

우리는 모방의 피조물이다. 그래서 남들이 하는 것을 그대로 따라하려는 유혹을 떨치기가 참으로 어렵다. 내 이웃이 뷰익(Buick : 미국 제너럴모터스에 속한 자동차 회사 겸 차종 - 편저자 주)을 샀다면 그를 따라 자신도 똑같이 뷰익을 사야 한다. 만약 있는 돈을 다 긁어모아도 뷰익의 할부를 갚을 수 없다면 적어도 포드 정도는 사야 한다. 다시 말해 우리는 미래를 위한 준비를 조금도 하지 않고 있다.

예전에 자주 사용했던 '유비무환' 이란 말은 이제 무색해져 가고 있다. 우리는 그저 하루 벌어 하루를 살고 있다. 석탄은 파운드 단위로 사고 밀가루는 5파운드 포대로 산다. 이렇게 소량으로 구매를 하기 때문에 원래 가격보다 3분의 1정도를 더 지불하게 되는 것이다.

물론 당신을 향해 이 경고를 하는 것은 아니다. 자신이 번 돈보다 더 많은 돈을 써버려 가난의 굴레에서 벗어나지 못하는 사람이나 성공을 위해서는 꼭 지켜져야 할 분명한 법칙이 있다는 것을 아직 깨닫지 못하는 어리석은 사람들에게 하는 경고이다.

현대의 가장 위대한 발명품 중 하나가 자동차이다. 그러나 대부분의 사람들이 필요 이상으로 호화로운 차를 타고 다니는 경우가 많다. 지금은 즐겁게 차를 타고 다니며 즐기는 수만 명의 사람들은 언젠가 그들에게 역경이 닥쳤을 때 분명 큰 고생을 하게 될 것이다.

모든 사람들이 자신의 차를 운전하고 다닐 때 홀로 대중교통을 이용한다는 것은 상당한 자제력이 요구된다. 그러나 분명한 사실은 지금 자제를 하며 내일을 준비하는 사람들은 현재 호화로운 자가용을 모는 사람들이 언젠가 고생하며 걸어 다니는 모습을 여유롭게 목격할 수 있게 된다.

예전에는 아이들이 마차를 가지고 싶으면 나무를 이용해 바퀴를 만들었다. 더불어 자신의 힘으로 마차를 만들었다는 기쁨도 함께 가질 수 있었다. 지금은 어떠한가. 아이들이 마차를 가지고 싶으면 부모에게 떼를 쓰며 그저 울기만 하면 된다. 그러면 얻을 수 있는 것이다!

낭비하는 습관이 몸에 배어버린 부모들 때문에 우리 자식 세대에서 자제력 부족현상은 더더욱 심해질 것이다. 3세대 전만 해도 아이들은 구두 수선 장비를 이용해 자신의 구두를 고칠 수 있었다.

그러나 오늘날의 아이들은 구두수선점에 가서 1달러 75센트를 내고 구두굽과 구두창을 간다. 이러한 소비 습관은 더 이상 부유층 아이들에게만 국한된 것이 아니다.

다시 한번 말하건대 과소비 습관은 미국을 극빈국으로 만들 수도 있다.

나는 당신이 성공을 이루기 위해 노력한다는 사실을 알고 있다. 성공에 관심이 없었다면 아마 이 책을 읽지도 않았을 테니까. 강조하지만 미래에 대한 준비 없이 기회란 오지 않는다. 비록 얼마 되지 않는 돈일지라도 저축하는 습관은 앞으로 당신에게 많은 기회를 줄 것이다.

적금계좌의 액수는 중요하지 않다. 당신이 저축하는 습관을 가지고 있다는 사실이 더욱 중요하다. 저축하는 습관을 가졌다는 것 자체가 당신은 이미 자제력 발휘를 하고 있다는 뜻이다.

현대의 샐러리맨들은 자신의 수입을 한 푼도 남김없이 다 써버리는 경향이 있다. 만약 어떤 샐러리맨이 연봉으로 3천 달러를 받아 잘 관리를 한 후, 다음해에는 1천 달러를 더 받아 4천 달러의 연봉을 받았다고 가정해 보자.

그러면 그 샐러리맨은 3천 달러를 받을 때와 똑같이 생활을 하고 남은 1천 달러를 저축할까? 대답은 '노'이다. 만약 그가 저축하는 습관이 몸에 밴 극소수의 사람 중 한 명이 아니라면 말이다.

그렇다면 그 사람은 추가된 연봉 1천 달러로 무엇을 할까? 아마도 자신의 중고 자동차를 더 비싼 자동차로 바꿀 것이며, 연말에 이르러서는 수입이 3천 달러일 때보다 오히려 더 가난하게 살고 있을 것이다.

이것이 내가 상상하고 있는 '현대의, 20세기 미국의 모델'이다. 자신을 분석해 본 결과 위와 같은 그룹에 속하지 않는다면 당신은 상당히 운이 좋은 사람이다.

세상에는 손에 쥐고 있는 동전 하나까지 놓치지 않으려는 구두쇠형과 자신의 손에 들어오는 돈을 한 푼도 남김없이 다 써버리는 흥청망청형이 있다. 양자 사이에는 '행복한 중간'이 있다. 만약 보통 사람이 느끼는 자유와 만족을 평범하게 누리며 인생을 즐기고 싶다면 당신은 반드시 이 '행복한 중간'을 당신이 계획한 자제력의 일부로 포함시켜야 한다.

이렇게 자제력 발휘는 자기계발을 위해 가장 필요한 항목이다. 왜냐하면 자제력을 발휘함으로써 탐욕과 낭비벽뿐 아니라 자신을 화나게 하는 사람들에 대한 복수심, 일일이 열거하기도 힘든 비생산적인 일에 에너지를 허비하는 나쁜 습관을 다스릴 수 있기 때문이다.

자신을 조절할 수 있는 능력

내가 사회 초년생이었을 때의 일이다. 다른 사람을 헐뜯기 위해 얼마나 많은 사람들이 자신들의 소중한 에너지를 허비하고 있는지를 알고서 난감해한 적이 있었다. 그때 나는 어떤 '파괴자'로부터 공격을 받고 있었다. 나 역시 나를 헐뜯는 그 사람들을 향해 내가 당한 만큼 되돌려 주리라 마음먹었다.

그러나 어느 늦은 저녁, 타자기 앞에 앉은 나는 사람들에 대한 내 태도를 바꿔봐야겠다는 생각이 문득 들었다. 타자기에 꽂혀 있던 종이를 치우고 새 종이로 갈아 끼웠다. 그러고 나서 내 생각들을 정리했다.

'당신은 당신에게 해를 입힌 사람보다 훨씬 더 유리한 입장에 서 있다. 당신은 그를 용서할 수 있는 힘을 가지고 있는 반면, 상대방은 그런 선택의 여지가 없기 때문이다.'

이 문장을 다 쓰고 나서 나는 결심했다. 나를 비평하는 사람들, 그리고 내 명예를 무너뜨리려 나를 비방하는 모든 사람들에게 대응할 내 행동의 기준을 정하리라. 그것은 다음과 같은 생각을 통해 결정을 내릴 수 있었다.

내가 할 수 있는 일에는 두 가지가 있다.

하나는 내 시간과 에너지를 허비하며 나를 비방하는 사람들을 일일이 응징하는 것, 다른 하나는 그 에너지를 내 앞일을 위해 투자하여 날 비방한 모든 사람과 내 동기에 의심을 갖는 사람들을 향해 보란 듯이 성공을 거두는 것. 나는 후자를 택했다. 그리고 실행하기 시작했다.

'그 사람의 행동을 보면 그 사람의 됨됨이를 알 수 있다.'

따라서 당신의 행동이 충분히 건설적이며 마음 또한 평온한 상태라면 당신의 동기를 멈출 이유도, 일일이 설명할 필요도 없다.

세상 사람들은 세상에 해를 끼치는 사람은 금방 잊게 마련이다. 세상은 좋은 일을 하는 사람만을 기억하고 그리워한다. 이 사실을 명심하라. 그러면 당신을 비방하는 사람들에게 돌아갈 에너지의 낭비를 분명 줄일 수 있다.

세상에 조금이나마 이익이 되는 일을 했던 사람이라면 누구든지 앞서 말한 문제에 부딪치게 될 것이다. 그때가 자제력을 발휘할 때이다. 자기를 둘러싸고 서 있는 적들을 일일이 응징하는 데 드는 에너지를 아껴라. 바로 이 에너지가 자신에게 돌아오는 보상이나 다름없다.

만일 이 사실을 증명하고 싶다면 각계각층 유명인사들의 기록을 살펴보라. 그들이 과연 사방의 적들로부터 어떻게 자제력을 발휘해왔는지를 주의 깊게 살펴보면 알 수 있다.

그 어떤 사람도 시기와 질투로 가득 찬 적들의 반대가 없다면 성공하지 못한다. 이것은 누구나 다 알고 있는 사실이다.

작고한 워렌 하딩 대통령, 내셔널 금전출납기록기 회사의 윌슨 회장과

존 패터슨 전 회장은 이러한 풍조의 희생양들이다. 그러나 이들은 그들의 적을 향해 일일이 설명하거나 보복하려 시간을 뺏기지는 않았다. 그들은 자제력을 발휘한 것이다.

다시 생각하면 공인을 겨냥한 잔인하고 왜곡된 공격들은 결과적으로 당사자들에게 좋은 영향을 끼친다. 내 경우를 보면 저널리스트들의 맹렬한 비판을 받은 후에야 비로소 아주 소중한 것을 발견할 수 있었다. 처음 4, 5년간은 그들의 공격을 그냥 무시했다.

그러나 그들의 공격이 급기야 도를 지나쳐 마침내 나는 내가 했던 맹세를 저버리고 그들에게 맞대응하기로 결심했다. 나는 타자기 앞에 앉아서 그들이 했던 말을 기록하기 시작했다. 작가로서의 나의 경험을 통틀어 볼 때 그때처럼 많은 비난조의 형용사들을 썼던 적은 없었던 듯하다.

처음 타자기 앞에 앉아 머릿속에 생각나는 말들을 정신없이 기록하는 동안 글을 쓰면 쓸수록 화가 더 치밀어 올랐다. 그러나 마지막 문장을 마치고 타자기에서 손을 떼는 순간 이상한 감정이 느껴졌다. 그것은 나를 공격해대는 사람들에 대한 괴로움이 아니었다. 오히려 그들에 대한 일종의 동정심, 연민, 관용이었다.

타자기 앞에 앉아 여러 가지 말들을 기록하는 동안 나도 모르게 오랜 시간 내 안에 쌓여왔던 증오와 분노의 감정을 해소시켰고 이 과정을 통해 나 자신에 대한 심리분석을 했다.

요즘에 나는 매우 화가 날 때면 그 감정들을 마음속에 쌓아두지 않고 타자기 앞에 앉아 모든 것을 기록하면서 동시에 스트레스를 해소한다. 그리고 나서는 원고를 던져버리거나 혹은 시간이 흘러 지금 내가 느꼈던 분노를 주체할 수 있을 그 어느 미래를 위해 스크랩해 둔다.

억눌린 감정, 특히 증오의 감정은 매우 위험한 폭탄과도 같다. 전문가가 아닌 사람이 폭탄을 다루는 것처럼 내 자신이 이와 같은 감정들을 잘 이겨내지 못한다면 매우 위험한 존재가 될 수 있다.

이 위험천만한 폭탄이 아무도 없는 들판에서 터진다든가 안전한 곳에서 분해된다면 누구에게도 피해가 없다. 분노와 증오의 감정 역시 앞서 언급한 심리분석 과정을 통해 스트레스를 해소할 수 있는 과정을 거친다면 자신에게 아무런 피해도 돌아오지 않을 것이다.

한 가지 덧붙이자면 성공을 쟁취하기 위해서는 먼저 균형 잡힌 사람이 되어야 한다. 이 균형을 이루기 위해서는 자신을 조절할 수 있는 능력 역시 길러야 할 것이다.

동물적 본능과 원초적 욕망

> 당신은 자연으로부터 가장 훌륭한 자원인 '사고'할 수 있는 능력을 부여받았다. 인간은 사고함으로써 세상의 세속적인 것들과 신성한 것들을 판가름한다. 아울러 인간은 사고, 즉 생각하는 능력뿐 아니라 이 생각을 조절할 수 있는 능력도 가지고 있다.

당신은 적어도 몇 백만 년의 진화 끝에 나온 신의 창조물이다. 셀 수도 없는 세대가 당신 앞에 존재했고 수백만 번의 진화가 거듭되어 마침내 당신이 창조된 것이다.

자연은 이전 세대에서 유전된 동물적인 본능과 원초적 욕망을 하나씩 퇴화시키고, 결과적으로 생존하는 동물 중 최고의 작품을 당신이라는 사람을 통해 보여주고 있다.

자연은 수세대의 진화를 거듭해 당신에게 욕망을 절제하는 능력과 원하는 것을 얻기 위해 노력할 수 있는 능력을 부여했다. 그 어떤 동물도 당신의 셀프컨트롤이란 능력을 가지고 있지 않다.

이것은 참으로 중요한 사실이다. 이 부분을 천천히 읽고 음미해보라. 지적인 능력을 지닌, 그러면서도 합리적으로 사고하는 소수의 사람만이 논의할 수 있는 주제이기에 나는 두려움과 떨리는 감정으로 이 부분에 다가간다.

다시 한번 말하지만, 당신은 당신의 사고를 조절하고 당신의 명령을 따르는 능력이 있다!

당신의 뇌는 '사고'라는 에너지를 발생시킨다는 점에서 동력발전기와 비교될 수 있다. 자극은 뇌로 시작해 두 유형의 행동으로 나타난다. 하나는 '자기암시(自己暗示)'이고, 다른 하나는 '암시'이다. 당신의 생각이 결정하는 대로 몸이 행동한다면 이것은 '자기암시'이고, 타인이 결정하는 대로 행동한다면 그것은 '암시'라고 할 수 있다.

만일 당신이 내리는 대부분 결정이 타인의 생각에 따른 것이라면 매우 수치스러운 일이 아닐 수 없다. 또한 이것보다 더더욱 수치스러운 일은 다른 사람에게서 나온 생각을 검증이나 의심도 하지 않은 채 그대로 받아들이는 것이다 우리는 신문에 난 기사는 사실을 기반으로 작성된 것이라 생각하며 의심 없이 그것을 읽고 받아들인다. 그 결과 신문에 난 갖가지 소문과 타인을 비방하는 내용들이 우리의 사고를 좌지우지해 버린다. 사고라는 것은 절대적으로 자신에게서 통제되어야 한다.

다른 사람이 자신의 신성한 마음을 탐욕과 거짓으로 물들이는 것을 두고 보기만 해서는 안 된다. 그럼에도 우리는 가끔 타인으로부터 더럽혀지는 마음을 수수방관한 나머지 능동적인 사고가 없는 사람으로 치부되기도 한다.

당신은 능동적인 사고를 할 수 있는 사람이다. 당신의 머릿속에 자리잡고 있는 사고의 본성이 무엇이냐에 따라 당신은 성공할 수도 있고 실패할 수도 있다.

우리의 몸과는 달리 머릿속의 생각은 자신에게 절대적으로 통제가 가능하다. 이것은 매우 중요한 의미다. 즉, 욕심으로 더럽혀진 마음에서 신성하고 깨끗한 마음으로 갈 수 있는 가장 가까운 지름길은 바로 인간의 사고이다.

사고란 당신에게 가장 중요한 도구인 것만은 분명하다. 이 도구를 잘 이용해 당신의 운명을 개척할 수도 있다. 신께서는 우리에게 사고를 절대적으로 통제할 수 있는 능력뿐 아니라 상상력에 혼란을 가져올 수 있는 잠재적인 요소도 함께 부여하였다.

'자제력이란 단지 사고를 컨트롤하는 문제인 것이다!'

이 앞 문장을 큰소리로 읽어보라. 깊이 생각하며 읽고, 읽으면서 명상해 보라. 왜냐하면 이 장에서 가장 중요한 문장이기 때문이다.

자신의 생각을 통제하는 사람

추측컨대 당신이 이 '성공의 법칙'을 공부하는 이유는 인생의 좀더 높은 목표를 달성하기 위해서다. 그렇다면 그 힘의 원천을 찾을 수 있는 문이 바로 코앞에 있다. 또 당신은 손에 그 문의 열쇠를 쥐고 있다. 당신이 사고를 현명하게 조절할 수 있을 때 그 열쇠를 사용하는 방법을 터득한 것이다.

항상 능동적 사고를 통해 긍정적이고 건설적으로 생각해야 한다. 이 생각들은 당신의 '명확한 중점 목표'에 한 걸음 다가설 수 있게 해줄 것이다. 또한 그 결과로 당신 손에는 성공이라는 큰 선물이 쥐어질 것이다.

이것이 사고의 조절이다!

당신이 외부 압력에 굴하지 않고 자신만의 생각으로 행동을 결정할 수 있을 때 비로소 자제력을 가장 강도 높게 수행하게 된다. 신의 창조물 중에 오직 인간만이 자제력을 연습할 수 있는 유일한 동물이다.

그러한 동물이 창조되기까지 몇 백만 년의 세월이 필요했는지는 아무도 모른다.

그러나 심리학을 연구하는 사람이라면 누구든지 사고의 우월성이 행동을 지배하고 성품을 결정한다는 사실을 알고 있다.

우리는 이 책에서 성공에 대해 이야기하고 있다. 성공을 위한 여러 가지 요인 중 '정확하게 사고하는 방법'에 대해서는 다른 장에서 배우기로 하자. 대신 우리가 이번 장에서 가장 배웠으면 하는 점은 두 가지이다.

그것은 정확하든 부정확하든지간에 사고라는 것은 우리에게서 비롯되는 최고로 체계화된 힘이란 것과 당신이라는 존재야말로 최고의 우월성을 가진 사고의 결정체란 사실이다.

만약 당신이 판매업 혹은 서비스업에 종사하는 훌륭한 세일즈맨이라면 수많은 논쟁과 충동을 억누르는 충분한 자제력의 능력을 갖춰야 할 것이다. 대부분 세일즈맨의 경우 자제력 능력이 너무 부족해 물건을 팔고자 말도 꺼내기 전에 소비자에게 '노'라는 말을 듣게 된다.

생각보다 꽤 많은 세일즈맨들이 소비자에게 '노'라는 절망적인 말을 듣는다.

이 말을 듣게 되는 세일즈맨들을 자세히 살펴보면 각자의 자제력 능력이 너무도 부족한 결과 "내가 소비자들에게 물건을 사라고 하면 분명 소비자들은 열이면 열 모두 '노'라고 말할 거야"라며 자신에게 먼저 최면을 걸어버린다는 것을 알 수 있다.

그러나 자제력은 사람을 얼마나 변화시키는가!

자제력에 능숙한 세일즈맨은 소비자가 먼저 '예'라고 할 것이라며 자신에게 최면을 걸 뿐 아니라 비록 '예'라는 대답을 듣지 못한다고 해도 그 말을 들을 때까지 계속 열심히 일한다. 소비자가 '노'라는 말을 했다고 해도 그는 그 말을 듣지 못한다.

만약 소비자가 '노'라고 두 번, 세 번, 심지어 네 번이나 말한다고 해도 그는 듣지 못한다. 왜냐하면 그는 지금 자제력을 수행 중이므로 자신이 듣고 싶어 하는 말을 제외하고는 그 어떤 말도 귀에 들어오지 않기 때문이다. 그는 변화된 것이다.

훌륭한 세일즈맨(그가 상품을 팔든, 서비스를 제공하든, 설교를 하든, 대중연설을 하든지간에)은 자신의 생각을 통제할 줄 아는 사람이다. 그들은 다른 사람의 생각을 단순히 받아들이는 것이 아니라 자신의 생각을 다른 사람들이 받아들이도록 설득한다.

스스로를 통제하고 긍정적인 생각만을 마음속에 유지하면서 그는 최고로 훌륭한 성품을 지닌 세일즈맨이 되는 것이다. 이것 또한 셀프컨트롤, 즉 자제력 발휘이다!

'훌륭한 세일즈맨은 논쟁이 일어난다고 해도 공격적인 입장을 고수할 뿐, 방어적인 입장을 취하지는 않는다.'

앞 문장을 다시 한번 읽어보라. 만약 당신이 훌륭한 세일즈맨이라면 당신은 소비자로 하여금 방어적인 태도를 유지하게끔 해야 한다는 점을 알고 있다.

또한 당신이 계속 방어적인 입장에 취한다면 당신이 하고자 하는 세일즈에 큰 타격을 줄 수도 있다.

당신은 이미 이 사실을 알고 있다. 고객과 이야기하면서 잠시 잠깐 방어적인 입장에 처할 수도 있다. 그러나 자제력을 통해 고객이 알아채지 못하도록 상황을 역전시키는 것이 당신이 할 일이다.

이 일을 수행하려면 완벽한 기술과 자제력 능력이 필요하다.

대부분의 세일즈맨들은 화가 나서 혹은 소비자들을 복종하게 하려는 욕심에 이 중요한 사항들을 놓쳐 버리곤 한다. 그러나 훌륭한 세일즈맨들은 아주 차분한 상태에서 최후의 승자가 된다.

'세일즈맨'이란 단어는 자신의 관심사를 논리적인 방법으로 전달함으로써 사람들을 설득하거나 자기편으로 만드는 사람을 뜻한다. 따라서 어떤 서비스를 제공하든지 어떠한 물건을 팔든지 간에 우리 모두는 세일즈맨이거나 적어도 세일즈맨이 되어야 한다.

모든 성취의 바탕에 존재하는 것

타인과의 마찰 없이 협상을 끌어내는 능력은 성공적인 사람들이 지닌 뛰어난 자질이다.

당신의 주변 사람들을 살펴보라. 얼마나 극소수의 사람들이 이런 협상 능력을 발휘하는가를. 그 중에는 상대방보다 훨씬 교육 수준이 부족하면서도 뛰어난 협상을 이끌어내는 사람들도 있다.

이 기술은 훈련에 따라 터득할 수 있는 능력이다. 성공적인 협상 기술은 참을성 있고 고통스러운 자제력을 연마했을 때 비로소 얻을 수 있다.

아주 참을성 없는 소비자를 만났을 때 세일즈맨들은 자제력을 연습할 수 있는 기회를 손쉽게 얻을 수 있다. 제대로 연습한 세일즈맨에게서는 흥분한 기색, 무례한 태도나 말 따위를 찾아볼 수 없다. 그는 이미 노련한 협상 기술을 습득했기 때문이다.

자신을 인정해주지 않는다고 해서 눈살을 찌푸리는 태도나 무심코 내뱉는 참을성 없는 한마디는 세일즈를 그르칠 수 있다. 이때 자제력은 세일즈맨의 의무임을 명심하라.

　지제력을 발휘하기 위해 부단히 노력하는 사람은 자신의 목표를 달성하고 자신의 위치를 더더욱 견고히 다지는 결과를 수확할 수 있다. 그러므로 이미 성공적인 협상 기술을 습득한 사람을 관찰하는 것만으로도 큰 공부가 될 수 있다.

　이 기술을 습득한 대중연설가의 행동을 살펴보자. 그는 절제된 걸음걸이로 단상을 올라간 후 절도 있는 목소리로 연설을 시작한다. 웃는 얼굴로 관중들을 둘러보는 그의 얼굴 표정을 살펴보라. 자세히 관찰하면 그는 이미 타인과 전혀 마찰을 일으키지 않는 협상 기술을 터득한 사람이다.

　이 기술을 습득한 내과의사들의 행동을 살펴보자. 그는 병실의 환자들에게 웃는 얼굴로 인사한다. 그의 참을성과 절제된 목소리, 자신감 있는 표정을 볼 때, 그는 이미 노련한 협상 기술을 습득하고 있는 사람임에 틀림없다. 환자들은 의사의 얼굴만 봐도 기분이 좋아지기 시작한다.

　이 기술을 습득한 공사 현장감독의 행동을 살펴보자. 그는 노동자들이 일에 더더욱 매진하도록 독려하고 각자 일에 대한 자긍심과 열정을 느끼게 한다.

　이 기술을 습득한 변호사의 행동을 살펴보자. 법정에서 이 변호사가 배심원과 자신의 동료들을 진두지휘하는 능력을 눈여겨보자. 그의 절제된 목소리와 자세에는 분명 무언가가 있다. 상대방의 맹렬한 공격에도 불구하고 그에 대처하는 방법을 주의 깊게 살펴보가.

　그는 법정의 모든 사람과 배심원들을 설득해 자신이 믿고 있는 사실을 그들 역시 그대로 믿게끔 만든다. 당연히 그는 승소하고 당당히 변호사 선임비를 요구한다.

이 모든 것들이 자제력의 결과이다! 그리고 자제력은 사고를 조절함으로써 얻을 수 있는 결과 중 하나이다!

당신이 실현하고자 하는 그 무엇을 항상 명심하라. 그리고 다른 사람의 제안이나 사고의 수용에 신중하라. 그것이 자제력을 연습하는 가장 좋은 방법이다.

스스로의 선택에 따라 행동할 수 있는 특권은 신이 당신에게 내린 축복이다. 따라서 이 축복받은 권리를 조금만 더 연습한다면 당신에게는 이루지 못할 일이 없다.

다른 사람과의 논쟁에서 혹은 세일즈를 하는 과정에서 '자제력을 잃고 화를 내는 것'은 자제력을 기반으로 한 인격형성에 중요한 요소가 부족함을 의미한다. 이 요소들 중 가장 중요한 것은 자신의 행동 방향을 잡을 수 있는 '생각'을 할 수 있는 능력이다.

수업시간 중 어느 학생이 "억누를 수 없을 만큼 화가 나면 어떻게 자신을 컨트롤할 수 있습니까?"라고 물었다. 그 질문에 대한 나의 답은 이랬다.

"예를 들어 가족과 심하게 언쟁을 하고 있다고 합시다. 그 와중에 당신의 친구가 집에 찾아와 벨을 눌렀습니다. 그때 친구를 대하는 당신의 말투는 친절하게 바뀌어 있을 것입니다. 이처럼 당신이 원하기만 한다면 당신의 말투나 태도는 금세 바뀔 수 있습니다."

140

만일 이와 비슷한 상황에 처한 적이 있었다면 자신이 마음먹은 대로 자신의 감정이나 표정을 얼마나 빨리, 쉽게 바꿀 수 있는지 당신은 이미 알고 있을 것이다. 진정으로 무언가를 원하고 있다면 그것을 이룰 수 있다는 점을 당신은 알고 있다.

모든 성취의 바탕에는 자제력과 사고의 조절이 항상 존재하는데, 여기에 한 가지를 더할 수 있다. 그것은 '열망' 이다. 이 열망이 얼마나 간절한가에 따라서 우리가 원하는 것들이 실현될 수도 그렇지 않을 수도 있다. 이것은 분명한 사실이다.

무언가를 이루려는 당신의 열망이 충분히 강하다면 그것을 성취하고자 초인적인 힘을 발휘할 것이다. 지금까지는 그 누구도 이 현상에 대해 정확히 설명하지 못했다. 그리고 아마 앞으로도 설명할 수 없을 것이다. 그러나 이 사실이 의심스럽다면 당신은 자신의 경험을 통해 사실을 확인하는 수밖에 없다.

가령 당신은 지금 화재가 난 빌딩에 갇혀 있다. 그리고 모든 창문과 문이 다 잠겼다고 가정해 보자. 당신은 지금 탈출하려는 열망이 너무도 강하기 때문에 우리가 보통 열고 닫는 문 정도는 쉽게 부숴버릴 만큼 초인적인 힘을 발휘할 것이다.

같은 논리로 인생에서 가장 '명확한 중점 목표' 를 이루려면 아마도 노련한 협상 기술이 발휘되어야 할 것이다. 이 협상 기술을 습득하려는 열망이 충분히 강하다면 당신은 분명 그 기술을 얻을 수 있다.

성공과 실패의 분수령, 자제력

> 성공하는 모든 사람들은 아주 높은 수준의 자제력을 발휘한다는 공통점이 있다. 반면 인생의 실패를 맛보는 사람들에게는 하나의 공통점이 있다. 그들 대부분 자제력 수준이 제로 상태이고 제로까지는 아니더라도 매우 낮은 수준의 자제력을 수행한다는 사실이다.

대부분 자제력이 부족해 쓸데없는 일에 에너지를 낭비할 때가 많다. 그러나 이 에너지를 잘 활용하면 위대한 열망을 낳을 수 있다.

많은 사람들이 다른 사람에 대한 '험담'으로 많은 에너지와 시간을 낭비한다. 그러나 '명확한 중점 목표'가 있는 사람들은 그것을 성취하기 위해 이 아까운 에너지들을 충분히 활용한다.

주위를 한번 돌아보자. 성공적인 인생을 살아가는 승리자는 자제력을 발휘하지만 실패자는 자신의 생각과 말, 행동을 거칠게 내세우고 있다.

자제력이 부족한 가장 보편적인 형태는 말을 많이 하는 습관을 들 수 있다. 자기가 무엇을 원하는지 정확히 알고 그것을 얻기 위해 노력하는 사람들은 자신의 의견을 내놓는데 무척 신중하다. 자제하지 않고서 쓸데없이 아무렇게나 내뱉는 말에는 이로울 것이 없기 때문이다.

말을 많이 하기보다는 남의 말을 듣는 편이 항상 유리하다. 남의 말을 잘 듣는 사람은 자신의 지식세계를 더욱 넓혀 갈 수가 있다. 남의 말을 잘 듣는 사람이 되려면 높은 수준의 자제력을 발휘해야 하는데, 그것은 그럴만한 가치가 충분히 있는 일이다.

다른 사람의 말을 '중간에서 잘라버리거나, 말할 기회를 뺏는 행위'는 대표적인 자제력 부족현상 중 하나이다. 이 행동은 무례할 뿐 아니라 다른 사람들로부터 가치 있는 것들을 배울 수 있는 기회를 걷어차 버리는 것과 같다.

내가 지금까지 만나본 자수성가형 부자들을 살펴보면 이에 대한 증거를 찾아볼 수 있다. 그 어떤 부자도 자제력 없이 부를 쌓은 경우는 없으며, 이런 사실로 미루어 그 필수적인 성품을 지니지 않고서는 돈을 모으거나 지킬 수 없다는 결론에 도달했다. 그러므로 돈을 모으는 일에는 가장 높은 수준의 자제력이 필요하다.

당신이 완전히 자제력을 수행하기 이전에 이것의 필요성을 진정으로 이해해야 한다. 또한 자제력을 연습하는 방법을 배운 사람은 그렇지 않은 사람보다 더 많은 이익을 가질 수 있다는 점도 염두에 두어야 한다.

자제력이 가져다주는 이익은 당신의 개인적인 힘에 따라 더더욱 극대화될 수도 있고 아닐 수도 있다.

자제력을 계발하면 다른 좋은 성품들이 추가로 얻어진다. 그 중에 가장 중요한 것이 '보복의 법칙'이다. 보복의 의미는 이미 잘 알고 있을 것이다. 여기서 사용되는 의미는 우리가 흔히 사용하는 복수나 앙갚음의 의미가 아니라 '남에게 행한 만큼 자신에게 그대로 되돌아온다'는 뜻이다.

만일 내가 당신에게 피해를 주면 당신은 바로 나에게 앙갚음할 것이다. 내가 만약 당신을 향해 편파적인 발언을 했다면 당신은 더 심한 말로 나에게 응수할 것이다.

반면 내가 당신에게 호의를 베풀면 당신은 더 큰 호의로 나에게 보답할 것이다. 이 법칙을 적절하게 사용한다면 나는 당신으로 하여금 내가 원하는 대로 행동하게 할 수 있다. 설령 내가 당신으로 하여금 내게 손해를 입히길 바란다면 내가 먼저 당신에게 손해를 입히면 된다.

같은 논리로 나에 대한 당신의 존경, 우정, 도움을 바란다면 내가 먼저 당신을 존경하고 배려하면 된다. 이상의 메시지는 '우리 모두가 더불어 살고 있다는 사실'을 전달한다. 그리고 당신은 경험을 통해 이와 같은 메시지에 대해 생각하고 그것이 자신의 삶에 어떠한 영향을 미치는가를 발견할 수 있다.

당신은 "저 사람은 훌륭한 인품을 지녔어"라는 말을 얼마나 자주 듣는가? 또한 당신은 삶에서 '내가 바라는 이상적인 나'를 얼마나 자주 만나고 있는가?

자제력이 가져다주는 이익

훌륭한 성품으로 정평이 난 사람을 가만히 살펴보면 그가 매력의 법칙과 보복의 법칙을 잘 조화시켜 활용하고 있다는 사실을 발견할 것이다. 그리고 잘 살펴보면 그의 주변에는 비슷한 사람만이 모인다는 사실, 즉 '유유상종(類類相從)의 법칙'은 정확히 적용된다는 것도 깨달을 수 있다.

144

보복의 법칙을 명쾌하게 이해하고 현명하게 사용하는 법을 공부한다면 당신은 이미 실력 있고 성공하는 세일즈맨이 되어 있을 것이다. 이 단순한 법칙을 마스터하고 어떻게 사용하는지만 배운다면 당신은 세일즈맨으로서의 덕목을 모두 갖추게 되는 것이다.

이 법칙의 처음 단계이면서 가장 중요한 단계는 완전한 자제력을 갖추는 것이다. 당신은 자신에게 불어 닥친 온갖 시련이나 역경에 대해 복수하려는 마음 없이 모두 받아들일 줄 알아야 한다. 이 부분의 자제력은 보복의 법칙에 통달하기 위해서는 꼭 치러야 할 과정이다.

한껏 흥분해 있는 사람이 정당한 방법이든 아니든 당신을 맹렬히 비난한다고 치자. 만약 당신이 그 사람과 똑같이 흥분한 상태로 그 사람을 비난한다면 당신은 그 사람과 똑같은 수준으로 떨어지게 되는 것이다. 아니, 그 사람보다 더 못한 수준에 있는 것이다.

한편 당신이 흥분을 가라앉히고, 침착하고 냉정한 태도를 유지한다면 당신은 원래 있었던 그 수준에 그대로 머무를 수 있다. 즉, 상대방과 똑같은 방법으로 공격하지 말고 지금까지 사용하지 않았던 침착하고 냉정한 자세를 무기로 사용한다면 당신은 상대방보다 단연 우위에 있는 것이다.

'비슷한 것끼리 모인다'는 유유상종의 법칙은 그 누구도 부인할 수 없다.

당신이 접촉하는 사람은 모두 거울과 같다고 생각하면 된다. 자신의 성품이 어떠한지 보고 싶다면 상대방을 보라. 상대방에게서 반사되어 나오는 것이 바로 자신의 성품이다.

예를 들어보자. 최근에 내 두 아들 나폴레온 주니어와 제임스를 데리고 공원에 갔을 때 생긴 일이다.

나와 두 아들은 새들과 다람쥐에게 먹이를 주기 위해 공원에 가는 길이었다. 나폴레온 주니어는 땅콩을 들었고, 제임스는 크래커를 들고 있었다. 그런데 제임스가 갑자기 땅콩을 동물에게 주고 싶어졌는지 아무런 허락도 없이 나폴레온의 땅콩을 한 움큼 쥐려고 했다.

그러나 제임스는 땅콩을 빼앗는 데 실패했고, 나폴레온은 화가 난 나머지 왼쪽 주먹으로 제임스의 턱을 세게 때려버렸다.

나는 제임스에게 말했다.

"제임스, 잘 들어보렴. 네 방법은 옳지 못했단다. 자, 아빠가 땅콩을 어떻게 얻어오는지 잘 보려무나."

그런데 그렇게 이야기는 했지만 너무도 순식간에 일어난 일이라 나는 좋은 생각이 떠오르지 않았다. 그러나 가능하면 빠른 시간 내에 좋은 방법을 생각해야 했고, 제임스가 했던 방법과는 다른 좋은 방법을 보여주어야 했다.

나는 이내 보복의 법칙을 생각해냈다. 먼저 제임스에게 말했다.

"네 크래커를 나폴레온에게도 좀 나눠주렴. 그리고 나서 무슨 일이 일어나는지 한번 보는 거야."

제임스는 조금 머뭇거리다가 이내 내 말대로 따랐다. 그리고 놀라운 일이 벌어졌다. 나는 이 작은 일을 통해 세일즈맨십에서 가장 위대한 교훈을 얻을 수 있었다!

제임스가 크래커 박스에 손도 대기 전에 나폴레온은 자신의 땅콩 박스를 열어 제임스에게 땅콩을 한 가득 부어주었다.

나폴레온은 '같은 방법으로 보복'을 하였다. 두 아이와 함께 한 이 간단한 실험에서 나는 다른 곳에서는 배울 수 없는 중요한 매너를 알게 되었다. 우연한 기회로 내 아이들은 서로 싸우는 대신 보복의 법칙을 배우기 시작했다.

보복의 법칙을 배우는 입장에서 생각하면 우리 중 그 어느 누구도 나폴레온 주니어와 제임스보다 우월한 위치에 있지 않다. 우리 모두가 덩치 큰 어린이일 뿐, 이 법칙에 쉽게 영향을 받는다. '같은 방법으로 응수하는' 습관은 보복의 법칙이라 불릴 만큼 보편적으로 확산되었다.

만약 어떤 사람이 우리에게 어떤 선물을 주었다고 치자. 그러면 우리는 선물받은 만큼 혹은 그보다 더 좋은 것을 되돌려주어야만 만족할 수 있다. 만일 어떤 사람이 우리에 대해서 좋게 말한다면 그 사람에 대한 우리의 존경심은 커질 것이고 이로써 우리는 마침내 보복을 할 것이다.

우리는 보복의 법칙을 이용해 우리의 가장 큰 적을 가장 친한 친구로 만들 수 있다.

만약 당신에게 친구로 바꾸고 싶은 적이 있다면 당신 목에 걸려 있는, 즉 당신의 목을 뻣뻣하게 만드는 '자존심'이란 녀석을 벗어버려라. 그러면 이에 따른 현실이 당신에게 다가갈 것이다.

평소에는 하지 않았을 정중한 태도로 적에게 말하는 습관을 길러보라. 가능한 좋은 매너의 방법을 총동원해 그에게 친절을 베풀어라. 그는 아마도 처음에는 미동도 하지 않을 것이다.

하지만 점차 당신의 그 매너에 굴복하며 그 역시 '동일한 방식으로 응수'할 것이다. 당신에게 비우호적인 사람의 머리 위에서 불타고 있던 가장 뜨거운 석탄은 우정의 석탄이었던 것이다.

자신이 준만큼만 돌려받는다

1863년 8월 어느 날 아침, 캔자스주(州)의 로렌스시(市)에 있는 호텔에서 아직 잠들어 있던 한 젊은 목사는 불청객의 호출을 받았다. 호텔에 게릴라들이 침입한 것이다. 목사를 호출한 사람은 퀸트릴 게릴라의 일원으로서 방에서 자고 있던 목사를 깨워 사살하고자 했다.

그날 아침 그 마을에 있던 대부분 주민들은 게릴라에게 살해되었다. 게릴라들은 로렌스시의 주민들을 대량학살하고는 그 마을을 차지했다. 목사를 호출한 게릴라는 참을성이 없었다. 완전히 잠이 깼을 때 창 밖을 내려다 본 목사는 그곳에 일어난 일을 보고서 너무도 놀랐다.

그는 이내 호텔의 아래층으로 내려왔다. 게릴라는 그에게 시계와 돈을 빼앗으며 노예제도 폐지론자인가를 물었다. 목사는 겁에 질려 있었다. 그러나 그는 기왕 죽을 바에는 거짓말을 하지 않겠다고 생각하여 자신이 노예제도 폐지론자임을 밝혔다.

이후 그는 자신의 사형시간을 기다리며 게릴라에게 한마디를 건넸다. 그런데 그 말이 그때의 긴박한 상황을 180도로 바꾸어 놓은 것이다.

로렌스시의 주민들이 무참히 학살당하는 동안 목사와 게릴라는 현관에 앉아서 긴 대화를 나눴다. 그 대화는 게릴라들이 마을을 떠날 때가 되어서야 끝이 났다. 곧이어 게릴라는 빼앗은 물건들을 되돌려주고는 잠을 깨워서 미안하다고 사과까지 했다.

그 목사는 로렌스 학살이 벌어진 후에도 그 마을에 오래도록 살았다. 그가 과연 게릴라에게 뭐라고 말했을까? 그의 어떤 성품이 그들로 하여금 자리에 앉아 이야기를 나누게 했을까? 그들은 무엇에 대해 이야기했을까?

게릴라가 "당신은 노예제도 폐지론자입니까?" 라고 물었을 때 목사는 "그렇소! 그럼 당신이 얼마나 부끄러운 일을 하는지도 알고 있겠군요?" 라고 되물었다. 목사는 게릴라의 질문에 대답하는 동시에 윤리적인 문제를 제시했고, 그에 따라 게릴라는 자신이 부끄러운 일을 하고 있음을 자각한 것이다.

목사는 불량배 옆에 있는 힘없는 어린아이와 같은 처지였지만 그 게릴라에게 도덕적인 문제를 제기했고 그래서 순식간에 게릴라는 자신이 지금과 같은 상황이 아니었다면 좋은 사람이 될 수 있었다고 말했다.

게릴라는 자신의 정치적 목적을 위해 목사를 죽이려 깨운 후에 사형은커녕 20여 분간 법정 증인석에서 알리바이를 대는 것과 같은 상황에 처한 것이다. 그는 자신의 과거사를 장황하게 늘어놓았다.

사춘기 때 자신은 신에게 기도조차 하지 않는 불량소년이었고 주위 환경이 악화되기 시작하면서 지금 이 상태에 이르게 되었노라 설명했다. 자신의 과거를 이야기할 때의 그는 매우 우울해 보였다.

게릴라는 마지막으로 "제 직업은 인간이 가질 수 있는 최악의 직업이라 할 수 있죠, 목사님"이라고 말했다. 그리고 그가 말을 타고 가면서 남긴 마지막 부탁은 "목사님, 저에 대해서 너무 나쁘게 생각하시지는 않았으면 좋겠습니다"라는 말이었다.

그 목사가 보복의 법칙을 알고 있었는지 아닌지는 중요하지 않다. 어쨌든 그 목사는 보복의 법칙을 사용한 것이다. 만약 그때 목사가 손에 권총을 들고 아래층으로 내려왔다고 상상해보라. 그리고 '눈에는 눈, 이에는 이' 식으로 그들과 맞섰다고 생각해보라. 무슨 일이 일어났겠는가!

그러나 목사는 그런 식으로 대응하지 않았다. 그는 게릴라가 알지 못하는 힘을 사용해 게릴라를 정복시켰던 것이다.

사람이 한 번 돈을 벌기 시작하면 계속해서 벌게 되는 이유가 무엇일까? 또 어떤 사람이 돈을 벌기 시작하면 많은 사람들이 그의 집을 뻔질나게 드나드는 이유는 무엇일까?

주위에 돈을 많이 벌어서 경제적으로 성공한 사람들이 있을 테니 그들에게 물어보라. 아마도 다른 사람들이 계속 자기를 찾아왔고 돈을 벌 수 있는 기회들이 계속해서 자신에게 다가왔다고 말할 것이다.

'받아들이는 자에게는 주어져서 더욱 풍성하게 하되, 받아들이지 않는 자는 그 가진 것마저도 빼앗아 가리라.'

성경의 이 인용문이 좀 말이 안 되는 것 같기는 하지만, 이 문장의 구체적인 의미는 사실임에 틀림없다. 그렇다.

'받아들이는 자에게는 주어질 것이다.'

그래서 자신감의 부재, 증오심, 자제력의 부족과 같은 요소로 '안 가진 자'가 된 사람이라면 앞에 열거한 요소들은 점점 더 불어날 것이다. 그러나 성공, 자긍심, 인내, 끈기, 결단력 등의 요소를 갖춘 사람이라면 이 요소들은 더욱 커질 것이다.

가끔은 적이나 반대세력을 이길 때까지 무력으로 대항해야 할 경우가 있다. 그러나 상대방이 지쳐 쓰러졌을 때야말로 상대방에게 손을 내밀어 싸움을 해결하기 위한 방법을 제시하는 등 보복의 법칙을 완성할 수 있는 가장 좋은 시기이다.

유유상종이라고 했다! 독일인은 사람의 피로 칼을 닦고자 했고, 이러한 무모한 행위는 정복자들의 엽기적이고 무자비함을 증명한 것이다. 그 결과로 독일은 근대에 들어 세계로부터 '유사한 보복'을 끌어당겼다.

동료가 어떤 일을 하기를 바라는 것과 그들이 보복의 법칙에 따라 당신이 의도한 그 일을 하게 하는 것은 당신이 해야 할 몫이다!

'신의 경제학은 아주 간단하다. 자신이 준만큼 받는 것이다.'

이 얼마나 단순한 진리인가!

'우리가 준만큼 꼭 그만큼만 돌아온다.'

이는 대가를 바라고 주는 것이 아니라 순수하게 베푸는 것을 말한다.

한 가지 더 당부하고자 한다. 꼭 물질적인 면뿐 아니라 우리가 누리는 행복과 사람에 대한 친절 등을 위해서도 이 법칙을 이용하길 바란다. 바로 이것이 우리가 이뤄내야 할 진정한 성공이다.

이번 장에서 우리는 아주 위대한 원리를 배웠다. 아마도 이것은 중요한 심리법칙일 수 있다. 다른 사람에 대한 우리의 생각과 남을 대하는 행동은 꼭 자석과 같아서 다른 사람 역시 자신이 하는 것과 비슷하게 행동하고 생각한다는 사실을 배웠다.

우리는 생각의 표현이든, 신체적 행동을 통하여 나타나는 생각이든 '비슷한 것끼리 모이게 된다'는 사실을 배웠다. 그리고 사람의 마음은 그때그때 받아들이는 생각과 행동만큼 동일한 방식으로 응수한다는 사실을 배웠다.

또한 사람의 마음은 대자연과도 같아서 자연이 곡식을 수확하게 해주듯이 친절이 사람 마음에 심어지면 그것이 그대로 우리에게 되돌아온다는 사실도 배웠다. 그뿐 아니라 친절은 친절을 낳고 불친절과 불공정은 불친절과 불공정을 낳는다는 사실을 배웠다.

또 무엇을 배웠는가?

우리가 남에게 친절을 베풀든 불친절을 베풀든 그것은 더 큰 형태로, 즉 증폭되어 우리에게 다시 돌아온다는 것도 배웠다. 우리가 베푼 친절은 결국 다시 우리에게 돌아온다.

그러므로 우리가 받고자 하는 행동을 남에게 그대로 하면 되는 것이다. 우리는 자존심과 고집에 대해 배웠다. 이 두 가지 요소는 우리가 보복의 법칙을 수행함에 절대적으로 버려야 할 것들이다.

우리는 보복의 법칙이란 의미가 구체적으로 무엇인지는 배우지 않았다. 하지만 이것이 어떻게 작용하는지 어떤 영향력을 발휘하는지에 대해서는 배웠다. 따라서 이제 우리에게는 이 위대한 법칙을 현명하게 이용하는 일만이 남았다.

성공의
마법열쇠

열정은 행동에 이르게 하는 매우 중요한 원천이다. 반면에 자제력은 이 행동이 그릇된 방향이 아닌 올바른 방향으로 향하도록 균형을 맞추어주는 평형바퀴와 같다. '균형감각'을 유지하는 사람이 되기 위해서는 열정과 자제력이 평형상태에 머물러 있어야 한다.

얼마 전 미국의 교도소에 수감되어 있는 16만 명의 성인 수감자들을 대상으로 한 설문조사 결과를 보면 놀라운 사실을 발견할 수 있다. 그것은 이 불행한 남녀 수감자들 중 92%가 자신들의 에너지를 긍정적인 방향으로 이끌어주는 자제력이 부족했기 때문에 수감되었다는 사실이다.

인생의 기본이 되는 중요한 법칙은 매일매일 일어나는 아주 평범하고 작은 일상에 가려서 잘 보이지 않는다. 그래서 우리 대부분은 그것을 전혀 눈치 채지 못한다. 다시 말해 정말로 중요한 기회들이 종종 겉으로 보기에는 중요하지 않은 일 속에 감춰져 있다는 것이다.

자제력 발휘를 잘하는 사람들은 미움이나 부러움, 질투, 두려움, 복수심 등과 같은 비생산적인 감정에 잘 빠져들지 않는다. 또한 그 무엇에 대해서도 혹은 누구에게도 자신을 잃을 정도로 도취되거나 통제할 수 없는 광신도적인 감정에 빠져들지 않는다. 즉, 자신을 통제할 수 있는 사람은 어떤 일을 하든지 간에 그것을 좌지우지할 수 있는 힘을 발휘한다.

자제력 부족은 어떤 사실을 제대로 확인조차 하지 않은 채 그것에 대한 자신의 의견을 형성하는 일종의 습관으로부터 발생하는 현상이다. 어느 누구에게도 자신이 믿는 사실이나 설득력 있는 가설을 정설로 만들 권리는 없지만 자세히 관찰해 보면 스스로 그렇게 되었으면 혹은 되지 않았으면 하는 기대를 정설로 만들고 있다.

미래에 대한 준비 없이 기회란 오지 않는다. 비록 적은 돈일지라도 저축하는 습관은 앞으로 당신에게 많은 기회를 줄 것이다. 액수는 중요하지 않다. 당신이 저축하는 습관을 가지고 있다는 사실이 중요하다. 그런 습관을 가졌다는 것 자체가 당신은 이미 자제력 발휘를 하고 있다는 뜻이다.

세상에는 손에 쥐고 있는 동전 하나까지 놓치지 않으려는 구두쇠형과 자신의 손에 들어오는 돈을 한 푼도 남김없이 다 써버리는 흥청망청형이 있다. 양자 사이에는 '행복한 중간'이 있다. 만약 보통 사람이 느끼는 자유와 만족을 평범하게 누리며 인생을 즐기고 싶다면 당신은 반드시 이 '행복한 중간'을 당신이 계획한 자제력의 일부로 포함시켜야 한다.

세상 사람들은 세상에 해를 끼치는 사람은 금방 잊게 마련이다. 세상은 좋은 일을 하는 사람만을 기억하고 그리워한다. 이 사실을 명심하라. 당신을 비방하는 사람들에게 돌아갈 에너지의 낭비를 줄여라. 그 어떤 사람도 시기와 질투로 가득 찬 적들의 반대가 없다면 성공하지 못한다.

당신의 뇌는 '사고'라는 에너지를 발생시킨다는 점에서 동력발전기와 비교될 수 있다. 자극은 뇌로 시작해 두 유형의 행동으로 나타난다. 하나는 '자기암시(自己暗示)'이고, 다른 하나는 '암시'이다. 당신의 생각이 결정하는 대로 몸이 행동한다면 이것은 '자기암시'이고, 타인이 결정하는 대로 행동한다면 그것은 '암시'라고 할 수 있다.

우리의 몸과는 달리 머릿속의 생각은 자신에게 절대적으로 통제가 가능하다. 이것은 매우 중요한 의미다. 즉, 욕심으로 더럽혀진 마음에서 신성하고 깨끗한 마음으로 갈 수 있는 가장 가까운 지름길은 바로 인간의 사고이다. 이 도구를 잘 이용해 당신의 운명을 개척할 수도 있다.

당신이 외부 압력에 굴하지 않고 자신만의 생각으로 행동을 결정할 수 있을 때 비로소 자제력을 가장 강도 높게 수행하게 된다. 신의 창조물 중에 오직 인간만이 자제력을 연습할 수 있는 유일한 동물이다. 이것을 달리 표현하면 '자제력이란 사고를 컨트롤하는 문제'라고 할 수 있다.

타인과의 마찰 없이 협상을 끌어내는 능력은 성공적인 사람들이 지닌 뛰어난 자질이다. 당신의 주변 사람들을 살펴보라. 얼마나 극소수의 사람들이 이런 협상 능력을 발휘하는가를. 이 기술은 훈련에 따라 터득할 수 있는 능력이다. 성공적인 협상 기술은 참을성 있고 고통스러운 자제력을 연마했을 때 비로소 얻을 수 있다.

정확하든 부정확하든지간에 사고라는 것은 우리에게서 비롯되는 최고로 체계화된 힘이며 자제력은 사고를 조절함으로써 얻을 수 있는 결과 중 하나이다. 또한 스스로의 선택에 따라 행동할 수 있는 자제력은 축복이며 이 축복받은 권리를 조금만 더 연습한다면 이루지 못할 일이 없다.

모든 성취의 바탕에는 자제력과 사고의 조절이 항상 존재하는데, 여기에 한 가지를 더한다면 그것은 '열망'이다. 이 열망이 얼마나 간절한가에 따라서 우리가 원하는 것들이 실현될 수도 그렇지 않을 수도 있다. 분명한 사실은 무언가를 이루려는 당신의 열망이 충분히 강하다면 그것을 성취하고자 초인적인 힘을 발휘할 것이라는 점이다.

인생의 승자는 자제력을 발휘하지만 실패자는 자신의 생각과 말, 행동을 거칠게 내세운다. 자제력이 부족한 가장 보편적인 형태는 말을 많이 하는 습관을 들 수 있다. 자기가 무엇을 원하는지 정확히 알고 그것을 얻기 위해 노력하는 사람들은 의견을 내는데도 무척 신중하다. 자제하지 않고서 쓸데없이 아무렇게나 내뱉는 말에는 이로울 것이 없기 때문이다.

자제력이 가져다주는 이익은 당신의 개인적인 힘에 따라 더더욱 극대화될 수도 있고 아닐 수도 있다. 또한 자제력을 계발하면 다른 좋은 성품들이 추가로 얻어진다. 그중에 가장 중요한 것이 '보복의 법칙'이다. 이 의미는 우리가 흔히 사용하는 복수나 앙갚음의 의미가 아니라 '남에게 행한 만큼 자신에게 그대로 되돌아온다'는 뜻이다.

'받아들이는 자에게는 주어질 것이다.' 그래서 자신감의 부재, 증오심, 자제력의 부족과 같은 요소로 '안 가진 자'가 된 사람이라면 앞에 열거한 요소들은 점점 더 불어날 것이다. 그러나 성공, 자긍심, 인내, 끈기, 결단력 등의 요소를 갖춘 사람이라면 이 요소들은 더욱 커질 것이다.

4장

유쾌한 성품 그리고 집중력

매력적인 인간성의 형성

우리 모두 하잘 것 없는 인간이다. 조금도 더하지 않고 덜하지도 않다. 이런 점에서 우리 모두 똑같다. 우리 누구나 맘에 와 닿는 진심어린 말을 하는 사람들에게 귀 기울이게 되어 있다. 대화를 하는 동안 우리는 서로에게 전해지는 교감을 느낄 수 있다. 활기찬 성격 또한 다른 사람을 끌리게 하는 중요한 요소이다.

매력적인 성품(性品)이란 무엇일까?

물론 말 그대로 남에게 매력적으로 보이는 성품이며 호감이 가는 성품이다. 그러면 무엇이 인간의 성품을 매력적으로 만드는 것일까? 같이 연구해보자.

어떤 사람의 성품이란 다른 사람과 구별되는 성격과 외모가 조화된 것을 뜻한다. 가령 어떤 사람이 입고 있는 옷, 얼굴 생김새, 목소리, 사고방식, 그 사고방식이 이뤄놓은 성격, 이 모든 구성요소들이 그 사람의 성품을 만드는 것이다. 그러므로 어떤 사람의 성품이 매력적이다, 아니다는 다른 문제다.

지금까지는 성품을 논할 때 그 사람의 성격을 애기하는 것으로 이해되었다. 그렇지만 성품을 구성하는 요소들 중 가장 중요한 부분은 흔히 보이지 않는다.

예컨대 옷 입는 스타일과 상황에 맞게 옷을 입는 센스는 의심할 여지없이 성품을 구성하는 데 가장 중요한 부분이다. 그리고 사람의 첫인상은 물론 겉모습을 보고 판단된다.

타인과 악수할 때 나타나는 매너마저도 성품을 구성하고 있는 하나의 중요한 요소이며, 이 요소는 남들이 기억 속에 매력적인 사람으로 혹은 거부감이 드는 사람으로 남을 수 있다. 이 악수하는 기술은 선천적인 것은 아니며 얼마든지 노력함으로써 좋은 매너를 만들 수 있다.

당신의 성품을 형성하는 요소 중 '눈'은 매우 중요한 부분이다. 눈은 외관상보다 남들이 그 눈을 보고 상상할 수 있는 부분이 더 많다. 즉, 사람들은 어떤 사람의 눈을 통해 그의 마음과 생각을 읽을 수 있다는 뜻이다.

다른 사람을 끌리게 하는 활기찬 성격 또한 성품을 형성하는 중요한 요소 중 하나이다.

지금부터는 외관상 보이는 중요한 요소들이 남들에게 거부감을 주지 않고 매력적으로 보이는 방법에 대해 알아보기로 하자.

설령 당신이 시골 서커스단의 못 생기고 '뚱뚱한 여자'라 해도 남들에게 항상 매력적인 사람으로 보일 수 있는 한 가지 방법이 있다. 그것은 바로 다른 사람들이 겪는 일에 대해 진정으로 관심을 갖는 것이다.

진정한 세일즈맨십의 표본

몇 년 전 내가 '훌륭한 세일즈맨십'이란 주제로 강의를 진행하고 있을 때 일어났던 일이다

어느 날 한 중년 부인이 사무실로 찾아와 메시지가 적힌 카드를 내밀었

다. 거기에는 개인적인 일로 꼭 나를 만나야 한다고 써있었다. 내 비서가 계속해서 무슨 일이냐고 물어봤지만 부인은 자신이 온 목적을 말하지 않았다. 나는 그녀가 분명 가난한 책 판매상일 거라고 생각했다.

젊은 날 내 어머니가 그랬듯 나에게 책을 팔러 왔으리라. 그러나 나는 어머니 생각에 부인이 기다리고 있는 리셉션 룸으로 나갔고, 그녀가 무얼 팔든 사주기로 마음먹었다.

이제부터 내가 하는 말을 꼼꼼히 새겨두길 바란다.

이 일화를 통해 당신은 진정한 세일즈맨십이란 무엇인가에 대해 많은 것을 배울 수 있을 것이다.

사무실에서 나온 나는 복도를 지나 리셉션 룸으로 들어갔다. 그 부인은 나를 보자마자 환하게 웃기 시작했다.

나는 지금까지 많은 사람들의 미소를 보아왔지만 그렇게 온화한 미소는 처음이었다. 그 미소에는 뭐라 묘사하기 힘든 어떤 전염성이 있었다. 왜냐하면 나 역시 그 부인의 미소를 따라 온화한 미소를 짓고 있었기 때문이다.

내가 다가가자 그녀는 손을 뻗어 내 손을 잡았다. 그리곤 악수를 했다. 평상시 내 사무실에 처음 온 사람에게 나는 친절하게 말을 하지 않는다. 왜냐하면 그들은 내가 하기 싫어하는 그 무언가를 물어보고 권유할 것이 분명하기 때문이다.

그러나 이 점잖은 여성은 너무나 온화하고 부드럽게 내 손을 잡고 악수를 하고 있었다. 그녀는 얼굴에 가득 온화한 미소를 띠고 있었을 뿐 아니라 마치 자석과도 같은 악수를 했다. 그녀는 내 손을 꼭 잡고 있었다. 그리고 나는 부인이 나와 악수를 하게 되어 진심으로 기뻐하고 있다는 것을 느낄 수 있었다.

지금도 그 부인이 나와의 악수를 기쁘게 생각한다고 믿고 있다. 그녀가 흔들었던 내 손만큼이나 내 마음도 흔들리고 있었다. 나는 직업상 수천 명의 사람들과 악수를 해봤다. 하지만 그녀처럼 악수의 의미를 제대로 이해하고 있는 사람은 없을 듯하다.

부인이 나의 손을 잡고 있는 동안 나는 마음이 송두리째 흔들리고 있다는 것을 느꼈고, 그녀가 온 목적이 무엇이든 간에 목적을 달성하고 갈 것이라는 생각을 했다. 그리고 나 역시 그녀를 돕기 위해 최선을 다하게 될 것임이 분명했다.

다시 말해 내 마음을 움직이는 그 미소 따뜻했던 악수는 내 맘을 열기 충분했고 나를 그녀에게 협조할 수밖에 없는 '희생양'으로 만들어 버렸다. 나는 보통 세일즈맨이 나에게 와서 무엇인가를 팔려고 하면 마음속으로 벽을 만들고는 더 이상 들어보려 하지도 않았다.

하지만 이 부인은 내가 원하지 않았음에도 불구하고 단 한방에 내가 빠져나갈 곳을 빼앗아 버렸다. 이전 장에서 자주 사용했던 문장을 다시 한 번 기억해 보자. 이 점잖은 방문객은 내 마음을 '중화'시켰고, 나는 이 부인이 하려고 하는 말이 무얼까 궁금해졌다.

여기에 대부분의 세일즈맨이 흔히 하는 실수가 있다. 굳이 비유를 하자면 '자전하고 있는 지구에게 갑자기 멈추라고 냉냉해 봐야 멈추지 않는 것처럼' 소비자가 세일즈맨의 말을 충분히 경청할 수 있는 분위기가 되기 전까지는 물건을 팔려고 노력해 봐야 소용이 없다는 점이다.

처음에 이 부인이 내 맘을 열기 위해 어떻게 미소 짓고 악수를 청했는지 기억을 더듬어보자. 그녀의 미소와 악수할 때 느꼈던 그 따스함은 내 마음을 감동시키기에 충분했다. 그러나 아직 그녀가 하고 싶어 하는 이야기는 나오지 않았다.

그녀는 마치 온 우주의 시간을 혼자 다 가지고 있는 것처럼 - 그 당시 내 느낌에 그녀는 실제로 그랬던 것 같다 - 천천히, 그리고 신중하게 다음과 같은 말로 승리를 향한 첫발을 내디뎠다.

"이 말씀을 드리고 싶어 실례를 무릅쓰고 이렇게 찾아왔습니다(꽤 긴 시간이 흐른 것 같았다). 전 지금 세상에서 당신이 가장 위대한 일을 하고 있다고 생각합니다."

그녀는 말하는 동안 내 손을 꼭 잡고 있었고, 그녀가 하는 말 한마디 한마디는 모두 점잖기 그지없었다.

또한 그녀는 말하는 동안 내 눈을 그득히 쳐다봤으며 그 눈빛은 내 눈을 통해 내 마음까지 다가갔다.

나는 정신을 차린 후(나중에 직원들 사이에서는 내가 기절했다는 소문이 돌았다)에 마음의 문의 빗장을 풀고 다음과 같이 말했다.

"자! 이리 오세요, 부인. 제 사무실로 들어오세요."

나는 마치 중세의 기사처럼 그녀에게 정중하게 인사하고 그녀에게 들어와서 잠시 앉기를 청했던 것이다. 그리고 사무실로 함께 들어온 나는 그녀에게 푹신하고 편한 의자를 권했다.

나는 보통 사무실에 용무가 있어 찾아온 사람들에게 딱딱하고 작은 의자를 권하곤 한다. 왜냐하면 내 소중한 시간을 뺏는 것에 대한 일종의 경고를 주기 위해서였다.

나는 대략 45분 동안 일방적으로 부인의 이야기를 들었다. 지금까지 나누었던 대화 중 가장 가슴에 와 닿는 따뜻한 대화였던 것 같다.

초반부터 그녀는 대화의 주도권을 가지고 있었고 45분이라는 시간 동안 나에게는 대화의 주도권을 뺏으려는 아무런 의지가 없었다는 데 더욱 놀랐다. 다시 말하지만 나는 상당히 우호적으로 그녀의 말을 경청하고 있었던 것이다!

이제부터 할 이야기는 독자와 지면상이 아니라면 개인적으로 무척이나 당황스럽고 창피한 이야기이다. 그러나 이 부분을 뺀다면 이 일화가 갖는 의미가 반감되기 때문에 용기를 내서 사실대로 적어본다.

나는 내 방문객과 무려 45분 동안이나 대화를 했다. 이제 그 많은 시간을 들여 대화를 나눈 결과로 그녀가 무슨 말을 꺼냈을지 한번 상상해 보라. 아마 독자들 대부분은 물건을 파는 이야기로 끝났을 것이라고 생각할 것이다.

아니다! 틀렸다. 그녀는 나한테 책을 팔러온 게 아니었다. 정확히 말해 그녀는 사적인 '나는⋯⋯'으로 시작하는 말조차도 꺼내지 않았다. 물론 그녀는 나에게 무언가를 팔려고 노력을 하긴 했었고 실제로 판 것이 분명했다. 그 무언가는 바로 내 자신이었다.

그녀가 사무실에 들어와 자리에 앉자마자 손에 들고 온 보따리를 풀었는데 나는 그 보따리가 그녀가 팔고자 하는 책인 줄로만 알았다.

하지만 그 보따리는 책이 아니었다. 아니, 사실 그 안에 책이 있기는 했다. 그녀는 그때까지 내가 발행했던 잡지《힐의 황금률》1년치를 다 들고 온 것이다.

그녀는 그 중 책 한 권을 꺼내어 여기저기 밑줄이 그어져 있는 페이지를 폈다. 그녀는 내가 발행한 잡지의 문장이 전하는 철학을 믿고 있었다. 내가 그녀의 최면에 무기력하게 빠지고 나자 그녀는 내가 예상했던 대로 아주 재치 있게 대화의 주제를 바꿨다.

그 이야기를 꺼내기 위해 내 사무실에서 그리도 오랜 이야기를 한 것이다. 그러나 지금 이 순간이 대부분의 세일즈맨이 실수를 범하는 가장 중요한 순간이다. 보통의 세일즈맨들은 고객을 보자마자 바로 세일즈를 시작한다.

하지만 그녀는 다른 말로 먼저 고객의 주의를 환기시킨 후 마지막에 세일즈에 관한 이야기를 꺼냈다. 만약 그녀가 처음부터 세일즈를 시작했다면 아마 내 푹신한 의자에는 앉아보지도 못했을 것이다.

마지막 3분여 동안 그녀는 자신이 팔고자 하는 유가증권의 장점에 대해 아주 노련하게 설명을 해주었다. 하지만 결코 주식을 사주십사 종용하지 않고 단순히 주식의 장점에 대해서만 설명을 했다. 나는 그 설명을 듣고 주식을 사고 싶다는 생각이 문득 들었다.

결국 나는 그녀에게서 주식을 하나도 사지 않았다. 하지만 그녀는 분명 나에게 무언가를 팔고 갔다. 왜냐하면 나는 전화기를 들어 사람들에게 그녀를 소개했고 그들은 분명 내가 사는 주식의 양보다 적어도 다섯 배 정도는 더 살 사람들이기 때문이다.

만약 이 여성과 똑같은 재치와 노련미가 있는 다른 여자 혹은 남자가 또 나를 방문한다면 나는 역시 그들에게 내 사무실 문을 열어주고, 내 의자를 권하며 45분간 경청할 것이다.

우린 모두 하잘 것 없는 인간이다. 조금도 더하지 않고 덜하지도 않다. 이런 점에서 우린 모두 똑같다. 우린 누구나 맘에 와 닿는 진심어린 말을 하는 사람들에게 귀 기울이게 되어 있다. 이 사람들과 대화를 하는 동안 우리는 서로에게 전해지는 교감을 느낄 수 있다.

대화가 끝나고 상대방이 주제를 바꿔 나에게 무언가를 요구하게 되더라도 내게 전해졌던 그 감동을 기억하고는 결국에는 사인을 하게 된다. 상대방이 원하는 대로 사인을 하고 나서도 '저 사람의 성품은 너무 고결해'라고 조용히 내뱉을 것이다.

노력에는 대가가 수반된다

어느 한 마을에 존 스미스 씨가 살고 있었다. 그는 자신의 구멍가게를 처분해 영화관을 하나 차리고 싶어했다. 그 옆 마을에는 또 다른 사람이 자신의 영화관을 처분해 구멍가게를 하나 열고 싶어했다.

이 사람들을 서로 연결해 줄 수 있는가? 만약 그럴만한 능력이 있다면 두 사람을 연결해주고 꽤 큰 보수를 받을 수 있을 것이다.

당신이 살고 있는 마을 주민 중에는 마을 근처에 신선한 농작물을 살 수 있는 농장이 하나 있었으면 하는 사람이 분명히 있을 것이다. 또 농작물을 재배하고 있는 농부들 중에는 자신이 키운 농작물을 도시에 내다 팔고 싶어하는 사람이 있을 것이다.

만약 당신이 농부와 마을 주민간의 연결고리를 이어줄 수만 있다면, 농부의 입장에선 자신의 농작물을 마을에 직접 내다 팔 수 있어 좋을 것이고, 마을 주민은 신선한 농작물을 싼 값에 살 수 있어 좋을 것이다. 여기에는 물론 중간 마진을 없애준 대가로 당신이 받을 수 있는 수입이 있다.

사업이라고 하는 것에는 두 가지의 계층이 있다. 바로 생산자와 소비자이다. 요즘은 최대한 중간상인을 없애고 이 두 계층을 직접 연결해주는 추세다. 따라서 생산자와 소비자 간의 길을 최대한 짧게 만들어라. 그 일은 두 계층에게도 이익일 뿐더러 당신에게도 큰 이익을 가져다 줄 것이다.

노력에는 반드시 대가가 수반된다. 그러므로 당신이 어떤 종류의 사업을 하든 명심해야 할 일이 하나 있다. 소비자들로부터 얻을 수 있는 이익을 최소화해라. 소비자에게 이윤을 많이 남기는 것보단 적게 남기고 많이 파는 것이 훨씬 낫다는 점이다.

생산자와 소비자를 연계해주는 사업은 생산자와 소비자 양측에 모두 균등하게 이윤이 돌아갈 때, 그리고 눈에 보이는 모든 것을 다 가지려는 탐욕스러운 마음이 없을 때에야 비로소 수익성을 바라볼 수 있다.

미국의 대중들은 놀랍게도 부당 이득을 취하는 사람들에게 관대하다. 그러나 이런 약삭빠른 사람들조차도 넘지 않으려는 선이 있다.

큰 노력을 들이지 않아도 아프리카의 땅에서 캐낼 수 있는 하얀 광석인

다이아몬드 시장을 독점하여 가격을 높게 책정하는 행위 정도는 봐주고 넘어갈 수 있다. 그러나 의식주에 관련된 생활필수품의 가격이 같이 급상승하게 되면 대중들이 묵인해 주는 그 범위를 넘어서는 사람들이 생기게 마련이다.

만약 당신이 진정으로 부자가 되기를 원한다면, 또 그에 따른 어떠한 짐도 짊어질 준비가 되었다면 일반적인 방법을 택하지 않을 수도 있다. 보통사람들이 가지 않는 길을 선택해 아주 적은 이익만을 보는 것이다.

헨리 포드는 직원들에게 가능한 적은 급여를 주는 것보다 가능한 많은 급여를 주는 것이 더 이익이라는 사실을 발견했다. 그는 또한 다른 자동차회사들이 자동차의 가격을 꾸준히 올릴 때에도 반대로 가격을 내려 이윤을 남긴 적이 있다.

소비자의 돈을 빼내면서도 감옥에 가지 않을 수 있는 완벽하고 좋은 계획이 있을 수도 있다. 그러나 포드와 같은 방식으로 계획을 세운다면 장기적으로 봤을 때 마음의 평온도 얻게 되고 이익을 얻을 가능성이 더 커지게 될 것이다.

록펠러(John D. Rockefeller)가 낭비벽이 심했다는 이야기는 전에 들어본 적이 있을 것이다. 그러나 그가 돈을 많이 쓰는 이유는 단지 그가 가지고 있는 돈은 탐을 내면서 자신이 직접 일을 해서 돈 벌 생각은 하지 않는 사람들 때문이라고 한다.

록펠러에 대해 어떻게 생각하든지간에 그는 사람을 조직하고 관리하는 타고난 능력 덕분에 초라한 경리사원 생활부터 시작해 점차적으로 돈을 모아가며 정상에 오를 수 있었다.

나는 그가 내리쬐는 햇빛 아래 25센트어치 기름을 사서 2마일이 넘는 거리를 걸어가야 했다는 사실을 기억하고 있다. 그러나 지금은 도시에서나 농장에서나 25센트의 절반도 안 되는 가격에 록펠러의 배달차가 기름을 뒷문까지 배달해 줄 것이다.

록펠러의 재산이 물가를 떨어뜨려 주기만 한다면 누가 그를 시기할 수 있겠는가? 그는 램프 기름값을 50센트로 올릴 수도 있었을 것이다. 하지만 만일 그가 기름값을 자기 멋대로 올리거나 했다면 지금 백만장자가 되었을지는 알 수 없는 일이다.

이 세상에는 부자가 되고 싶어하는 사람은 많다. 하지만 그 중 99%의 사람은 대개 처음에는 혼신의 힘을 다해 거창한 계획을 마련하지만, 그것을 실행에 옮긴 후 나중에 자신에게 돌아올 성과에 대해서는 생각하지 않는다.

유쾌한 성품이란 상상력과 협동심이 어우러져 나타나는 것이다. 앞에서 언급했던 일화를 통해 상상력, 협동심, 훌륭한 성품이 어떻게 한데 어우러져 나타날 수 있는지 알 수 있었을 것이다.

당신 주위에 성품이 좋지 않은 사람을 생각하고 자세히 관찰해 보라. 분명 그 사람에게서는 훌륭한 성품뿐 아니라 상상력과 협동심도 발견할 수 없을 것이다.

좋은 성품을 형성하는 7가지 요소

가장 예쁜 옷으로 최신 유행을 따라 자신의 외모를 아름답게 꾸밀 수는 있다. 그러나 마음속에 탐욕과 질투, 증오와 이기심이 가득한 사람은 아무리 아름답게 치장을 한다 해도 같은 부류의 사람 말고는 절대 남에게 매력을 느끼게 하지 못한다. 유유상종이라고 했던가. 아마도 당신이 매력을 느끼는 사람은 당신과 비슷한 성향을 가진 사람일 것이다.

자, 이제 지금까지 공부한 유쾌한 성품을 가질 수 있는 방법을 몇 가지로 요약해보자.

첫째 : 타인에게 관심을 갖는다. 그들의 좋은 점을 찾아내고 칭찬하는 습관을 기른다.

둘째 : 일상 속에서의 대화든, 대중 앞에서의 연설이든, 힘 있고 설득력 있는 목소리로 말하는 습관을 기른다. 조금 큰 목소리로 말하는 것이 좋다.

셋째 : 복장은 자신의 몸과 자신이 하고 있는 업무에 어울리게 입는다.

넷째 : 이 장에서 배운 방법을 통해 긍정적인 사고방식을 기른다.

다섯째 : 노련한 악수 기술을 배운다. 상대방으로 하여금 당신의 온기와 열정을 느낄 수 있게 한다.

여섯째 : 남의 매력을 찾으려 하기 전에 내가 먼저 남에게 매력적으로 보이도록 노력한다.

일곱째 : 자신의 유일한 한계는 모두 자기 마음속에서 이미 결정되었다
　　　는 점을 기억하라.

이 7가지 요소들이 유쾌한 성품을 형성하는 데 가장 중요한 요소들을
다 포함한다. 그러나 이 요소들이 그러한 성격을 저절로 형성해 주지는
않는다는 사실을 명심하자. 여기에 소개된 요소들을 몸소 실천하고 자신
의 성격을 변화시키고자 하는 굳은 의지가 있어야만 성격을 변화시킬 수
있을 것이다.

내 생각에는 앞의 7가지 요소들 중 둘째와 넷째 요소가 가장 중요한 것
같다. 긍정적인 성격의 근본이 되는 생각, 느낌, 행동들을 계발하고 자신
의 생각을 힘 있고 설득력 있게 표현하는 방법을 배운다면 자신의 성격을
더욱더 매력적으로 변화시켜 나갈 수 있을 것이다.

이 요소들을 기반으로 하면 이 장에 소개된 다른 자질들도 익힐 수 있
을 것이다.

긍정적인 사고방식을 가진 사람에겐 그 사람을 더욱 매력적으로 보이
게 하는 위대한 힘이 있다. 이 힘은 비록 보이진 않지만 그 힘만큼이나 큰
파워를 가진다. 이 힘을 가진 사람과 대화를 하다보면 비록 많은 말은 하
지 않더라도 뭔가 '보이지 않는 힘'을 느낄 수 있을 것이다.

뭔가 '꺼림칙한 일'을 할 때마다, 부정적인 생각을 할 때마다, 그리고
쓸데없는 일에 탐닉할 때마다 당신은 자신의 인격을 조금씩 갉아먹는 셈
이 된다.

이런 주제에 대해 다음 에머슨의 말은 의미가 크다.

"우리의 눈에는 모든 고백이 들어 있다. 얼굴의 미소와 인사말, 남과 악수하는 자세에서도 이 모든 고백을 찾아볼 수 있다. 죄가 있는 사람은 그것 때문에 몸이 망가지게 되고 자신의 좋은 인상을 망친다. 이유는 모르겠지만 사람들은 죄 지은 사람을 결코 신뢰하지 않는다. 그가 지은 죄 때문에 그의 눈빛은 흐려지고, 뺨의 색깔은 천해지며, 코는 점점 오그라들고 그의 분위기는 한 마리의 금수같이 변한다. 마치 앞이마에 '오, 바보! 바보!' 라고 써 있는 것 같이 느껴진다."

자, 이제 유쾌하고 훌륭한 성품을 만들기 위한 그 첫 번째 방법에 대해 주의를 돌려보자.

지금까지 장황하게 기술한 내용을 종합해 보면 요점은 남에게 호감을 줄 수 있는 사람이 되도록 노력하라는 것이다. 여기서 얻을 수 있는 가장 큰 이점은 결코 금전적인 것은 아니다. 자신의 인격을 수양함으로써 유쾌한 성품을 가질 수 있다.

남에게 호감을 주는 사람이 되고자 노력한다면 당신은 물질적으로든 정신적으로든 큰 이익을 보게 될 것이다. 다른 사람을 즐겁게 하는 것만큼 자신이 행복해지는 일은 없다.

지금 짊어지고 있는 무거운 짐들을 벗어버리고 타인과의 쓸데없는 논쟁에서 벗어나라. 이젠 색안경을 벗어던지고 당신 눈에 보이는 인생의 행복을 즐겨라. 삶은 얼마나 푸른가. 거기에 '친구' 라는 햇살까지 더해진다면 말이다.

남을 부수기 위한 망치를 과감히 버리고 의심으로 가득 찬 노크를 이제는 멈춰라. 인생의 행복은 주변의 모든 것을 부수는 파괴자에게 돌아가는 것이 아니라 긍정적인 사고를 하는 사람에게 돌아가는 것이다.

예술가는 집을 짓고 고물장수는 집을 무너뜨리는 일을 한다. 만일 당신이 불평불만에 가득 찬 사람이라면 이 세상은 당신의 불만을 들으려 하지 않을 것이다. 그러나 만일 당신이 우호적이고 낙관적인 사람이라면 세상은 자발적으로 당신의 말을 들으려 할 것이다.

불평불만이 가득한 사람은 유쾌한 성품을 가질 수 없다. 좋은 느낌을 주는 사람이 되는 것만으로도 성공적인 세일즈맨십을 위한 튼튼한 기반을 갖출 수 있다.

기존의 원칙을 제대로 적용하라

몇 년 전 나는 시카고의 한 증권연수원에서 약 1,500명을 교육시키는 연수 프로그램을 진행하고 있었다. 그 증권사는 거대한 조직의 명성을 유지하기 위해서 매주 600명 정도의 연수생을 선발해 훈련시켜야 했다. 이 연수원을 나온 수천 명의 세일즈맨 중 내가 가르쳤던 세일즈 기술을 정확히 이해했던 한 남자직원이 있었다.

사실 이 남자직원이 처음 연수원을 들어왔을 때 그는 주식을 팔아본 적도 없었고, 이전에 세일즈를 해본 적도 없다는 사실을 솔직히 인정했다.

자, 그러면 그가 어떤 부류의 사람인지 한번 살펴보기로 하자.

연수가 끝날 때쯤 그가 남의 말을 잘 믿는 사람이라 생각한 어떤 '유능한' 세일즈맨은 그를 놀려주기로 결심했다. 그는 그 남자직원에게 크게 노력하지 않고도 주식을 팔 수 있는 팁을 주겠다고 했다.

그는 자기가 직접 판매를 할 수도 있지만 주식을 살 사람이 조금만 설득하면 쉽게 주식을 구매할 평범한 예술가이기 때문에 '유능한' 자신의 시간을 낭비하기 싫다고 했다.

신입 세일즈맨은 그 팁을 기꺼이 받아들였고 주식을 판매하려고 나섰다. 그가 사무실에서 나가자마자 그 '유능한' 세일즈맨은 다른 '유능한' 세일즈맨들을 불러 모아 자신의 장난에 대해서 이야기했다.

사실 그 화가는 부유한 사람이었고 그 '유능한' 세일즈맨은 거의 한 달 동안 화가에게 주식을 팔려고 했다가 실패했던 전적이 있었다. 알고 보니 거기에 모여 있던 다른 '유능한' 세일즈맨 모두가 그에게 주식을 팔려고 했다가 실패한 경험이 있었다.

신입 세일즈맨은 한 시간 반 정도 후에 돌아왔고 다른 '유능한' 세일즈맨들은 미소를 띠고 그를 맞이했다. 그러나 놀랍게도 그 신입 세일즈맨의 얼굴에도 미소가 가득했다. 신입 세일즈맨이 기분 좋게 돌아올 것이라고는 생각지도 못했던 그 '유능한' 세일즈맨들은 서로 이상하다는 듯이 쳐다보았다.

처음 장난을 시작한 세일즈맨이 "주식을 팔았나요?" 라고 그에게 물었다. 그러자 그 풋내기 세일즈맨은 "물론이죠. 그리고 말씀하신 대로 그분은 정말 훌륭한 신사이시고 또 무척 재미있는 분이시던데요" 라고 별로 힘들이지 않고 대답했다.

그는 주머니에 손을 넣어 2,000달러짜리 수표를 꺼냈다. 그 '유능한' 세일즈맨들은 그가 어떻게 화가에게 주식을 팔고 왔는지 궁금해 했다.

"아, 별로 어렵지 않았어요."

풋내기 세일즈맨은 말했다.

"나는 그저 들어가서 그와 몇 분 동안 이야기를 나눴을 뿐이에요. 그랬더니 그 사람이 먼저 주식에 대한 이야기를 꺼내더라고요. 자기가 먼저 사고 싶다고 하는 거예요. 제가 먼저 나서서 그 사람한테 주식을 판 게 아니에요. 그 사람이 먼저 원해서 주식을 산 거죠."

이 말을 듣고 나서 나는 그 신입 세일즈맨을 사무실로 들어오라고 했고 그 일에 대해 좀더 자세하게 말해보라고 했다. 자세한 내용인즉 이랬다.

이 세일즈맨이 화가의 작업실로 들어섰을 때 화가는 열심히 그림을 그리고 있었다. 세일즈맨이 작업실로 들어오는 것도 모를 정도로 화가는 그림 그리는 데 너무도 열중해 있었다. 그래서 그는 화가가 그리고 있는 그림이 잘 보이는 자리로 뚜벅뚜벅 걸어가서는 아무런 말도 없이 그림을 계속 쳐다보고 서 있었다.

마침내 화가는 세일즈맨을 쳐다보게 되었고 세일즈맨은 작업실에 허락도 없이 들어오게 되어 미안하다고 사과를 했다. 이어 화가가 그리고 있는 그림에 대해 말을 하기 시작했다.

그 세일즈맨은 그림에 대해 화가와 대화를 할 수 있을 만큼 충분한 상식이 있었을 뿐 아니라 실로 그림에 관심이 참 많은 사람이었다. 그는 그림을 좋아한다고 화가에게 솔직히 털어놓았고 물론 화가는 자신의 작업을 방해한 것 때문에 크게 흥분해 있었다.

어쨌든 이 두 사람은 예술에 대해 한 시간 가까이 대화를 했고 특히 그

화가가 그리고 있는 그림에 대해 중점적으로 대화를 나눴다. 마침내 화가는 그 세일즈맨에게 이름과 하는 일에 대해 물었다(바로 이런 사람이 훌륭한 세일즈맨이다). 그는 대답했다.

"제가 하는 일이나 제 이름 같은 것은 신경 쓰지 마세요. 전 당신과 당신이 하고 있는 예술에 대해 더 관심이 있습니다."

이 말을 들은 화가의 얼굴에는 기쁨의 미소가 가득 번졌다. 이 세일즈맨의 말이 화가의 귀에는 그 어느 달콤한 음악보다 더 달게 들렸으리라. 그러나 화가는 그가 무슨 일로 작업실까지 찾아왔는지 여전히 궁금해 했다.

그제서야 그 세일즈맨은 마지못해 — 그는 정말 진정한 세일즈맨이다 — 직업이 무엇이고 무슨 일로 찾아왔는지 설명을 하기 시작했다. 그는 간단명료하게 자신이 팔고자 하는 주식에 대해 설명했다.

화가는 마치 그 세일즈맨의 입에서 나오는 설명 한마디 한마디를 즐기며 듣고 있는 것 같았다. 그가 설명을 마치자 화가가 말했다.

"아! 제가 정말 바보였군요. 사실 몇 번인가 당신 회사에서 세일즈맨이 내게 찾아와 주식을 팔려고 수차례 방문했던 적이 있었습니다. 하지만 그들은 내게 주식에 관해서 말고는 그 어떤 말도 하지 않았습니다. 사실 날 너무 짜증스럽게 한 적도 많았습니다. 심지어 실례인 줄 압니다마는 그 중 어떤 분께는 여기서 나가달라고까지 말한 적이 있습니다.

가만 있자, 그 사람 이름이 뭐였더라. 아, 퍼킨스 씨이었어요(바로 그에게 장난을 걸었던 사람이었다). 그런데 당신의 세일즈 방식은 매우 독특하군요! 그동안 주식에 대해서 내가 왜 이렇게 몰랐을까요. 2,000달러어치의 주식을 구입하고 싶습니다."

이 말을 귀담아 들어라.

'당신의 세일즈 방식은 매우 독특하군요!'

이 신입 세일즈맨의 세일즈 방식 중 어떤 점이 독특했던 것일까? 질문을 바꿔보자. 이 신입 세일즈맨이 화가에게 진짜로 판매한 것은 무엇일까? 그는 단지 2,000달러어치의 주식만을 판매한 것일까?

아니다! 그 직원은 자신의 캔버스에 자신이 직접 그리고 있는 바로 자신만의 그림을 판 것이다. 주식을 판매한 일은 그저 우연에 지나지 않는 것이다. 이 일화를 건성으로 흘려듣지 마라.

마음을 움직이는 진심어린 말

그 훌륭한 세일즈맨은 내 마음을 움직였던 그 중년 부인의 일화를 기억하고 있다. 그 일에 감명을 받고는 가슴 깊이 명심을 했다. 그리고 소비자가 가장 관심 있어 하는 부분이 무엇인지를 공부하고 그 부분에 대해 먼저 이야기를 꺼냈다.

이 '풋내기' 신입 세일즈맨은 근무 첫 달에만 7,900달러의 수당을 가져갔다. 그런데 이 금액은 2위를 차지한 직원이 받은 수당의 두 배가 넘는 돈이었다.

한 가지 안타까운 점은 회사 전체의 1,500명 직원들 중에서 아무도 그가 어떻게, 왜 '스타'로서 인정받게 되었는지에 대해서는 궁금해 하지 않았다는 사실이다.

카네기, 록펠러, 제임스 힐, 마셜 필드 등 우리가 성공자라고 부르는 사람들은 모두 같은 법칙을 적용하여 돈을 벌었으며 그것들을 꾸준히 노력해 온 사람들이다.

하지만 사람들은 그들이 가지고 있는 재산에 대해서만 부러워할 뿐 그들이 신조로 삼았던 철학을 자기 것으로 만들어 노력해 볼 생각은 하지 않고 있다.

우리는 성공을 거둔 사람들의 도취감을 보면서 그들의 성취에 관심을 갖곤 한다. 그러면서도 과연 그들이 어떤 방법으로 성공을 거뒀는지 그 과정을 분석해 볼 생각은 하지 않는다. 그가 달디단 성공의 열매를 따기까지 얼마나 쓰디쓴 준비의 과정을 거쳤으며 얼마나 많은 희생을 했을지는 생각하지 않는 것이다.

이 책을 읽다 보면 여러분은 스스로 깨닫게 될 것이다. 성공을 거두는 데는 전혀 새로운 원칙이 있는 것이 아니라 이미 존재해왔던 원칙을 제대로 적용하는 것이 중요하다는 점을. 그러므로 성공을 원한다면 이 책에 나오는 법칙 하나하나를 모두 공부하고 몸에 익혀야 한다. 그러나 실제는 극히 적은 수의 사람만이 그 법칙들을 활용하고 있다.

화가에게 주식을 팔았던 그 세일즈맨은 단순히 주식을 잘 파는 노련한 세일즈맨일 뿐 아니라 성품이 매력적인 평범한 사람이다. 그는 남들의 관심을 끌만한 점이 별로 없어 보이는 사람이었다.

아마도 그런 이유로 그 '유능한' 세일즈맨이 그에게 장난 칠 생각을 했을 것이다. 그러니 그가 아무리 보잘것없는 사람이었다 할지라도 화가의 입장에선 자신의 작품을 칭찬해주는 매력적인 인간성을 가진 사람으로 보였던 것이다.

물론 성공하기 위한 법칙들을 잘못 이해하고 있는 사람이 분명 있을 것이다. 그 사람들을 위해 명쾌한 결론을 내려주겠다.

들으면 기분 좋아지는 달콤한 아첨 역시 '마음을 움직이는 진심어린 말'이라 잘못 이해한 사람이 있을 것이다. 당신은 그런 부류의 사람이 아니길 바란다. 이 장에서 전달하고자 하는 철학을 제대로 이해했으면 한다.

그리하여 다른 사람들을 가까이에 두고 그들에게서 무언가를 찾으려 노력하라. 혹은 그들의 업적 중에서 당신이 진심으로 존경할 수 있을 만한 것을 찾아내어 열심히 연구하라. 그렇게 해야만 다른 사람들이 거부할 수 없는 매력을 가질 수 있게 된다.

값싼 아부는 호감이 가는 인간성을 형성하는 것과는 정반대의 결과를 가져온다. 그것은 사람들을 끌어당기기는커녕 오히려 멀어지게 한다. 결국 값싼 아부는 무지한 사람이라도 알아차릴 수 있을 정도로 천박한 행위이기 때문이다.

자, 이제 유쾌한 성품을 좀더 발전시킬 수 있는 방법에 대해 연구해보자.

먼저 개개인의 성격에 대해 알아보자. 누구든 긍정적인 성격을 갖지 않고는 유쾌한 성품을 지닐 수 없다. 우리가 흔히 말하는 단어 중 '텔레파시'가 있다. 어떤 사람을 처음 봤을 때의 '직감(直感)'을 일컫는데, 처음 접촉하는 사람으로부터 이러한 '직감'을 얻어내지 못할 때는 그 사람을 신뢰할 수 없을 것이다.

가장 예쁜 옷으로 최신 유행을 따라 자신의 외모를 아름답게 꾸밀 수는 있다. 그러나 마음속에 탐욕과 질투, 증오와 이기심이 가득한 사람은 아무리 아름답게 치장을 한다 해도 같은 부류의 사람 말고는 절대 남에게 매력을 느끼게 하지 못한다.

유유상종이라고 했던가. 아마도 당신이 매력을 느끼는 사람은 당신과 비슷한 성향을 가진 사람일 것이다. 물론 인위적인 미소로 자신의 감정을 숨기거나, 노련한 악수 기술을 연습할 수는 있다. 그러나 진실성이 없는 이러한 행동들은 상대방으로 하여금 거부감만 느끼게 할 뿐이다.

성품을 발전시킬 수 있는 방법

그럼, 과연 어떤 방법으로 자신의 성격을 형성해 갈 수 있을까?

첫째 : 당신이 닮고 싶은 성격을 가진 사람을 한 명 골라라. 그리고 그 사람과 닮아가도록 노력하라. 먼저 꾸준한 자기암시로 계속 정진하라. 마음속으로 가상의 회의용 탁자를 하나 만들고 매일 밤 자신의 성격을 구성하는 요소들을 하나씩 자리에 앉힌 후에 각각의 성격으로부터 자신이 원하는 것이 무엇인지 간결하고 명확하게 정리해보라.

그리고 당신이 세운 목표를 확실한 단어로 소리 내서 자신에게 말하라. 이 과정 동안에는 눈을 감고 앞에서 소개된 방식대로 상상 속의 탁자에 둘러 앉아 있는 사람들을 바라보라.

둘째 : 이 책에서 언급하고 있는 '자제력'을 참고해 긍정적인 사고방식을 가지려 노력하라. 당신이 닮고 싶어하는 사람의 사고방식을 머

릿속에 그려보라.

하루에 적어도 열두 번 이상 시간 날 때마다 상상 속 테이블에 앉아 있는 사람들의 기질에 대해 눈을 감고 생각하는 연습을 해야 한다. 그리고 믿음을 갖고 자신의 성격이 점차적으로 원하는 방향으로 변해가고 있다는 것을 느껴보도록 한다.

셋째 : 당신이 칭찬할 수 있는 사람을 하루에 적어도 한 명 이상을 찾아라. 그리고 그 사람을 칭찬하려 노력하라. 이때의 칭찬이란 간사한 아첨과는 분명히 구분되어야 한다. 물론 진정으로 칭찬할 수 있는 사람을 찾아야 한다. 듣는 사람이 감동받을 수 있도록 진심을 다해 칭찬해야 한다.

이런 방법을 반복하다보면 당신은 그들의 장점을 당신 것으로 만들 수 있을 것이다. 그리고 다른 사람의 장점을 살필 줄 아는 인격형성의 다음 단계로 들어서자. 다른 사람들의 장점에 대해서 툭 터놓고 의욕적으로 칭찬하는 습관은 매우 중요하다.

칭찬하는 과정을 통해 스스로 자긍심을 갖게 되고 다른 사람들로부터 감사하다는 말을 듣게 되면서 점차적으로 자신의 성격이 개선될 수 있기 때문이다. 그렇게 되면 당신의 성품은 크게 바뀔 것이다.

유유상종의 원리대로 당신이 칭찬하는 그 사람들이 당신을 볼 때는 당신과 똑같은 시선으로 보게 될 것이다. 당신이 가진 신념과 꼭 같은 비율만큼 당신은 이 방법을 통해 성공을 거두게 될 것이다.

나는 단순히 이런 방법이 좋다는 사실을 말하려는 것이 아니라 – 이 방법이 정말 좋은 것은 사실이다 – 내가 스스로 이런 방법을 사용해서 성공을 했고, 다른 사람들에게도 권해서 그들이 성공하는 모습을 보아왔기 때문에 여러분도 똑같이 이 방법을 사용하여 효과를 볼 수 있다고 확신하는 것이다.

따라서 이 방법으로 당신의 성품을 갈고 닦는다면 당신을 아는 사람들도 놀랄 만큼 빠른 속도로 나아질 수 있을 것이다. 당신의 인격을 수양하는 것은 순전히 당신이 자신을 어떻게 컨트롤하느냐에 달려 있다. 그러므로 노력 여하에 따라 큰 이익을 얻을 수도 있고 이 소중한 특권을 다 놓치게 될 수도 있다.

호감이 가는 성품을 구성하는 여러 가지 요소 중 말의 필요성에 대한 이야기를 해보고자 한다. 이 과정을 통해 다음과 같은 2가지 바람직한 효과를 얻을 수 있다.

첫째 : 자신이 하는 말의 이면에 있는 생각이 잠재의식 속에 들어가 뿌리를 내리고 성장하여 나중에 자신의 외형적, 신체적 활동을 제어할 수 있게 되고 자신의 생각을 현실로 만들어줄 수 있게 된다.

둘째 : 힘 있고 확신 있게 말할 수 있도록 도와주고 결과적으로 대중 앞에서 훌륭한 연설을 할 수 있게 해준다. 자신의 인생 목적이 무엇이든 간에 당당하게 두 발로 서서 자신의 의견을 설득력 있게 말할 수 있는 능력은 매력적인 성격을 만드는 과정에 필수적인 요소이다.

사람들에게 말을 할 때는 꽉 찬 목소리로 당신의 느낌과 감정을 실어라. 당신의 목소리 톤이 너무 높다고 생각되면 기분 좋고 부드러운 목소리가 될 때까지 톤을 낮춰라. 거칠고 톤이 높은 목소리로는 자신의 성품을 좋게 나타낼 수가 없다. 다른 사람이 듣기에 리듬 있고 유쾌한 목소리가 될 때까지 연습하라.

자신의 성격을 나타내는 데 목소리만큼 중요한 요소는 없다. 때문에 당신의 목소리가 때로는 부드럽게, 때로는 힘 있게 들리도록 연습해야 한다.

내 기억을 돌이켜봐도 눈에 띌 정도로 매혹적인 성품을 가진 사람 중에 힘 있고 설득력 있게 말하지 못하는 사람은 단 한 명도 없었다. 오늘날 주목할 만한 성공을 거둔 위인들을 살펴보라. 그들은 어디에서나 힘 있는 어조로 말을 한다.

과거의 정치인들을 떠올려보자. 그들의 어조는 모두 힘이 있고 설득력이 있었다. 경제나 산업, 금융계에서 일하는 사람들을 생각해보라. 그 분야의 리더들은 대중 앞에서도 스스럼없이 연설을 할 수 있는 사람들이다.

신념에 가득 찬, 힘 있는 연설능력을 계발하지 않고 각종 사업에서 주목할 만한 성공을 거둘 수 있을까? 아무도 그럴 수 있다고 생각하진 않을 것이다. 반면 세일즈맨들은 보통 대중연설을 하지 않는다.

하지만 대중 앞에서 연설할 수 있을 만한 능력을 계발한다면 그들이 갖는 보통의 대화에서도 설득력 있는 세일즈를 할 수 있게 될 것이다. 이 능력이 세일즈맨들에게 이익을 가져다줄 것은 분명한 일이다.

🗞️ 습관은 행동방식의 정신적 통로

> 집중력은 자신의 특정한 욕구를 실현하기 위한 수단과 방법을 계획하고, 그 욕구가 성공적으로 이루어질 때까지 마음을 모으는 행위이다. 그리고 특정한 욕구에 마음을 집중하는 과정에는 두 가지 중요한 법칙이 있다. 그 첫 번째는 자기암시이고, 다른 하나는 습관의 법칙이다.

인간의 사고는 사고의 바탕이 되는 기본적인 재료들을 주위 환경에서 모은다. 그리고 습관은 이 사고를 구체화하여 영구적으로 만들고 사람의 잠재의식 속에 각인시킨다.

이런 잠재의식은 우리의 인격을 구성하는 데 핵심적인 역할을 하므로 이를 통해 우리의 행동방식을 결정한다. 그리고 우리의 선입견이나 경향을 형성하고 의견을 통제하는 데도 영향을 미친다.

한 위대한 철학자는 정직한 사람이 범죄에 빠지는 과정을 설명하는 동안 다음과 같은 말을 통해 습관의 힘이 얼마나 중요한지를 역설하고 있다.

"우리는 처음에는 견뎌내고, 그 다음에는 동정하며, 결국에는 포용하게 된다."

습관은 레코드판에 있는 홈과 같고 마음은 그 홈을 따라 움직이는 레코드 바늘과 같다. 습관이 잘 형성되면 (사고와 행동의 반복을 통해) 레코드 바늘이 홈에 최대한 밀착되어 따라 움직이는 것과 같이 습관의 본질에 상관없이 마음도 습관을 따라가게 된다.

따라서 우리는 주변 환경을 주의 깊게 선택하는 것이 얼마나 중요한지에 대해서 알게 될 것이다. 왜냐하면 우리 마음을 형성하는 데 필요한 요소들을 이 주변 환경으로부터 얻을 수 있기 때문이다.

근대의 정신학자들은 우리의 행동과 성격이 습관으로부터 통제되는 것이 아니라 우리가 습관을 통제하고 활용할 수 있다고 강력하게 주장한다. 실제로 수많은 사람들이 이미 이를 실행에 옮겼고, 습관이라는 힘을 새로운 방향으로 사용하게 되었다.

습관은 우리의 행동방식이 지나게 되는 '정신적 통로'라고 할 수 있다. 이 통로는 지날 때마다 더욱더 길어지고 넓어진다. 당신이 만약 어떤 길을 걸어가야 한다면 장애물이 있는 길 대신에 뻥 뚫린 길을 선호할 것이다. 이는 정신적 행동에서도 마찬가지이다. 즉, 가장 저항이 없는 길을 선택해서 이동하게 된다.

습관은 자연의 법칙에 순응할 때 반복적인 행동에 따라 형성된다. 이자연의 법칙은 움직이는 생물체나 움직이지 않는 사물에서도 찾아볼 수있다. 후자를 예로 들자면 한번 접혀진 종이는 다음번에도 같은 선을 따라 접혀지는 것을 들 수 있다.

다른 예로 재봉틀과 같이 정교한 기계를 사용해 본 사람들은 그 기계나 장비가 일단 길들여지면 그 이후에는 길이 든 상태로 동작한다는 사실을 잘 알고 있을 것이다. 악기에서도 동일한 예를 찾아볼 수 있다. 옷 또한 일단 주름이 생기게 되면 여러 번 다림질을 해도 그 주름의 흔적은 남아 있게 마련이다.

모든 사람은 습관의 창조물

환경은 사고를 형성하는 데 필요한 요소들을 공급하고 습관은 이들을 영구적으로 만든다. 또한 '환경'은 시각, 청각, 후각, 미각, 촉각의 5가지 감각들을 통해 우리에게 영향을 주고 있다.

습관이라는 힘은 일반적인 사고를 하는 사람들로부터 인식되지만 대부분의 경우 좋은 측면이 배제된 좋지 않은 면들이 비춰지기 쉽다. 흔히 말하길 모든 사람은 '습관의 창조물'이라고 한다.

또한 '습관은 굵은 밧줄과 같다. 매일 실을 한 가닥씩 엮어나가면 그 밧줄은 나중에 가면 끊을 수 없을 정도로 튼튼해진다'고 말한다.

습관이 잔인한 독재자가 되어서 사람들의 의지, 소망, 경향에 반대되는 것을 강요하고 있다고 생각하는 사람이라면 – 물론 대부분의 경우 이런 것이 현실이다 – 누구나 다음과 같은 의문점이 생길 것이다.

과연 습관이라는 이 전능한 힘이 다른 자연적인 힘들과 마찬가지로 사람으로부터 통제될 수 없는 것인가? 만일 통제가 가능하다면 사람들은 습관의 노예가 되지 않고 주인이 될 수 있을 것이다.

우리는 여러 가지 일화들을 통해 습관의 본질에 대해 잘 알 수 있을 것이며 또 그것은 옷에 새로운 주름이 생기듯이 새로운 정신적 통로를 만들어낼 수 있게 된다. 그리고 항상 다음과 같은 사실을 잊지 말자. 오래된 습관을 없애는 데 (유일하면서도) 최선인 방법은 그것을 대체할 반대되는 습관을 갖는 것을……

새로운 정신적 통로를 형성하여 그것을 따라 살게 되면 오래된 통로는 자연적으로 사용하지 않게 되고 결과적으로 소멸된다. 새로운 정신적 통로를 따라서 생활하면 할수록 그 길은 더욱더 깊어지고 넓어지게 되며, 그 이후에는 그 습관에 따라 행동하는 것이 더 쉬워진다.

이러한 정신적 통로를 만드는 것은 중요한 일이다. 따라서 자신이 원하는 정신적 통로를 만드는 일을 지금 바로 시작할 것을 권고한다. 연습하고, 연습하고, 또 연습해서 훌륭한 정신적 통로를 만들어라.

자신이 원하는 습관을 형성하는 데 따라야 할 중요한 신조들이 다음에 나열되어 있다.

첫째 : 습관 형성 초기에는 모든 힘과 열정을 쏟아 부어야 한다. 자신이 생각하는 것을 느끼고 지금 새로운 정신적 통로를 만드는 첫 단계에 있다는 사실을 기억한다. 처음에는 힘들지만 나중으로 갈수록 점점 더 쉬워질 것이다. 그 정신적 통로를 가능한 깊고 깨끗하게(장애물이 없도록) 유지하여 나중에 그 길을 가고자 할 때 그 길을 쉽게 찾을 수 있도록 해야 한다.

둘째 : 새로운 정신적 통로를 만드는 데만 집중하고 오래된 통로는 잊는다. 오래된 통로에 관한 모든 것을 깨끗이 잊고 미련을 두지 않은 상태로 새로운 통로를 만드는 데 온 힘을 쏟아야 한다.

셋째 : 새로 형성된 통로를 가능한 많이 사용하라. 그 통로를 사용할 기

회가 우연하게 생기기를 바라지 말고 스스로 그런 기회를 만들어 나가야 한다. 새로운 길을 따라 움직이면 움직일수록 그 길은 더 길들게 되고 결과적으로 그 길을 따라 여행하는 것이 쉬워질 것이다. 이렇게 새로 만든 정신적 통로를 따라 움직일 수 있도록 사전에 계획을 잘 세워두는 것이 좋다.

넷째 : 과거에 사용하던 오래된 통로를 따라 편하게 가고자 하는 유혹을 자제하라. 그런 유혹을 뿌리칠 때마다 자신이 더욱 강해지게 되고 다음번 유혹을 뿌리치는 것이 더 쉬워질 것이다. 그런 유혹을 뿌리치지 못할수록 점점 더 쉽게 그런 유혹에 넘어가게 되는 것이다. 처음부터 유혹과의 전쟁이 시작되는 것이고 이때가 가장 중요한 순간이다. 초기부터 자신의 결단력, 끈기, 의지력을 보여주어야 한다.

다섯째 : 자신이 원하는 목적과 부합이 되는 통로를 제대로 만들었는지 확인하고 제대로 된 것이라면 더 이상 의심하지 말고 두려움 없이 나아가라. 자신이 추구하는 목표를 세우고 그 목표로 향하는 깊고 넓은 정신적 통로를 만들어야 한다.

이미 살펴보았듯이 습관과 자기암시에는 많은 공통점이 있다. 반복적으로 동일하게 수행되는 동작들은 습관을 통해 영구적으로 되는 경향이 있으며 결과적으로 우리는 그 동작들을 자동적으로 무의식중에 수행하게 된다.

예를 들어 피아노를 치는 것을 살펴보자. 연주자는 자신에게 익숙한 곡이라면 다른 생각을 하면서도 그 곡을 칠 수 있다.

자기암시는 우리가 정신적 통로를 개척하는 데 사용되는 도구이고 집중력은 그 도구를 잡고 있는 손이며 습관은 그 정신적 통로의 방향을 보여주는 청사진과 같다.

생각이나 욕망이 실제적인 행동으로 나타나기 위해서는 우리의 의식세계에 충실하고 지속적으로 의식세계에 머물러 있어야 한다. 그 후에 습관을 통해 그 생각과 욕망이 영구적인 형태로 나타나게 된다.

습관과 자기암시의 공통점

이제 환경에 대해 생각해 보자. 이미 앞에서 살펴보았듯이 우리는 우리 주변 환경으로부터 사고에 필요한 재료들을 흡수한다. 여기서 '환경'이란 말은 다소 광범위한데 이 주변 환경에는 우리가 읽는 책도 포함되고 우리가 만나는 사람들, 우리가 살고 있는 공동체, 우리가 하고 있는 일의 본질, 우리가 거주하는 나라, 우리가 입는 옷, 우리가 부르는 노래, 그리고 무엇보다 14세 이전에 받는 종교적, 지적 훈련 등이 포함된다.

환경이라는 개념에 대해서 분석하는 이유는 이 환경과 우리가 개발하려는 인간성과의 직접적인 관계를 보여주기 위함이다. 이 환경이 제공하는 것들을 기반으로 우리가 원하는 명확한 중점 목표를 달성할 수 있다.

우리의 정신은 환경을 통해 제공하는 것을 기반으로 성장한다. 따라서 가능한 우리의 명확한 중점 목표를 달성하는 데 도움이 되는 재료들을 많이 제공할 수 있는 환경을 선택하는 것이 중요하다.

만일 환경이 맘에 들지 않는다면 그 환경을 바꿔라!

첫째 단계는 자신의 명확한 중점 목표를 달성하는 데 가장 적합하다고 생각되는 환경에 대한 정확하고 명확한 그림을 자신의 마인드에 그려보는 것이다. 이어 그것이 현실화될 때까지 그 그림에 집중한다.

여러분은 이 책의 앞 장에서 어떤 욕구를 이루기 위한 첫 번째 단계는 자신의 정신에 달성하고자 하는 목표에 대한 명확하고 잘 정의된 그림을 그려보는 것이라고 배웠다. 이것은 성공을 이루기 위해서 반드시 지켜야 할 첫 번째 법칙이다. 만일 이 법칙을 따르지 않거나 무시한다면 우연을 제외하고는 성공할 가능성이 없다.

당신과 같이 일하는 동료들은 당신 환경의 가장 중요하고 영향력 있는 구성요소이다. 그들의 본성(本性)에 따라 당신의 발전 혹은 퇴화에 중요한 역할을 한다. 그러므로 가능한 당신과 가장 친밀한 동료를 골라야 한다. 특히 당신의 목표와 이상 – 당신 인생 중점 목표 – 을 위해 열정과 자긍심과 판단력, 그리고 야망을 가진 사람으로 골라야 한다.

당신 귀에 들어오는 모든 말과 눈에 보이는 모든 것, 오감이 느끼는 모든 감각을 잘 기억하라. 이 모든 것들은 분명히 당신의 사고에 영향을 미친다. 이 말을 실감한다면 당신이 살고 있는 환경과 하고 있는 일이 얼마나 중요한지 알게 될 것이다.

당신의 인생 목표와 관련 있는 책을 읽는 것은 얼마나 중요한가. 당신의 목표에 열정을 가지고 적극적인 자세로 동참하는 사람과 당신에게 용기를 주고 격려해주는 사람과 대화를 하는 것은 얼마나 중요한가.

우리는 지금 말 그대로 '문명화 시대'에 살고 있다. 명망 있는 과학자들은 입을 모아 다음과 같이 말한다.

"자연은 수백만 년을 거쳐 진화를 거듭해 현재 우리가 살고 있는 문명화 시대를 만들었다."

과연 얼마나 오랜 시간 동안 인디언 민족이 북미 대륙에 살아왔는가. 우리는 그들의 문명화를 평가할 수도 없고 정확한 조사도 할 길이 없었다. 그들의 환경은 미개했다. 그리고 환경을 바꾸고자 하는 노력도 없었다. 오직 까마득히 먼 곳에서 다른 민족이 들어와 약간의 문명화를 강제로 한 것을 제외하고는 말이다.

3세기 동안의 변화를 관찰하라. 예전의 사냥터는 거대한 도시로 바뀌었고, 인디언들도 교육을 받고 그들만의 문화가 생겼으며, 백인 형제들과 같은 능력을 얻기도 한다.

당신이 입고 있는 옷도 당신에게 영향을 미친다. 즉, 당신의 복장 역시 환경의 일부분이다. 더럽고 초라한 의상은 당신을 우울하게 만들고 자존심을 상하게 한다. 반대로 옷을 단정하게 입는다면 당신만의 스타일을 살릴 수 있으며 기분도 좋아진다.

어떤 사람을 알고 싶으면 그 사람이 일하는 책상이나 주위 환경을 보면 쉽게 알 수 있다. 잘 정돈된 책상은 잘 정리된 두뇌를 의미한다.

재고보유 문서를 가져오라고 시킨 후 당신이 작성한 서류를 보면서 나는 당신이 어떤 뇌를 가지고 있는지 말할 것이다. 한 사람의 행동과 정신적 상태는 밀접한 관련이 있게 마련이다.

환경의 영향은 공장, 가게, 사무실에서 일하는 사람에게 너무도 절대적이다. 고용주들도 그 중요성을 서서히 인식해 가면서 고용인에게 도움이 되는 환경을 만들고자 노력하고 있는 추세이다.

시카고의 한 진보적인 생각을 가진 세탁업자를 본 적이 있다. 그는 경쟁사들보다 월등한 실적을 올리고 있었다.

특이할 만한 점은 세탁실에 피아노를 설치해 근무시간 동안 드레스를 입은 젊은 여성이 계속 피아노 연주를 하고 있었다. 직원들도 모두 하얀색 유니폼을 입고 있었고, 그 어느 곳에서도 세탁일이 고된 일이라는 증거를 찾아볼 수 없었다.

기분 좋은 환경 덕분이었는지 이 세탁소 직원들은 더욱 열심히 일하고 물론 급여도 다른 경쟁사 직원들보다 더 많이 받고 있었다. 집중력이라는 주제를 설명하기에 가장 좋은 예가 아닐 수 없다.

🔑 성공으로 가는 마법 열쇠

> 집중력! 여기에 설명된 집중력은 일종의 능력을 일컫는다. 다른 말로 하면 집중력이란 생각하고자 하는 바를 사고할 수 있는 능력이다. 명확한 결말을 볼 때까지 사고를 조절할 수 있는 능력이며, 실행 가능한 행동계획을 잘 정리할 수 있는 힘이다.

자, 이제 여러분이 집중력이라는 주제에 직·간접으로 연관이 되는 원리를 적용하는 방법을 배울 때가 되었다. 이 방법을 이렇게 부르자. 성공으로 가는 마법열쇠라고!

이러한 마법열쇠에 대해 설명하기 전에 먼저 이것 한 가지만은 짚고 넘어가야 하겠다.

이 열쇠는 절대 내가 발명하거나 처음 발견한 것이 아니다. 긍정적인 사고방식과 새로운 사고를 하는 모든 사람들이 이미 한 가지 혹은 다른 방식으로 사용해 온 열쇠이다. 이 마법열쇠의 힘은 그 누구도 저항할 수 없는, 그리고 누구나 사용하게 될 힘으로 만들어졌다.

그것은 부자로 가는 길을 열어줄 것이다!

그것은 명예를 얻는 길을 열어줄 것이다!

그리고 건강할 수 있는 길을 열어줄 것이다!

또한 교육받을 수 있는 길을 열어주어 당신에게 숨어 있는 재능을 모두 끄집어낼 것이다. 당신에게 걸맞은 자리가 어느 곳이든 그 자리로 갈 수 있는 승차권 역할을 할 것이다. 그러므로 이 마법열쇠만 있다면 지금까지 있었던 위대한 발명의 비밀을 알 수 있다.

이 힘이 바로 과거 천재들이 지녔던 힘의 원천인 셈이다.

만약 당신이 신분상승을 꿈꾸고 있는 노동자의 위치에 있다고 가정해보자. 바로 이 마법열쇠가 그 꿈을 이루도록 도와줄 것이다. 카네기, 록펠러, 힐, 해리맨, 모건, 그리고 또 다른 위인들이 이 힘을 이용해 거대한 부를 쌓을 수 있었다.

또한 죄수들 마음의 문도 활짝 열어 소외된 사람을 가치 있는 사람으로

만들어 줄 것이다. 또한 실패를 성공으로, 비극을 행복으로 변하게 해줄
것이다.

이제 당신은 물을 것이다.

"도대체 그 마법열쇠가 무엇입니까?"

나는 단 한 단어로 대답할 수 있다.

"집중력!"

이제 여기에 사용된 집중력의 정의를 내려보자.

먼저 이 단어를 명확하게 이해하길 바란다. 나는 이 단어를 전혀 신비
스럽게 설명할 의도가 없다. 그러나 많은 과학자들은 집중력이 만들어내
는 실로 못 믿을 현상들을 설명하지 못한다.

집중력! 여기에 설명된 집중력은 일종의 능력을 일컫는다. 어느 한 주
제에 친숙해지고 능통할 때까지 마음속에 명심하고 연습하는 능력을 말
한다. 어떤 문제를 풀 때까지 그 문제에 계속 집중하고 풀어보려고 노력
하는 자세를 말하는 것이다.

자신에게 필요 없다고 생각하는 습관을 과감히 벗어던질 수 있는 능력
이다. 자신이 원하는 습관을 새로 들일 수 있는 힘도 포함한다. 결국 이는
'극기'와도 일맥상통함을 알 수 있다.

다른 말로 하면 집중력이란 생각하고자 하는 바를 사고할 수 있는 능력
이다. 명확한 결말을 볼 때까지 사고를 조절할 수 있는 능력이며, 실행 가
능한 행동계획을 잘 정리할 수 있는 힘이다.

성공적인 집중력의 요인

이제 당신은 인생의 명확한 중점 목표에 집중하기 위해서는 그 목표에 섞여 있는 크고 작은 목표들을 제치고 가장 주된 목표에 집중할 수 있어야 함을 알았다.

성공적인 집중력의 가장 큰 요인은 야망과 욕구이다. 이 두 가지 요소 없이 마법열쇠는 무용지물이다. 왜 수많은 사람들이 성공적인 집중력을 갖는 것에 실패할까? 그것은 야망이 부족함은 물론이요, 욕구도 그다지 없었기 때문이다.

당신의 욕구가 무엇이든지간에 그 욕구가 집중력의 마법열쇠를 얻기에 충분하다면 그 욕구는 곧 이루어질 것이다. 가슴속 깊숙이 자리잡고 있는 욕구를 이루어낸 사람들은 집중력의 위대한 힘을 이용한 것이다.

상상력으로 시작해 욕구를 거쳐 집중력의 힘으로 현실화되지 않고는 인류는 아무것도 창조할 수가 없다.

자, 이제 마법의 열쇠를 시험해보기로 하자.

먼저 당신의 마음에서 회의적이고 의심 많은 마음을 걷어내라. 믿지 않는 사람은 절대 마법열쇠가 주는 상을 받을 수 없다. 시험 기간 동안 당신은 원하는 바를 이룰 수 있다고 반드시 믿어야 한다.

우리는 당신이 이루고자 하는 목표가 성공적인 작가, 혹은 대중연설가, 혹은 성공한 기업간부, 혹은 금융업자라고 가정하겠다. 그 중에서 대중연설가를 택하겠다.

우선 종이 한 장을 집어 다음의 글을 써내려가 보라.

나는 영향력 있는 대중연설가가 되겠다. 왜냐하면 세상에 도움이 되는 일을 할 수 있고 기본적인 생활에 필요한 돈을 벌 수 있기 때문이다.

나는 매일 잠자리에 들기 전과 아침 기상 후 10분씩은 이 욕구를 가슴 깊이 집중하겠다. 그 시간 동안 목표를 달성하기 위해 어떤 일을 할지 결정하겠다.

나는 영향력 있고 사람들을 한데 끌어당기는 연설가가 될 수 있다고 확신한다. 그 어떠한 것도 내 목표를 방해하진 못할 것이다.

서명 _____

이 서약서에 사인을 하고 쓰인 대로 행동하라. 그리고 실제로 결과가 나타날 때까지 그 노력을 멈춰서는 안 된다.

집중력을 발휘하기 위해서는 이런 방법대로 밀고 나가야 한다. 1년, 3년, 5년, 심지어 10년 앞까지 내다볼 줄 알아야 한다. 세상에서 가장 영향력 있는 연설가가 된 자신을 상상해보라.

연설가가 되기 위한 노력의 대가로 얻은 당신의 집을 보라. 남들이 평생을 벌어야 가질 수 있음직한 은행의 잔고를 보라. 대중연설가로서의 엄청난 파워를 보라. 명예를 잃을까 두려워하지 않는 직업의식을 보라.

상상력을 동원해 이 성공의 그림을 깨끗하게 그려보라. 당신 마음속 깊은 곳의 이러한 욕구는 곧 현실로 다가올 것이다. 이 욕구를 집중력의 가장 큰 목표로 삼아라. 그리고 무슨 일이 일어나는지 관찰하라.

당신은 이제 마법열쇠의 비밀을 손에 넣은 것이다.

이 열쇠가 신비로움에 싸여 있지도 않고 우리 모두가 능히 이해할 수 있는 언어로 쓰여 있다고 해서 마법열쇠의 능력을 과소평가하지 마라. 세상의 위대한 진실은 분석해보면 항상 간단하고 이해하기 쉽다.

당신의 목표를 이루는 데 현명하게 이 열쇠를 사용하라. 분명히 행복과 성공을 가져다 줄 것이다.

이미 저지른 잘못이나 실패는 깨끗이 잊어라. 한번 지나간 일은 절대 다시 돌아오지 않는다는 것을 모르는가? 과거에 한 노력이 제대로 결과가 나오지 않았다면 모두 다시 시작하라. 5년 혹은 10년이 지난 후에 당신이 만족할 만한 성공을 이루게 될 것이다.

야망과 욕구, 그리고 집중력을 통해 세상에 도움이 될 만한 일을 해서 이름을 떨쳐라!

'할 수 있다고 믿는다면 당신은 할 수 있다!'

이것으로서 마법열쇠에 관해서는 충분히 설명되었다고 본다.

집중력을 통해 의식세계를 움직여라

의식세계에 있는 아이디어나 생각들은 그와 비슷한 생각을 불러 모으며 이에 따른 적절한 행동을 하게 한다.

집중력을 통해 의식세계에 당신의 열망을 심어라. 신념을 가지고 이 일을 하면 과학자들도 설명 못하는 더 큰 힘이 보태질 것이다.

집중력이 내는 힘에 좀더 익숙해지다 보면 왜 처음부터 인생의 명확한 중점 목표를 정하라고 했는지 이해할 수 있다. 마음 깊숙한 곳에 목표에 대한 욕구의 씨앗을 심고 집중력을 발휘해 노력하게 되면 또 다른 위대한 힘이 당신을 도울 것이다.

이것이 이 장에서 가장 중요하기도 하면서 이 책 전체의 내용 중 가장 중요한 요소이기도 하다. 기억을 되살려 다시 한번 반복하자.

'둘이나 그 이상의 사람들이 명확한 목표를 이루기 위해 완벽한 조화 가운데 연합하면, 그리고 그 구성원들이 충실히 그 연합을 유지하면, 그 연합은 개개의 구성원들에게 초인간적이고 불가항력적인 그런 힘을 가져다준다.'

앞 문장의 근간은 과학적으로 밝혀지지는 않았지만 이 책에서 수차례에 걸쳐 조직된 노력의 힘과 관련해 내가 서술한 것과 관계있는 법칙이다.

우리는 화학시간에 두 개 혹은 그 이상의 원소 화합물이 전혀 다른 물질을 만들어낸다는 것을 배웠다. 예를 들어 우리가 보통 마시는 물은 알려진 대로 H_2O라고 쓴다. 물이 수소원자 2개와 산소원자 1개로 이루어졌다는 것을 의미한다. 하지만 물은 수소도 산소도 아니다. 이 '결합'은 전체적으로 전혀 다른 원소를 만들어냈다.

마찬가지로 한 가지의 공통된 목표를 위해 완벽한 조화로 뭉친 사람들이 만들어내는 힘은 두 가지 원소가 모여 한 가지 위대한 물질을 탄생시킨 것과 같다.

이 세상이 모든 물질은 진자(에너지의 한 형태로 모든 물질을 구성하고 있는 가장 작은 단위)로 만들어졌다. 다시 말하면 사고라는 것 역시 에너지의 한 형태이다. 에너지의 가장 고등한 형태이다. '사고'라는 것이 발전기로부터 생성되는 전기 에너지와 같다는 말도 틀린 것은 아니지만, 엄밀히 말해서 사고가 조금 더 고등한 에너지 집합이다.

자, 모든 물질이 우리가 전기라고 부르는 전자들로 이루어졌다면, 또 정신이 고등하게 조직된 전자라면, 그 물질을 지배하는 법칙들이 정신을 다스리는 데도 똑같이 적용될 수 있지 않을까?

적당한 비율로 적당한 조건에서 두 개 혹은 그 이상의 원소가 혼합되었다면 물과 같이 전혀 다른 물질을 만들어낼 것이다. 같은 이치로 두 가지 혹은 그 이상의 정신들이 모여 개개인의 힘을 합한 것과는 상대도 안 되는 엄청난 힘을 발휘한다는 사실을 알 수 있다.

다른 사람 때문에 당신이 받은 영향을 생각하면 이 사실을 의심 없이 받아들일 수 있을 것이다.

어떤 사람은 당신에게 낙관적이고 열정적인 영향을 준다. 마치 그들은 당신의 마음에 자극을 줘서 중요한 행동을 나오게 하려는 것처럼 보인다.

반대로 당신 주위의 어떤 사람 때문에 당신의 생명력이 떨어지고 기분도 우울해졌다면 이 말 역시 사실임을 알 것이다.

그렇다면 당신이 생각하기에 주위 사람들 때문에 우리에게 변화가 생기는 이유가 과연 무엇이라 생각하는가? 이 물음에 대한 과학적인 기본 원칙은 없다. 그러나 오랜 생각과 경험으로 결론지을 수 있었다. 그리고 이 사실을 꼭 당신이 증명할 필요는 없다. 그러나 당신의 영혼을 우울하게 만드는 사람이 있다면 이 사실을 실감할 수 있다.

당신의 영혼을 깨우고 자극시키는 사람은 당신의 목표를 성취하는 데 큰 힘을 준다. 반면 당신을 우울하게 하고 생명력을 떨어뜨리는 사람은 이와 반대의 영향을 준다. 이 말은 가설의 도움 없이도 증명할 필요 없이 당신이 가끔 경험한 사실을 통해 알 수 있을 것이다.

이제 원래 문장으로 돌아가 보자.

'두 명 혹은 그 이상의 사람이 모여 하나의 목적 아래 완벽한 조화를 이룰 때, 그리고 이 구성원들이 모두 신념을 가지고 노력할 때, 엄청난 힘을 만들어낸다.'

강조된 앞 문장을 철저히 공부하라. 아마도 '정신적인 공식'을 발견할 수 있을 것이다. 하지만 확고한 신념 없이 이 문장을 공부한다면 당신에게 돌아올 긍정적인 영향은 기대하지 마라.

수소 원자 하나가 다른 산소 원자 하나와 결합되면 물이 되지 않는 것처럼 '완벽한 조화의 정신'이 수반되지 않는 이름뿐인 협력은 '초인간적이고 그 누구도 거스를 수 없는 힘'을 생성하지 못한다.

정확하고 확고한 기억력 훈련

우리는 환경과 습관이 집중력이라는 주제에 얼마나 중요한 부분을 차지하는가를 살펴보았다. 이제는 앞의 두 가지 못지않게 중요한 세 번째 주제인 기억력에 대해서 간략하게 알아볼 차례이다.

정확하고 확고한 기억력을 훈련시킬 수 있는 법칙은 수가 적으면서도 비교적 간단하다.

1. 보존 : 오감을 통해 받아들이는 감각 정보를 의식 속에 정리해 놓는 것. 이 과정은 카메라의 감광판에 그림을 기록하는 과정과 유사하다.

2. 회상 : 잠재의식 속에 기록된 감각 정보를 의식 속으로 불러오는 과정. 이 과정은 검색카드를 살펴보고 그 중 하나를 꺼내는 과정과 동일하다.

3. 인식 : 의식으로 불러들여진 감각 정보를 인식하고 이를 원래의 감각 정보와 동일하게 복제해서 최초 기록될 때의 감각 정보와 연계시키는 능력. 이 과정을 통해 '기억'과 '상상력'을 구분할 수 있다.

이상이 기억을 만들어내기 위한 3가지 훈련과정이다.

이제 이 법칙들을 어떻게 하면 효율적으로 사용할 수 있는지에 대해서 알아보자.

첫째 : 이름, 날짜, 장소 등의 감각 정보를 회상할 수 있는 능력을 확인하고자 한다면 이 정보들의 세부적인 것까지 마음을 집중해서 떠올려 본다. 가장 효과적인 방법은 기억하고자 하는 것을 여러 번 반복하는 것이다. 카메라의 감광판에 이미지를 기록하려면 적절한 시간 노출을 해줘야 하는 것처럼 우리의 잠재의식이 우리가 원하는 감각 정보들을 적절하고 명확하게 기록할 수 있도록 시간을 주어야 한다.

둘째 : 기억하고자 하는 것을 자신에게 친숙하고 언제든지 쉽게 떠올릴

수 있는 이름, 장소, 날짜와 같은 사물들과 연관시킨다. 예를 들어 고향, 친한 친구, 생일 등이 좋은 예이다. 그렇게 되면 당신의 마인드는 당신이 기억하고자 하는 감각 정보들을 쉽게 기억할 수 있는 사물들과 연관시키고, 나중에 이 사물을 떠올리면 해당하는 감각 정보들도 함께 떠오르게 되는 것이다.

셋째 : 기억하고자 하는 것에 마음을 집중하고 여러 번 반복해서 떠올린다. 이 과정은 마치 아침에 일찍 일어나기 위해서 전날 자기 전에 여러 번 암시를 주는 과정과 유사하다. 우리가 사람들의 이름을 잘 기억하지 못하는 이유는 처음 그 이름을 받아들일 때 그 이름을 제대로 기록하지 못하기 때문이다. 이름을 기억하고 싶은 사람을 소개받은 경우, 그 이름을 제대로 이해했는지 집중하면서 네다섯 번 반복해 본다. 만일 그 이름이 자신이 잘 알고 있는 다른 사람의 이름과 비슷하다면, 그 두 이름을 같이 연계시킨 다음 그 이름을 떠올릴 때마다 그 두 이름을 함께 떠올린다.

기억력을 향상시키거나 원하는 습관을 형성하는 능력은 전적으로 당신에게 달려 있다. 당신은 마음의 감광판에 당신의 목표가 새겨질 때까지 그 목표에만 온 정신을 집중해야 한다. 이렇게 보면 집중력은 다름 아닌 정신을 얼마나 잘 통제하느냐에 달려 있는 것이다.

익숙하지도 않고 생전 처음 보는 문구를 하나 읽은 후 눈을 감아보자. 당신은 그 문구들이 마치 직접 보고 있는 깃처럼 써오르는 것을 알 수 있을 것이다. 사실 당신은 그 문장을 보고 있는 것이다. 다만, 그 대상이 종이가 아니라 당신의 마음속에 있는 감광판에서 읽는다는 것이 다를 뿐이다.

이 실험을 해보면 아마 처음에는 성공하지 못할 것이다. 이는 당신이 그 문장에 집중을 하지 않았기 때문이다. 그러나 이 과정을 여러 번 반복해 보다보면 성공하게 될 것이다.

예를 들어 시를 암기하고자 한다면, 그 문장들을 주의 깊게 살펴보고 눈을 감은 상태에서도 당신의 암시 속에서 그 글들을 읽을 수 있을 때까지 연습을 하면 금방 암기할 수 있다.

실험 대상으로 가장 좋은 것으로는 자신이 가지고 있는 명확한 중점 목표만한 것이 없다. 자신의 중점 목표를 더 이상 보지 않아도 반복할 수 있을 정도로 암기한 다음 아래에 설명된 방법으로 하루에 적어도 두 번 이상 자신의 정신을 그 목표에 집중해 보자.

아무에게도 방해받지 않을 조용한 곳으로 가서 자신의 몸과 마음의 긴장을 완전히 풀어준다. 그 다음에 눈을 감고 손가락들을 귀에 대서 일반적인 음파나 빛의 파동으로부터 격리시킨다. 그 자세로 자기 삶의 최종 목표를 반복한다.

이와 동시에 자신의 상상력을 동원해 자신이 오직 그 목표에 대해서만 집중하고 있는 모습을 상상해 보라. 만일 그 목표의 일부가 돈을 모으는 것이라면 돈을 소유하고 있는 모습을 상상하라.

만일 그 목표의 일부가 집을 소유하는 것이라면 실제로 갖길 원하는 집의 모습을 상상해 보라. 만일 그 목표의 일부가 힘 있고 영향력 있는 대중 연설가라면 훌륭한 바이올리니스트가 연주할 때처럼 관중들을 압도하는 모습을 상상해 보라.

202

인간의 정신은 어떻게 작동하는가

이 책의 전반에 걸쳐서 여러 번 설명했듯이, 성공이란 것은 다른 사람들과의 기술적이고 조화로운 협력에 달려 있다. 일반적으로 다른 사람으로 하여금 자신이 원하는 일을 할 수 있게 하는 방법을 터득한 사람은 어떤 일이건 성공할 수 있다.

이제 집중력 법칙의 클라이맥스인 법칙을 소개하겠다. 이 법칙을 통해 사람들은 서로 영향을 받고 협력이 이루어지며 적대감이 없어지고 우정이 형성될 수 있다.

강요는 언뜻 보면 만족할 만한 결과를 얻을 수 있을 것처럼 보인다. 그러나 결코 오랜 기간 동안의 성공을 얻지는 못할 것이다.

인간의 몸은 물질적인 힘에 따라 구속될 수 있겠지만 정신은 그렇지 않다. 신은 인간에게 자기 자신의 정신을 스스로 통제할 수 있는 권한을 주었고, 이 권리를 행사하는 한 그 어떤 사람도 건전한 사고를 가진 사람의 마인드를 통제할 수는 없다.

그러나 대부분의 사람들이 이 권리를 행사하지 못하고 있다. 그들은 잘못된 교육체제 때문에 그들 정신에 잠재하는 엄청난 힘을 미처 발견하지 못한 채 세상을 헤쳐 나가고 있는 것이다.

가끔씩 아주 우연하게도 자신의 진정한 힘을 발견하고 그것을 산업이나 그 외 분야에 사용히는 사람들을 볼 수 있다. 천재가 태어난 것이다!

인간의 정신은 지속적으로 성장하고 탐험을 하지만 어떤 시점에 이르면 정체된다. 이때 일상에서 벗어난 어떠한 자극이 없으면 그 장애물을 넘지 못하고 그 지점에서 멈추게 된다.

자신의 마인드를 인위적으로 자극해서 장애물을 극복할 수 있도록 해줄 수 있는 방법을 터득한 사람은 그의 노력의 본질이 건설적이라면 명예와 부를 얻을 수 있을 것이다.

만약 이런 과정을 교육할 수 있는 사람은 역사적으로 인간에게 가장 좋은 축복을 줄 수 있는 사람이다. 물론 우리는 이런 일을 해줄 수 있는 자극제나 약물을 모른다. 또한 그런 것들은 일시적으로 장애를 극복할 수 있게 해주는 것 같지만 결국에는 당신을 무너뜨리게 된다.

그러나 우리는 순전히 정신적인 자극제는 알고 있다. 이 자극제는 마스터 마인드가 형성되는 기본 요소들인 강한 흥미, 욕구, 열정, 사랑 등이다. 이런 발견을 한 사람이라면 범죄를 해결하는 데 많은 도움을 준다.

다른 사람의 정신세계에 영향을 미치는 방법을 배운 사람은 그들에게 거의 모든 것을 할 수 있다. 정신은 커다란 땅으로 비유된다. 이 땅은 매우 비옥해서 씨만 뿌리면 많이 수확할 수 있다.

문제는 가장 적당한 씨앗을 고르는 일과 어떻게 씨앗을 뿌려야 뿌리를 잘 내리고 빨리 자랄 수 있는가이다. 우리는 우리의 마인드에 매일, 매시, 매초마다 씨앗을 뿌리고 있다.

그러나 이 과정은 무의식적으로 이루어진다. 우리는 이 과정이 잘 설계된 계획에 따라서 이루어지도록 하는 방법을 배워야 한다. 우리의 마인드에 뿌린 만큼 수확할 수 있기 때문이다. 여기에는 예외란 없다.

성공의
마법열쇠

노력에는 반드시 대가가 수반된다. 그러므로 당신이 어떤 종류의 사업을 하든 명심해야 할 일이 하나 있다. 소비자들로부터 얻을 수 있는 이익을 최소화해라. 소비자에게 이윤을 많이 남기는 것보단 적게 남기고 많이 파는 것이 훨씬 낫다는 점이다.

이 세상에는 부자가 되고 싶어 하는 사람은 많다. 하지만 그 중 99%의 사람은 대개 처음에는 혼신의 힘을 다해 거창한 계획을 마련하지만, 그것을 실행에 옮긴 후 나중에 자신에게 돌아올 성과에 대해서는 생각하지 않는다.

긍정적인 성격의 근본이 되는 생각, 느낌, 행동들을 계발하고 자신의 생각을 힘 있고 설득력 있게 표현하는 방법을 배운다면 자신의 성격을 더욱더 매력적으로 변화시켜 나갈 수 있을 것이다.

긍정적인 사고방식을 가진 사람에겐 그 사람을 더욱 매력적으로 보이게 하는 위대한 힘이 있다. 이 힘은 비록 보이진 않지만 그 힘만큼이나 큰 파워를 가진다. 이 힘을 가진 사람과 대화를 하다보면 비록 많은 말은 하지 않더라도 뭔가 '보이지 않는 힘'을 느낄 수 있을 것이다.

남에게 호감을 줄 수 있는 사람이 되도록 노력하면 얻을 수 있는 가장 큰 이점은 결코 금전적인 것은 아니다. 자신의 인격을 수양함으로써 유쾌한 성품을 가질 수 있는데 이것은 물질적으로든 정신적으로든 큰 이익을 보게 될 것이다. 다른 사람을 즐겁게 하는 것만큼 자신이 행복해지는 일은 없다.

만일 당신이 불평불만에 가득 찬 사람이라면 이 세상은 당신의 불만을 들으려 하지 않을 것이다. 그러나 만일 당신이 우호적이고 낙관적인 사람이라면 세상은 자발적으로 당신의 말을 들으려 할 것이다. 불평불만이 가득한 사람은 유쾌한 성품을 가질 수 없다.

우리는 성공을 거둔 사람들의 도취감을 보면서 그들의 성취에 관심을 갖곤 한다. 그러면서도 과연 그들이 어떤 방법으로 성공을 거뒀는지 그 과정을 분석해 볼 생각은 하지 않는다. 그가 달디단 성공의 열매를 따기까지 얼마나 쓰디쓴 준비의 과정을 거쳤으며 얼마나 많은 희생을 했을지는 생각하지 않는 것이다.

누구든 긍정적인 성격을 갖지 않고는 유쾌한 성품을 지닐 수 없다. 우리가 흔히 말하는 단어 중 '텔레파시'가 있다. 어떤 사람을 처음 봤을 때의 '직감(直感)'을 일컫는데, 처음 접촉하는 사람으로부터 이러한 '직감'을 얻어내지 못할 때는 그 사람을 신뢰할 수 없을 것이다.

칭찬할 수 있는 사람을 하루에 적어도 한 명 이상을 찾아라. 그리고 그 사람을 칭찬하려 노력하라. 이때의 칭찬이란 간사한 아첨과는 분명히 구분되어야 한다. 진정으로 칭찬할 수 있는 사람을 찾아야 한다. 듣는 사람이 감동받을 수 있도록 진심을 다해 칭찬해야 한다.

다른 사람들의 장점에 대해서 툭 터놓고 의욕적으로 칭찬하는 습관은 매우 중요하다. 칭찬하는 과정을 통해 스스로 자긍심을 갖게 되고 다른 사람들로부터 감사하다는 말을 듣게 되면서 점차적으로 자신의 성격이 개선될 수 있기 때문이다. 그렇게 되면 당신의 성품은 크게 바뀔 것이다.

인간의 사고는 사고의 바탕이 되는 기본적인 재료들을 주위 환경에서 모은다. 그리고 습관은 이 사고를 구체화하여 영구적으로 만들고, 사람의 잠재의식 속에 각인시킨다. 이런 잠재의식은 우리의 인격을 구성하는 데 핵심적인 역할을 하므로 이를 통해 우리의 행동방식을 결정한다.

습관은 레코드판에 있는 홈과 같고, 마음은 그 홈을 따라 움직이는 레코드 바늘과 같다. 습관이 잘 형성되면 (사고와 행동의 반복을 통해) 레코드 바늘이 홈에 최대한 밀착되어 따라 움직이는 것과 같이 습관의 본질에 상관없이 마음도 습관을 따라가게 된다.

습관은 우리의 행동방식이 지나게 되는 '정신적 통로'라고 할 수 있다. 이 통로를 지날 때마다 더욱더 길어지고 넓어진다. 당신이 만약 어떤 길을 걸어가야 한다면 장애물이 있는 길 대신에 뻥 뚫린 길을 선호할 것이다. 이는 정신적 행동에서도 마찬가지이다. 즉, 가장 저항이 없는 길을 선택해서 이동하게 된다.

환경은 사고를 형성하는 데 필요한 요소들을 공급하고 습관은 이들을 영구적으로 만든다. 습관이라는 힘은 일반적인 사고를 하는 사람들로부터 인식되지만 대부분의 경우 좋은 측면이 배제된 좋지 않은 면들이 비춰지기 쉽다. 흔히 말하길 모든 사람은 '습관의 창조물'이라고 한다.

오래된 습관을 없애는 데 최선의 방법은 그것을 대체할 반대되는 습관을 갖는 것이다. 새로운 정신적 통로를 형성하여 그것을 따라 살게 되면 오래된 통로는 자연적으로 사용하지 않게 되고 결과적으로 소멸된다. 새로운 정신적 통로를 따라서 생활하면 할수록 그 길은 더욱더 깊고 넓어지게 되며, 그 이후에는 그 습관에 따라 행동하는 것이 더 쉬워진다.

집중력은 일종의 능력을 일컫는다. 어느 한 주제에 친숙해지고 능통할 때까지 마음속에 명심하고 연습하는 능력을 말한다. 어떤 문제를 풀 때까지 그 문제에 계속 집중하고 풀어보려고 노력하는 자세를 말하는 것이다. 다른 말로 하면 집중력이란 생각하고자 하는 바를 사고할 수 있는 능력이다.

성공적인 집중력의 가장 큰 요인은 야망과 욕구이다. 이 두 가지 요소 없이 마법열쇠는 무용지물이다. 왜 수많은 사람들이 성공적인 집중력을 갖는 것에 실패할까? 그것은 야망이 부족함은 물론이요, 욕구도 그다지 뛰어나지 않기 때문이다.

인간의 몸은 물질적인 힘에 따라 구속될 수 있겠지만 정신은 그렇지 않다. 인간에게는 자기 자신의 정신을 스스로 통제할 수 있는 힘이 있다. 자신의 마인드를 인위적으로 자극해서 장애물을 극복할 수 있도록 해줄 수 있는 방법을 터득한 사람은 그의 노력의 본질이 건설적이라면 명예와 부를 얻을 수 있다.

5장
솔선수범은 리더십의 토대

솔선수범은 성공의 필수요소

> 리더십에는 자기 확신이 우선하는데 그것은 자신에 대한 믿음이 없다면, 어느 누구도 훌륭한 리더가 되거나 어떤 일을 솔선수범하여 이끌 수가 없기 때문이다. 리더십은 성공을 이루는 데 필수적인 요소이고 솔선수범은 리더십의 토대가 된다. 그래서 솔선수범과 리더십은 함께 언급된다. 즉, 이 둘은 성공을 이루는 필수요소라 할 수 있는 것이다.

솔선수범(率先垂範)이란 자신이 해야 될 일을, 혹은 주어진 일이 아닌데도 자발적으로 하도록 하는 성질을 말한다. 성공을 위해 아주 훌륭한 성품인 셈인데, 엘버트 허버드(Elbert Hubbard)는 이에 대해 다음과 같이 말하고 있다.

"세상에는 명예와 금전이라는 큰 보상이 주어지는 것이 있는데 솔선수범이 그것이다. '솔선이란 무엇인가? 그것은 누가 말하지 않아도 스스로 하는 것이다.'"

말하지 않아도 올바른 일을 하는 것의 아랫단계로는 '한번 말하면 하는 것'이 있다.

예를 들어 '이 메시지를 가르시아에게 전해주게'라고 했을 때의 상황을 의미한다. 즉, 그 임무를 완수하면 명예는 얻을 것이지만 이에 상응하는 보수를 항상 받는 것은 아니다(《가르시아에게 보내는 편지》 – 편저자 주).

그 다음으로는 뒤에서 '누가 떠밀어야 일을 하는 사람들'이다. 이들은 명예 대신 어떤 이목도 끌지 못할 것이고 적은 액수의 보수를 받을 뿐이다.

마지막으로는 어떻게 해야 하는지 '시범을 보이고 지켜볼 때조차도 하지 않는 사람'이 있다. 그는 일감을 잃을 것이고 경멸을 받을 것이다. 든든한 백(돈 많은 부모 등)이 있다면 일시적으로는 괜찮을지라도 결국 파국을 피해갈 순 없을 것이다.

리더십의 특징 가운데 하나는 솔선수범하지 않는 자에게서 리더십을 발견할 수 없다는 점이다. 리더십은 스스로 만들어가는 것이지 절대로 거저 주어지는 것이 아니다.

자신이 알고 있는 지도자들을 세심하게 분석해본다면 그들은 스스로 솔선수범하며 명확한 목표를 지니고 일해 나간다는 것을 쉽게 알 수 있다. 성공의 중요한 자질 가운데 하나가 바로 솔선수범이기 때문이다.

인간의 노력이 행해지는 모든 분야에서 최초의 시도자는 언제나 대중의 이목을 끌게 마련이다. 이때 리더십이 사람을 통해서든, 아니면 작품을 통해서 드러나든 그곳에는 항상 경쟁과 질투가 존재한다.

예술이든, 문학이든, 운동이든, 아니면 사업이든 상벌의 원리는 항상 동일하다. 보상은 널리 알려지는 것이고, 벌은 격렬한 부인과 비난이다. 어떤 사람의 작품이 전 세계의 표준이 된다는 것은 한편으로 시샘하는 부류의 공격의 대상이 된다는 것을 의미한다.

만약 그의 업석이 평범하기만 하다면 아무도 주목하지 않을 것이나 불후의 걸작이라면 수많은 사람의 손가락질을 받기도 하는 것이다. 즉, 질투는 평범한 그림을 그리는 화가에게 비난의 창끝을 들이대지 않는다.

당신이 무엇을 쓰고 있고, 무엇을 그리던, 무슨 연기 혹은 무슨 노래를 하던 당신의 작품이 천재적이라고 일컬어지지 않는 한 아무도 당신을 능가하려 하거나 중상모략하려고 애쓰지 않을 것이다.

위대한 입직이나 혹은 선한 일이 행해진 한참 후에까지도 실망하고 질투했던 사람들은 자신들은 할 수 없다는 사실에 울부짖으며 그것이 잘못됐다고 주장한다.

우리는 이제부터 대부분의 사람들이 어렵다고 말하는 비즈니스 거래를 성사시키는 데 이런 원칙들이 어떻게 작용했는지를 밝혀보자.

솔선수범과 리더십의 가치

1916년 나는 교육기관을 창설하기 위해 25,000달러의 자금이 필요했다. 당시 나는 그만한 돈도 없었고 은행에 대출신청을 할 수 있는 담보물도 없었다. 그런 상황에서 나는 신세한탄이나 하고 있었을까? 내게 부자 친척이나 선량한 사마리안인이 나타나 돈을 빌려주면 어떻게 해볼 수 있을 텐데 하고 생각했을까? 전혀 그렇지 않다!

이 책의 전 과정을 통해 여러분에게 권하려는 방법 그대로 실행하였다.

우선 필요한 자금을 확보하는 것을 나의 명확한 중점 목표로 설정하였다. 다음으로는 이 목표를 현실로 변환해줄 완벽한 계획을 작성하였다. 그런 다음 넘치는 자기 확신과 솔선수범의 정신으로 계획을 실행에 옮겼다.

그러나 이 '행동'의 단계에 이르기까지는 6주 이상을 연구하고 노력하여 생각을 구체화하는 과정을 거쳤다. 계획이 타당성을 가지려면 신중하게 재료를 선택해야 한다.

여러분은 나의 사례에서 조직적인 노력의 원리가 어떻게 적용되는지와 그 적용을 통해, 각 사슬의 연결점이 다른 사슬을 지지하는 것처럼 여러 요소를 결합시킴으로써 각각의 요소가 강화되고 서로 지지되는 작용을 엿볼 수 있다.

내가 25,000달러가 필요했던 이유는 '광고 및 세일즈맨 직업훈련기관'을 창설할 목적 때문이었다. 이를 위해서는 두 가지 일을 해결해야 했다. 하나는 25,000달러였는데 이것은 나에게 없었다. 다른 하나는 적절한 강의 내용이다. 그것은 이미 내가 가지고 있었다.

그러므로 내 계획의 관건은 어떻게 하면 내가 가지고 있는 것을 필요로 하면서 25,000달러를 제공할 사람을 찾아 나와 연합하느냐였다. 또 그것은 연계된 모든 대상을 만족시킬 수 있는 계획에 따라 추진되어야 했다. 연계된 모든 사람에게 이익이 되는 계획이었다.

계획을 수립한 후 나는 합리적이라 생각되어 만족스러웠고, 이 계획을 명망 있는 비즈니스 칼리지에 제출하였다. 당시 그 대학은 타 대학과 치열한 경쟁을 벌이고 있었고 그들은 경쟁에서 살아남을 계획을 필요로 하고 있었다.

나와 그 대학의 필요를 충족시키는 계획은 대략 다음과 같았다.

"귀교는 이 도시에서 정형내학 부문으로 명망이 높습니다.
그러나 주변의 환경은 이 분야의 치열한 경쟁에서 살아남을 어떤 계획을 필요로 합니다. 저는 이러한 경쟁에서 성공할 수 있는 계획을 가지고 있습니다. 귀교의 명성은 신용의 보증수표나 같습니다.

이 계획을 통해 귀교는 귀교가 원하는 바를 얻을 수 있고 저 또한 제가 원하는 것을 얻을 수 있을 것입니다. 다음은 저의 계획입니다.

저는 '광고 및 판매기술' 과정에 관한 매우 실용적인 안을 작성했습니다. 이 강의는 세일즈맨을 지도하고 트레이닝하는 데 직접 쓰였던 경험과 여러 광고 캠페인을 성공적으로 이끈 본인의 실제 경험을 토대로 작성되었기 때문에 그 효과는 이미 입증된 것과도 같습니다.

만약 귀교의 명망 있는 신용으로 이 강좌를 개설하는 데 도움을 주신다면 귀교의 경영대학에 이 강좌를 정기 커리큘럼의 하나로 개설하고 이 부문에 대해선 전적으로 책임을 지겠습니다. 이 도시 어떤 대학도 이런 강좌가 없는 것을 감안해보면 귀교의 경영대학을 따라잡을 대학은 없을 것입니다.

이 과정을 착수하는 데 귀교에서 홍보를 하신다면 이는 또 다른 정기 강좌의 수요를 촉진시킬 것입니다. 새로 생기는 강좌의 홍보비용을 전액 부담하신다면 곧 이 강좌의 수입으로 홍보비용을 돌려드릴 수 있을 뿐 아니라 다른 학과에 쓰일 자금도 얻을 수 있을 것입니다.

그럼 귀교가 얻게 되는 이러한 이득 말고 본인은 무엇을 얻을 수 있는지 궁금하실 것입니다. 이 강좌로 벌어들인 이익금이 홍보비용과 같아지면 '광고 및 판매기술' 강좌와 담당부서가 제 것이 되어 귀교로부터 떼어내 제 이름으로 운영할 수 있는 권리를 주겠다는 계약을 하길 원합니다."

결론을 얘기한다면 이 계획은 받아들여졌고 계약을 하게 되었다(나는 특별한 담보물도 없이 나의 명확한 목표 하나로 나에겐 없는 25,000달러의 자금을 확보할 수 있었다는 것을 상기해주길 바란다).

일 년 내에 이 대학은 신설된 과정의 홍보와 개설, 새로운 부서를 운영하는 데 필요한 부수비용 등을 위해 25,000달러를 지출하였고, 이 부서가 개설된 후 교과 과정으로 벌어들인 등록금이 결국 이 비용과 일치하게 되었다. 그에 따라 계약조건대로 이 부서를 넘겨받아 자립적인 사업으로 운영하게 되었다.

새 과정의 개설로 대학은 학생들을 모집할 수 있었고 이들은 다른 과에도 관심을 갖는 학생이었을 뿐 아니라 이들로부터 벌어들인 등록금으로 첫해가 끝나기 전에 자영적인 기구로 분리 독립할 수 있었다.

나는 동전 한 닢 없이도 신용만으로 목표를 이룰 수 있었다.

이미 앞에서 내 계획은 타당하여 모든 당사자에게 이익을 안겨줄 수 있었다고 밝힌 바 있다. 나는 25,000달러를 사용한 효과를 거둠으로써 첫해의 연말에 내 사업을 운영할 수 있게 되었다. 또 대학은 대학의 명의로 이루어진 이 강좌의 광고효과에 따라 안정된 자금의 공급원으로 학생을 확보할 수 있었고 새로운 강좌를 개설할 수 있었다.

오늘날 이 대학의 '광고 및 세일즈맨 직업훈련기관'은 경영부문에서 가장 성공적인 사례로 꼽히고 있으며, 연계된 노력의 가치를 보여주는 기념비적 증인이라 할 수 있다.

어떤 목표를 달성할 수 있는 계획과 방식은 많이 있으며, 그때 채택한 수단이 종종 최상의 것이 아닌 경우가 허다하다. 앞에서 예로 든 경우에 취해지는 통상적인 방법은 은행으로부터 대출을 받는 것이다.

그런데 충분한 담보물이 존재하지 않는 한 이 방법은 과히 실제적이지 못하며 더 중요한 것은 부수적인 효과를 얻을 수 없기 때문에 실용적이지 못하다는 것이다.

어느 위대한 철학자가 말하기를 '솔선수범이란 기회로 향하는 문을 여는 열쇠'라고 하였다. 나는 지금 그 철학자가 누군지 기억은 나지 않지만 그와 같은 말을 한 걸로 보아 위대한 철학자임이 틀림없다.

리더십의 두 가지 의미

이제 솔선수범과 리더십의 개발을 위해 반드시 따라야 하는 다음 단계를 살펴볼 때가 되었다. 논의를 더 진행하기에 앞서 이 책에서 '리더십'의 의미가 무엇인지 먼저 짚고 넘어갈 필요가 있다.

리더십에는 두 가지 의미가 있다. 하나는 파괴적이고 치명적으로 작용하는 데 반해, 다른 하나는 건설적이고 유익하게 작용한다.

파괴적인 리더십은 성공으로 이끌기는커녕 100% 실패로 이끈다. 이는 자신의 리더십을 원하지 않는 부하에게 강요하는 사이비 지도자의 경우이다. 이 책에서는 그런 종류의 리더십을 상세히 설명할 필요는 없을 것이다.

이론이 있을 수 있지만 크게 봐서 나폴레옹의 리더십도 여기에 해당하는 경우이다.

나폴레옹은 리더였다. 이에 대해서는 의심의 여지가 없지만 그는 자신과 자신의 부하들을 파멸의 길로 이끌었다. 구체적인 것은 프랑스 역사를 보면 알 수 있다.

이 책에서 권하고 싶은 리더십은 나폴레옹 스타일의 리더십이 아니다. 그가 위대한 지도자로서의 필요한 제반 요건을 모두 갖췄다고 인정한다 하더라도 타인에게 도움을 주려는 정신이 결여되었기 때문이다.

그의 리더십을 통해 나타난 권력욕은 순전히 자기 권력의 확대를 위한 것이었다. 그러므로 나폴레옹의 경우 그의 리더십을 향한 욕구는 개인의 야망을 위해서였을 뿐, 국가적 차원에서 프랑스 국민들을 좀더 향상된 환경으로 이끌고 싶은 욕구는 아니었다.

이 책에서 다룰 리더십은 자기 결정과 자유, 자기계발과 계몽, 그리고 정의로 향하는 의미의 리더십이다. 이러한 리더십이 영원히 지속되는 것이다. 예를 들어 나폴레옹처럼 자기를 돋보이기 위해 사용했던 리더십과는 정반대의 의미를 지닌 것으로서 링컨 대통령의 경우를 보자.

그의 리더십이 목표로 하고 있는 것은 진리와 정의, 그리고 미국 국민에 대한 이해였다. 그는 이런 리더십에 대한 믿음으로 순교자가 되었지만, 그의 이름은 오직 선(善)으로 작용한, 사랑을 실천한 이름으로 전 세계인의 가슴에 새겨졌다.

링컨과 나폴레옹 모두 전쟁시에 군대를 이끌었으나 낮과 밤이 서로 다른 것처럼 이 둘의 리더십은 차이가 확연했다. 이 책의 토대가 되는 원리를 이해하고 있는 녹자라면, 나폴레옹이나 링컨의 리더십의 차이는 잘 판단할 수 있다.

물론 더 쉽게는 여러분 주위에서 나폴레옹 스타일과 링컨 스타일의 리더를 골라 분석해보는 것이다. 문제는 어떤 종류의 리더십을 택하고 따를 것인지를 결정하는 것인데 그것은 전적으로 각자가 판단할 문제다.

이제 당신은 이 책에서 추천하는 리더십이 어떤 것인지 파악했을 것이고 또한 어떤 것을 당신의 것으로 받아들어야 할지에 대해서도 의문이 들지 않을 것이다.

이 책은 이에 대해서 어떠한 선택도 강요하지 않을 것이다. 왜냐하면 이 책은 독자들이 힘을 계발시킬 기본적인 원리를 보여주는 것이지, 윤리적인 설교를 하려는 것은 아니기 때문이다.

나는 이 책을 통해 원리를 제시할 때는 파괴적인 것과 건설적인 것을 함께 제시해 여러분이 이 둘에 모두 익숙해지기를 바란다. 아울러 여러분의 지적 능력이 현명한 판단을 내리게 되리라는 믿음으로 이러한 원리의 선택과 적용은 여러분의 결정에 맡기기로 하겠다.

이 책의 원고에 잉크가 마르기도 전에 이에 대한 악의에 찬 질타의 목소리가 들려왔다. 처음 출판되었을 때 나와 이 철학에 대해 혹독한 비평이 쏟아졌다.

소위 예술계라는 곳의 악의에 찬 목소리들은 위슬러(Whistler)마저도 협잡꾼이라고 비난했으나 결국 온 세상이 그는 천재적인 위대한 예술가라고 인정하게 되었다.

군중들이 와그너(Wagner)의 연주를 보기 위해 음악신전에 몰려들었을 때 한켠에서는 그에게서 인정받지 못한 소그룹은 그가 음악가도 아니라고 목소리를 높였었다.

몇몇 사람들은 풀톤(Fulton)이 증기선을 띄울 수 없을 것이라고 계속 지껄였지만 군중들은 그의 증기선이 떠가는 걸 보러 제방에 몰려들었다.

헨리 포드에 대해서도 소견 좁은 사람들이 오래 가지 못하리라고 빈정거렸지만 그런 유치한 의견들을 훌쩍 뛰어넘어 그의 사업은 성공하였고, 그는 세상에서 가장 영향력 있고 부유한 사람이 되었다.

리더는 그가 리더이기 때문에 공격당하는 것이고 그와 같아지려는 다른 사람의 노력은 그의 리더십을 입증해주는 증거에 지나지 않는다.

지도자와 대등하거나 넘어서려는 시도에 실패하면 그들은 오히려 가치를 깎아내리고 파괴하려 하지만, 이런 것들은 다만 그 지도자가 우위에 있다는 점을 증명해 줄 뿐이다. 이 사실엔 예외가 없다.

야망, 탐욕, 질투, 두려움, 그리고 남보다 뛰어나고 싶은 욕망은 우주의 나이만큼이나 혹은 인간의 역사, 열망의 역사만큼이나 오래된 것들이다. 그러나 모두 아무런 소용이 없는 시도들이다.

지도자가 진실한 리더라면 그는 끝까지 지도자로 남을 것이다!

불후의 시나 그림, 그리고 대가는 공격을 받을지라도 세대를 뛰어넘어 승리의 월계관은 계속 쓰고 있다. 뛰어나고, 옳고, 위대한 것은 아무리 그것을 반대하는 목소리가 크더라도 알려지게 마련이다.

신성한 리너는 실부어린 자의 거짓소리에 손상받거나 쓰러지지 않는다. 왜냐하면 그러한 모든 시도는 결국 그의 능력을 돋보이게 할 뿐 아니라 진정한 능력은 항상 호의적인 추종자를 거느리게 되기 때문이다.

진정한 리더십을 파괴하려는 시도는 에너지 낭비이다. 왜냐하면 그것은 살아남을 것이므로!

🪨 덕목을 갖추기 위한 조치들

> 자기 스스로 실천하지 않으면서 남에게 솔선수범하라고 말할 수는 없다. 자기암시의 원리가 작용하기 때문에 다른 사람에게 하는 모든 말들은 자신도 모르는 사이에 잠재의식 속에 남아 있게 된다. 이에는 당신의 발언이 참이냐, 아니냐에 관계없이 적용되는 현상이다.

이제부터는 논의를 실질적으로 진행하여 솔선수범과 리더십의 덕목을 갖춘 사람이 되기 위해서 따라야 할 정확한 절차를 알아보기로 하겠다.

첫 번째, 미루는 습관을 파악하고 그것을 제거해야 한다.

지난 주, 작년 혹은 수년 전에 했어야 했을 일을 내일로 미루는 습관은 당신을 좀먹는 것이며, 이것을 벗어버릴 때까지 당신은 어떤 큰일도 성취할 수 없을 것이다.

이러한 미루는 습관을 없앨 수 있는 방법으로 널리 알려져 있고 과학적으로 검증된 심리학의 원칙은 자기암시의 방법이며 이미 앞에서 다루어진 바 있다. 이를 위해 다음의 신조를 복사해서 눈에 잘 띄는 곳에 붙여놓고 잠들 때나 아침에 일어나서 읽어보도록 하라.

인생의 명확한 중점 목표를 설정한 나는 이를 현실화하는 것이 급선무임을 이해한다. 그래서 나는 명확한 중점 목표의 달성을 위한 그날에 가까워지기 위해 매일 구체적 행동을 취하는 습관을 형성할 것이다.

나는 미루는 습관이 모든 업무에 리더가 되는 데 가장 치명적인 적임을 인식하고 다음과 같은 절차로 제거할 것이다.

A. 누가 시키지 않아도 매일 한 가지씩, 반드시 이루어져야 하는 일을 구체적으로 한다.

B. 적어도 하루에 한 가지씩, 다음과 같은 일을 찾아내어 대가를 기대하지 않고 진행한다.

- 내가 할 수 있는 일이고
- 그동안 내가 하지 않았던 일 가운데
- 남들에게 도움이 될 수 있는 일

C. 매일 적어도 한 사람에게, 누가 시키지 않아도 해야 할 일을 하는 습관이 얼마나 좋은지에 대해 얘기한다.

- 나는 사람의 근육은 얼마나 쓰느냐에 따라 강화되는 것처럼 솔선수범의 습관도 실천해야만 확고하게 자리잡을 수 있다는 것을 이해한다.

- 나는 이 솔선수범의 습관을 개발하기 위해선 내 일상생활 속의 작고 평범한 일에서부터 시작해야 된다는 것을 알고 있다. 그러므로 이 솔선수범의 습관을 개발하는 것이 전부인 것처럼 매일의 업무에 임할 것이다.
- 나는 일상생활에서 솔선수범하는 습관을 연습함으로써 이 습관을 내 것으로 만들 수 있을 뿐 아니라, 이 실행에 따라 다른 사람의 주의를 끌 수 있고, 그로써 그들도 솔선수범의 가치에 주목하게 된다고 생각한다.

서명 ＿＿＿＿＿＿＿＿＿＿＿＿

유일한 한계는 자신의 마음속에 있다

지금 당신이 하는 일이 무엇이든 간에 주어진 일상의 업무 외에도 남에게 도움이 될 수 있는 무언가를 할 수 있는 기회가 매일 있을 것이다. 당신이 자발적으로 이런 일을 한다는 것은 그 일로부터 금전적 보상을 바라는 것이 아님을 이해해야 한다.

당신은 그런 봉사를 통해 뛰어난 인물이 되기 위해선 반드시 갖춰야 할 솔선수범의 정신을 연마하고 개발할 수 있기 때문이다.

단지 돈만을 위해 일하는 자들은 돈밖에 얻는 것이 없을 것이고, 그들은 얼마를 받든지 간에 적다고 느낄 것이다. 돈도 중요하지만 인생의 더 큰 가치는 단지 돈으로만 판단될 수는 없다.

아무리 큰 액수의 돈도 좀더 깊은 도랑을 파고, 더 튼튼한 닭장을 만들고, 더 깨끗이 청소를 하고, 더 맛있는 음식을 만드는 사람이 가질 수 있는 행복과 기쁨, 자부심을 대체할 수는 없다.

평범한 사람일지라도 모든 사람은 '보통'보다는 좀더 일을 잘하고 싶어한다. 예술작품을 창조할 때의 기쁨은 돈이나 기타 물질적 보상으로는 대체될 수 없는 것이다.

나는 젊은 여성을 고용하고 있는데 그녀의 업무는 내게 온 개인 우편물을 개봉하고 분류한 후 답장을 써주는 일이다. 일종의 속기사 업무였다. 그녀가 나와 일한 지도 3년이 넘어간다.

그 당시 그녀의 업무는 필요할 때마다 나의 구술(口述)을 받아 적는 일이었다. 봉급도 다른 속기사와 비슷했다. 어느 날 나는 그녀에게 다음과 같은 모토를 전해주며 타자해 달라고 부탁하였다.

'당신의 유일한 한계는 당신이 마음속에 이미 정해놓은 한계와 같다.'

그녀가 작성된 문서를 건네주면서 "이 표어는 당신뿐 아니라 저에게도 커다란 도움이 되는 것 같습니다"라고 말하였다.

나는 그녀에게 도움이 되었다면 그것으로 나도 기쁘다고 말은 하였지만 사실 그렇게 특별히 인상에 남는 사건은 아니었다. 그러나 바로 그날부터 이것이 그녀에게 중대한 인상을 남겼다는 것을 알게 되었다. 그녀는 저녁을 먹고 나서도 사무실에 들어와 시키지 않은 일도 보수 없이 하기 시작했다.

아무도 일러주지 않았는데도 그녀는 내 편지에 답장을 하기 시작했다.

더군다나 그녀는 나의 스타일을 연구하고 내가 했음직한 대로, 혹은 그보다 훌륭하게 답을 해주기 시작했던 것이다. 이렇게 내 개인비서가 그만둘 때까지 이 일을 해왔다. 그래서 이 비서 자리를 누구로 채울까 생각하다가 자연스럽게 그녀를 쓰는 게 좋겠다고 생각하게 되었다.

내가 그녀에게 비서 자리를 제안하기 전에 그녀는 이미 솔선하여 비서 업무를 해오고 있었던 것이다. 그녀가 비서가 된 것은 말할 것도 없다. 그녀는 초과수당도 없이 업무시간 외에 그녀 자신의 시간을 들여 최상의 직위를 위한 준비를 스스로 해왔던 것이다.

그러나 이에 그치지 않았다. 그녀는 일을 완벽하고 깔끔하게 해치워 다른 회사에서도 스카우트 제의를 받기 시작했다. 나는 그녀의 봉급을 여러 번 올려주었고 지금은 그녀가 처음 속기사로 일했을 때 받았던 봉급의 네 배를 받고 일하고 있다. 요즘은 그녀가 없으면 업무에 지장이 생길만큼 중요한 직원이 되었다.

이것이 솔선수범에 관한 실제적이고도 수긍할 만한 예가 될 것이다.

만약 여러분이 생각하기에 이 여성이 얻은 것이 봉급 인상뿐이라고 한다면 솔선수범에 대한 나의 설명은 실패한 것이다. 이 솔선수범으로 말미암아 그녀는 '신바람' 정신을 얻게 되었고, 이것으로 대다수의 속기사는 맛보지 못한 행복을 만끽하게 된 것이다.

그녀에게 일이란 단순히 업무가 아니라 신나고 흥미진진한 놀이가 되었다. 그녀가 다른 속기사보다 일찍 출근하고, 남들은 시계만 쳐다보고 있다가 5시 '땡' 하면 퇴근하기 바쁠 때에도 늦게까지 남아서 일을 하지만 그녀에겐 이 시간이 오히려 남들보다 짧게 느껴졌다.

작업시간은 자신의 업무에 즐거움을 느끼는 사람에게 그렇게 중요한 문제가 아닌 것이다.

솔선수범을 기를 수 있는 방법

앞의 사례에서 살펴봤던 심리적인 원리들을 염두에 두면서 어떻게 하면 솔선수범과 리더십을 기를 것인지에 대한 다음 과정을 알아보도록 하자.

두 번째, 행복을 얻는 유일한 방법은 다른 사람에게 행복을 줌으로써 가능하다는 사실이다.

솔선수범도 마찬가지이다. 당신은 동료 혹은 다른 사람에게 이익이 되는 일을 함으로써 이 솔선수범의 정신을 기를 수 있을 것이다.

'가르치면서 배운다'는 말이 있다. 지금 설명에 부합하는 경구이다. 가령 누군가가 새로운 종교를 믿게 되었다면, 그가 맨 처음 해야 하는 일은 남에게 그 종교를 '전파'하는 일이 될 것이다. 그리고 다른 사람들을 감화(感化)시킨 만큼 자기 스스로도 감화가 되는 것이다.

세일즈에서는 다른 사람에게 성공적으로 판매하려면 먼저 자기 자신에게 팔 수 있어야 한다. 뒤집어 말하면 다른 사람에게 팔려는 것을 자신에게 팔 수 없다면 이는 '아무에게도 팔 수 없다'는 말과 동의어라고 보면 된다.

다른 사람을 믿게 하기 위해 어떤 구절을 반복해서 말하다 보면 자기 자신도 그것을 믿게 된다. 이것은 그 진술이 사실이든, 아니든 상관없이 적용되는 원리이다.

당신은 이제 자진해서 솔선수범에 대해 말하고, 이에 대해(잠잘 때나 식사할 때나) 생각하고, 그리고 솔선수범을 실행하는 효과에 대해 알 것이다. 이렇게 하면 사람들은 행동으로 솔선하는 사람을 기꺼이 자발적으로 따르게 마련이므로 당신은 솔선수범과 리더십을 갖춘 사람이 되는 것이다.

당신은 직장에서, 그리고 지역사회에서 다른 사람들과 교류를 하고 있다. 솔선수범의 개발을 통해 당신에게 관심을 가질 모든 사람에게 이익이 되는 일을 하라. 당신이 왜 그러한 일을 하는지 이유를 밝힐 필요도 없고, 그런 일을 할 것이라고 밝힐 필요도 없다.

단지 솔선하여 그 일을 해보라. 당신이 그렇게 하는 것이 당신에게도 도움이 되지만, 다른 사람에게도 – 어떤 피해도 주지 않으면서 – 도움을 주는 것이라고 알게 될 것이다.

만일 당신이 재미도 있으면서 유익한 실험을 시도해보고 싶다면, 주위에서 자신이 해야 할 일을 전혀 안하는 사람을 선택해 솔선수범의 정신을 알려보자. 솔선수범에 관련된 이야기를 화제에 올리되 한번에 머무르지 말고 틈이 날 때마다 그에게 당신의 생각을 전달해보라.

이때는 매번 좀 다른 각도에서 접근을 하라. 만약 당신이 이 실험을 빈틈없고 설득력 있게 실행한다면 머지않아 실험의 적용 대상인 그에게서 변화를 발견할 수 있다. 그리고 당신은 더 중요한 변화가 일어났음을 느끼게 될 것이다. 바로 당신 자신에게 일어난 변화이다.

이런 실험은 꼭 시도해 보기를 당부드린다.

자기 스스로 실천하지 않으면서 남에게 솔선수범하라고 말할 수는 없
다. 자기암시의 원리가 작용하기 때문에 다른 사람에게 하는 모든 말들
은 자신도 모르는 사이에 잠재의식 속에 남아 있게 된다. 이에는 당신의
발언이 참이냐, 아니냐에 관계없이 적용되는 현상이다.

당신은 이런 속담을 자주 들어봤을 것이다.

"칼로 흥한 자는 칼로 망한다."

이를 풀이하자면, 우리가 다른 사람들에게 영향을 미쳐 그들이 형성한
성격이나 특질로 자신도 영향을 받게 된다는 의미이다. 만약 우리가 다
른 사람들에게 솔선수범의 습관을 들이도록 한다면, 마찬가지로 우리 자
신도 동일한 습관을 들이게 된다.

남에게 증오와 시기, 실망의 씨앗을 뿌린다면 이러한 것들이 자기 자신
에게 돌아올 것이다. 이러한 원리가 잘 구현된 것이 호손(Hawthorne)의
소설 《큰 바위 얼굴(The Great Stone Face)》이다.

다 알 듯이 이 책에는 '사람들은 자기가 가장 존경하는 사람을 닮아간
다'는 내용이다. 솔선수범의 원리를 잘 나타내고 있는 이 책을 모든 부모
들은 아이들에게 읽혀야 할 것이다.

팀워크와 협력에 따른 번영

자, 이제 우리는 솔선수범과 리더십을 개발하기 위해 반드시 따라야 할

세 번째 단계의 논의로 돌아가 보자.

　세 번째, 이 단계에서는 이미 언급된 바 있는 조직화된 노력의 원칙을 되돌아보기로 하겠다.

　여러분도 이미 다른 사람의 도움과 협조 없이는 장기적으로 지속되는 성과를 거둘 수 없다는 것을 경험으로 알고 있을 것이다. 또한 조화와 이해의 바탕에서 두 사람 혹은 더 많은 사람이 서로 연계할 때 각자의 능력이 증대되어 성취도가 높아지는 점도 이미 알고 있을 것이다.

　다른 어떤 분야보다 노사간에 완벽한 팀워크가 있는 산업현장이나 사업체 내에서 이러한 원리가 확실하게 적용됨을 알 수 있다. 팀워크가 잘 이루어지는 곳에선 번영과 쌍방간의 호의를 쉽게 찾아볼 수 있다. 팀워크가 없는 곳에서는 번창도 없다.

　영어 단어 가운데 협력(Co-operation)만큼 중요한 단어는 없을 것이다. 이 협력은 가정에서만 봐도 부부간에 혹은 부모와 자식간의 관계에서 중요한 역할을 수행한다. 전 국가적인 차원에서도 협력의 중요성은 매우 크다. 이 협력의 원칙을 리더십에 적용하지 못하는 지도자는 힘을 얻거나 오래 지속될 수 없다.

　협력이 결여된다면 다른 어떤 요인보다 기업체에 치명적인 영향을 끼친다. 25년간 실제 사업을 운영하고 관찰하면서 이 협력의 원칙을 적용하지 못하고 불화로 많은 기업체가 실패로 돌아가는 많은 사례를 보았다. 또한 부부간 협력의 결여로 가정과 가정법원에서 분쟁이 끊이지 않는 것 역시 보아왔다.

228

국가간의 역사만 돌아봐도, 협력의 결여로 인류의 퇴보를 가져왔다는 명백한 사실들을 알 수 있다. 역사를 연구하는 과정에서 당신은 협력의 교훈을 마음 깊이 새길 수 있다.

국가도 다른 국가들과의 협력 없이는 고통을 받는다는 – 세계의 어느 한 지역에서 전쟁이 나면 동시에 세계 전체에 고통이 미치게 된다 – 사실을 아직 깨닫지 못하고 있어 당신과 당신의 자식을 포함한 자손들이 파괴적인 전쟁으로 값비싼 대가를 치르고 있고 계속해서 치러야 할 것이다.

협력정신의 기초원리에 대해 좀더 자세히 알고자 한다면 도서관에 가서 벤자민 키드(Benjamin Kidd)의 《힘의 과학(The Science of Power)》을 읽어보도록 권하고 싶다. 내가 지난 20년간 읽어본 세상의 모든 책들 중에서 이 책만큼 협력의 가능성에 대해 완벽하게 이해할 수 있게 해준 책이 없었다.

이 책을 여러분에게 권하지만 어떤 이론에서는 나와는 의견이 다르기 때문에 이 책의 모든 내용에 대해 전적으로 동의하는 것은 아니다.

여러분이 이 책을 읽게 된다면 마음을 열고 당신의 명확한 중점 목표의 달성에 도움이 된다고 생각되는 부분만을 취하길 바란다. 이 책은 당신의 사고를 자극할 것이고 그 점이 가장 커다란 이점이라고 생각한다.

사실 이 책이 추구하는 가장 주요한 목표도 신중한 사고의 촉진에 있다고 할 것이다. 그 중에서도 특히 온갖 편견과 고정관념으로부터의 자유로운 사고, 그리고 언제, 어디서 혹은 어떤 방식을 적용하든 진리를 추구하는 사고를 하도록 자극하는 것에 그 목표가 있다.

진정한 리더십의 구성요소

리더십은 무엇으로 구성되어 있으며 리더가 되기 위해 무엇을 해야 하는가? 성공이 여러 가지 요소의 복합체인 것처럼 리더십 또한 여러 자질들의 복합체이다. 가장 중요한 리더십의 특질들을 꼽으라면 자신감, 도덕적 우위, 자기희생, 온정(溫情)주의, 공정성, 결단력, 위엄, 용기 등이다.

나는 1차 세계대전 중에 다행스럽게도 어떻게 하면 리더가 될 수 있는가에 대한 한 위대한 군인의 연설을 들을 기회가 있었다. 이 연설은 포트 쉐리단(Fort Sheridon)의 제2훈련소에서 장교 지망생들을 상대로 이루어졌다. 성품이 조용하고 겸손한 장교이며 지도관이었던 바크(Major C.A. Bach) 소령이 행한 연설이었다.

나는 이 연설의 기록을 보관하고 있다. 이 연설은 리더십에 관한한 최고의 경전이라 생각한다.

그의 연설에 나타나는 지혜는 리더십을 기르고 싶은 경영인, 어떤 분야의 책임자에서부터 속기사, 매장관리자에 이르기까지 누구에게나 필수적이라고 판단되어 이 책의 일부로 삼고자 보관한 것이다.

그리고 리더십에 관한 이처럼 훌륭한 연설이 모든 고용인과 노동자, 그리고 리더십을 기르고자 하는 모든 사람들에게 실제적으로 적용되었으면 하는 게 나의 솔직한 바람이다.

이 연설이 기초로 하고 있는 원리는 전쟁터에서의 지휘관들의 지도에도 성공적으로 쓰일 수 있는 만큼 경영과 산업, 재정분야의 리더십에도 적용 가능하다.

바크 소령의 연설은 다음과 같다.

"제군들은 이제 곧 사병들의 목숨을 다루는 임무를 맡게 됩니다. 그들은 제군들의 지도와 편달을 바라는 충실한, 그러나 아직 훈련되지 않은 군인으로서 이들은 전적으로 제군들의 책임 하에 있게 됩니다.

제군들의 말은 곧 그들의 법이 될 것입니다. 제군이 무심코 던진 말도 기억될 것이고 제군의 습관 또한 그들은 흉내낼 것입니다. 제군들의 의복, 몸가짐, 심지어 제군이 쓰는 어휘나 명령을 내리는 방법들도 모방될 것입니다.

제군들이 각자 부대에 배치되면, 거기에는 제군들에게 충성을 바치고 존경하고 복종할 준비를 하면서 제군들의 지시가 떨어지기만을 기다리고 있는 군인들을 접하게 될 것입니다. 그들은 제군들이 그들을 지휘할 수 있는 자질을 갖추고 있다는 사실만 확인되면 기꺼이, 그리고 열심히 제군들의 명령에 복종할 것입니다.

그러나 제군들이 그런 자질을 갖추고 있지 못하다고 그들이 느끼게 되면 제군들은 작별을 고하는 편이 나을 것입니다. 그런 상황이 온다면 조직에서의 제군의 필요성도 끝을 보는 것입니다.

지도자와 추종자의 차이

사회적 관점에서 볼 때 이 세상은 크게 지도자와 추종자로 나뉠 수 있을 것입니다. 학계에도 지도자가 있고 경제계에도 지도자가 있습니다. 순수한 리더십이란 개인의 영리나 이익을 위한 이기적인 요소들이 섞여 있지 않은 것이고 이러한 요소가 있다면 리더십은 그 가치를 잃을 것입니다.

인간이 자발적으로 신조를 위해 자신의 목숨을 희생하고 그릇된 것을 지양하고 옳은 것을 위해 기꺼이 죽고자 하는 것은 군대에만 있는데, 여기에서 우리는 가장 고귀하고 정의로운 의미에서의 리더십을 인식할 수 있습니다. 그래서 본인이 리더십을 얘기할 경우에는 군대식 리더십을 의미하는 것입니다.

며칠 후면 제군들은 대부분 장교로 임명을 받게 될 것입니다. 이러한 임명이 제군들을 리더로 만들어주는 것이 아닙니다. 그것은 다만 제군들을 장교로 만들어줄 뿐입니다.

따라서 제군들은 적절한 자질이 있을 때에만 리더로서의 자리를 얻게 될 것입니다. 또한 제군들은 제군들의 상관뿐 아니라 부하들에게 더욱 잘해야 할 것입니다.

군인들은 전쟁터에서 지휘관을 따라야 하고 또 따를 것이지만 그들이 복종하는 것은 자진해서 우러나오는 것이 아니고 규율일 뿐입니다. 그들은 '저 장교가 다음엔 대체 뭘 하려는 거지?'라는 의심과 두려움을 속으로 가지고 있을 것입니다.

그들은 장교의 명령을 따를 것이지만 그 이상은 아닙니다. 사령관에 대한 헌신, 위험을 무릅쓰는 숭고한 열정, 전우를 구출하는 자기희생 같은 것에 대해 그들은 크게 관심이 없을 것입니다. 단지, 머리와 훈련이 해야 한다고 말하는 대로 다리를 움직일 뿐입니다. 그들의 정신은 그들의 전진과는 아무런 관련이 없습니다.

차갑고 수동적이고 둔감한 군인들은 결코 위대한 업적을 이뤄내지 못합니다. 그들은 그리 멀리 전진하려 들지 않으며 될 수 있는 한 그만두려 합니다.

리더십은 자발적이고 망설임 없고 흔들림 없는 복종과 충성을 요구하고 이러한 것들이 따르게 마련입니다. 게다가 필요하다면 지휘관을 따라 지옥에라도 갔다가 다시 돌아올 수 있는 헌신을 요구합니다.

이제 제군들은 다음과 같이 자문(自問)할 것입니다.

'그러면 리더십은 대체 무엇으로 구성되어 있는 거지? 리더가 되기 위해 나는 무엇을 해야 하지? 리더십을 이루는 특질은 무엇이고, 나는 어떻게 그것들을 길러내지?

리더십은 여러 자질들의 복합체입니다(마치 성공이 이 책에서 다루고 있는 15가지 요소의 복합체인 것처럼). 그 중에서 가장 중요한 요소로 나는 자신감, 도덕적 우위, 자기희생, 온정(溫情)주의, 공정성, 결단력, 위엄, 용기 등을 들고 싶습니다.

첫 번째 요소, 자신감

자신감은 첫째, 정확한 지식으로부터, 둘째, 그 지식을 전파할 수 있는 능력으로부터, 셋째, 당신을 따르는 타인에 대한 우월감으로부터 생겨납니다. 이런 모든 것들이 장교로서 균형을 잡게 해줍니다. 다른 사람을 이끌기 위해서 제군들은 알고 있어야 합니다.

어쩌다 제군들은 병사들 앞에서 허세를 부리고 넘어갈 수도 있겠지만 매번 그런 식으로 넘어갈 수는 없는 것입니다. 병사들은 자신의 임무를 잘 모르는 장교를 따르지 않습니다. 그러므로 여러분은 기초부터 철저히 알고 있어야 병사들의 신뢰를 얻게 됩니다.

장교는 자신의 하사관과 행정병보다 사무실 업무를 잘 알고 있어야 하고 취사병보다 급식에 대해, 군마 담당 하사관보다 말의 질병에 대해 더 잘 알고 있어야 합니다. 장교는 중대의 누구보다 총을 잘 쏘거나 적어도 같은 수준은 되어야 합니다.

만약 장교가 업무를 모른다면, 또한 그가 모르는 사실을 시인한다면 병사들이 '자기나 잘하라지. 장교가 나만큼도 모르잖아' 라고 말하는 것은 당연하며, 더 나아가 장교의 지시를 무시할 것입니다.

정확한 지식을 대체할 수 있는 것은 아무것도 없습니다!

정보에 통달하면 병사들은 당신을 찾아와 자문을 구할 것이고 그는 동기들에게 '그에게 가봐. 모르는 게 없어' 라고 할 것입니다.

장교는 자신의 업무를 속속들이 알아야 할 뿐 아니라 자신보다 두 계급 높은 상관의 업무에 대해서도 연구해야 합니다. 이로써 효과를 배가시킬 수 있습니다. 자기 스스로 전장에서 주어질 임무에 준비가 되어 있을 것이고, 더 나아가 넓은 안목을 길러 명령을 내려야 할 때 자신감이 있고 그 실행에 좀더 합리적으로 대처할 수 있게 되기 때문입니다.

장교는 자신이 해야 할 일을 알아야 할 뿐 아니라 아는 것을 체계적이고 흥미 있게 또 힘찬 어휘로 구사할 수 있어야 합니다. 두 다리로 당당히 서서 당황하지 않고 말할 수 있어야 합니다.

저는 영국 캠프에선 예비 장교들이 그들이 정한 아무 주제에 대해 10분 동안 발언을 한다고 들었습니다. 이는 매우 훌륭한 방안입니다. 왜냐하면 명확하게 말하기 위해서는 명확하게 사고해야 하고, 이런 명확하고 논리적인 사고는 그 자체로 명확하고 확실한 명령을 표현할 수 있기 때문입니다.

두 번째 요소, 도덕적 우위

자신감이 부하들보다 많이 앎으로써 얻어질 수 있는 리더십의 요소라면, 도덕적 우위라는 것은 여러분이 좀더 나은 사람이라는 믿음에서 얻어질 수 있습니다. 이러한 우월감을 획득하고 유지하기 위해선 제군들은 반드시 자제력, 체력과 끈기, 정신력을 지녀야 합니다.

제군들은 자제력을 갖춰 전장에서 놀라 굳을지라도 이러한 공포를 내비쳐서는 안 될 것입니다. 만약 손을 떨거나 당황한 동작을 보이거나 표정이 변하고 경솔한 명령을 내렸다가 다시 성급하게 취소한다면 제군들의 불안한 마음상태가 부하들에게는 더욱 강도가 높게 반영될 것이기 때문입니다.

요새나 캠프에서 제군들은 스스로의 한계를 시험하고 마음의 균형을 잃으며 성질을 내게 할 여러 상황을 겪게 될 것입니다. 이러한 상황에서 만약 여러분이 자제심을 잃는다면 병사들을 통솔할 자격이 없습니다. 자제력을 잃고 흥분한 사람의 말과 행동은 거의 대부분 후회를 부르기 때문입니다.

장교는 어떠한 경우에도 병사에게 사과를 해서는 안 됩니다. 이는 장교는 병사들에게 사과해야 하는 상황이 발생하는 잘못을 저지르면 절대로 안 된다는 것을 의미합니다.

도덕적 우위를 얻게 하는 또 다른 요소는 충분한 신체의 활력과 난관들을 견딜 수 있게 하는 끈기입니다. 그리고 그러한 난관을 즐겁게 받아들일 뿐 아니라 최소화할 수 있게 하는 불굴의 정신입니다. 이것은 부하들을 유쾌하게 받아들이면서도 그들을 왜소하게 만들기 위해 필요한 조건들입니다.

자신 앞에 놓인 어려움들을 얕보고 시련을 대수롭지 않게 여긴다면 스트레스라곤 없는 정신을 조직화시킬 수 있을 것입니다.

정신력은 도덕적 우위를 얻기 위한 세 번째 요소입니다.

정신력을 발휘하기 위해서 제군들은 청렴하게 살아야 합니다. 그러면서 제군들은 무엇이 옳고 그른지를 판단할 두뇌와 선을 실천할 의지를 지녀야 합니다.

장교는 선을 위해서도 악을 위해서도 힘을 행사할 수 있습니다. 그들에게 설교하려 들지 마십시오. 이는 오히려 상황을 악화시킬 뿐입니다. 다만 그들이 영위했으면 하고 바라는 삶을 스스로 사십시오. 그러면 제군들은 수많은 병사가 제군을 모방하고 있는 것을 보고 스스로도 놀라게 될 것입니다.

236

자기 자신을 어떻게 비추는지는 신경 쓰지 않고 범속(凡俗)하며 말만 앞선 장교는 오합지졸을 거느리게 될 것입니다. 제가 제군들에게 하는 말을 기억하십시오. 제군들의 병사는 제군들 자신의 투영입니다!

만약 제군이 열등한 병사를 거느리고 있다면 그것은 제군이 무능력한 장교임을 증명하는 것입니다.

세 번째 요소, 자기희생

자기희생 역시 리더십에 필수적입니다. 제군들은 베풀고 또 베풀고 끊임없이 베풀게 될 것입니다. 장교는 자신에게 가장 막중한 책임과 가장 긴 노동시간, 그리고 가장 힘든 업무를 부여해야 한다.

제군은 아침에 가장 먼저 기상하고 밤에는 제일 늦게 취침하는 사람이 되어야 합니다. 제군은 남들이 잠들었을 때에도 일을 해야 합니다.

제군은 휘하에 있는 부하들의 고통을 알아주고 동정함으로써 정신적으로 희생할 줄 알아야 합니다. 부하들이 겪고 있는 어려움에 대해 동정심을 가질 줄 알아야 합니다.

누군가의 어머님이 돌아가셨을 때, 그리고 누군가가 은행에 개인파산을 하였을 때, 그들은 제군의 도움을 원할 것이고 무엇보다 제군의 동정심을 바랄 것입니다.

제군들이 자신의 문제로 이미 괴롭다고 그들을 실망시키지 마십시오. 왜냐하면 제군들이 이런 반응을 보인다면 그것은 제군들의 집에서 벽돌을 한 장 한 장 들어내는 것과 같기 때문입니다.

제군들의 병사는 곧 제군들의 주춧돌입니다. 그래서 리더십으로 이루어진 제군들의 집은 그들이 공고히 받쳐주지 않는다면 흔들리게 될 것입니다. 마지막으로 미약하나마 제군들의 재산을 그들을 위해 쓰십시오.

제군들은 병사들의 건강과 복지를 위하여, 그리고 곤경에 처한 그들을 돕기 위하여 제군들의 재물을 쓸 것입니다. 대개 이러한 돈은 결국 돌아오게 마련입니다. 이것을 손익의 일부로 고려하지 말기를 바랍니다. 그렇더라도 그것은 치를만한 비용인 것입니다.

네 번째 요소, 온정주의

온정주의가 리더십에 필요하다고 할 때 저는 이 단어를 좀 다른 의미로, 확장된 의미로 사용하고 싶습니다. 이는 부하들로부터 솔선수범, 자신감, 그리고 자긍심의 덕목을 제거하라는 의미는 아닙니다.

제가 말하는 온정주의는 제군들의 휘하에 있는 사병들의 안녕과 복지를 위해 세심한 주의를 기울인다는 의미에서의 온정주의입니다.

사병들은 아이와도 같습니다. 그들에게는 머물 곳과 먹고 입을 것, 그리고 제군들이 할 수 있는 최상의 것으로 갖고 있는지 살펴봐야 합니다. 제군들이 먹기 전에 병사가 먹을 음식을 제대로 가지고 있는지 살펴야 하고, 제군들이 잠들 곳을 고려할 때 사병들도 좋은 잠자리를 가졌는지 살펴봐야 합니다.

제군들은 자신의 안위보다 부하들의 평안을 염려해야 합니다. 또한 그들의 건강을 챙겨야 할 것입니다. 쓸데없는 소모나 노동을 부과하지 말고 그들의 체력을 유지해줘야 합니다.

이렇게 함으로써 제군들은 단순히 기계에 불과한 조직에 생명을 불어넣은 것입니다. 그리고 제군들의 부대에 마치 자신의 분신처럼 제군들의 요구에 응답하는 영혼을 지니게 될 것입니다. 이것이 바로 정신입니다.

제군의 부대에 이러한 정신이 형성되면 제군들은 어느 날 모든 것이 바뀐 것을 깨닫게 될 것입니다. 제군들이 그들을 위해 끊임없이 무언가를 찾아왔던 대신 제군들이 아무 말도 안 했는데 일을 처리해 줄 것입니다. 제군들의 막사도 제대로 설치될 것입니다. 가장 좋고 깨끗한 침대가 그 막사에 놓여질 것입니다.

다른 사람들은 없는데 어디서 왔는지 모를 계란 두 알이 제군들의 저녁 식탁에 보태질 것입니다. 누군가가 제군들의 말을 말끔히 빗질해 놓았을 것입니다. 제군들의 기대는 충족될 것이고 모든 사람이 기다렸다는 듯이 곁에 있을 것입니다. 이렇게 되면 성공한 것입니다!

그러나 모든 사람을 똑같이 대해서는 안 될 것입니다. 한 사람에게 해야 할 징계를 가하지 않고 넘어간다면, 이는 다른 사람의 고통으로 전가될 것입니다. 똑같은 불복행위라고 해서 정해진 처벌로 간다면 이는 개개인의 성격을 파악하는 데 너무 게으르거나 그만큼 영리하지 못하기 때문입니다. 그런 지휘관은 정의를 맹목적으로 적용하고 있는 것입니다.

의사가 환자를 살피듯 여러분의 부하들을 주의 깊게 연구하십시오. 그러면 제군들은 어떤 처방을 내려야 하는지 알게 될 것입니다. 그리고 이러한 처방이 병원균을 없애는 데 그치는 것이 아니라 완치를 위한 것임을 명심하십시오. 환자에 대한 동정심으로 처방에 따라 환부를 깊이 도려내는 것을 두려워해서는 안 될 것입니다.

다섯 번째 요소, 공정성

징계를 가할 때와 마찬가지로 칭찬을 할 때에도 공정해야 합니다. 욕심쟁이를 좋아하는 사람은 없습니다. 제군의 사병이 뛰어난 업적을 이루었다면 적절한 대가를 받아야 합니다. 무슨 일이 있더라도 보상해야 합니다. 이를 낚아채서 자신의 몫으로 하려 해서는 안 될 것입니다. 이렇게 된다면 제군들은 부하들로부터 존경과 충성을 잃게 될 것입니다.

그리고 머지않아 제군들의 동기가 이를 듣고 제군들을 나병환자 피하듯 부하의 공적을 가로챈 장교를 기피할 것입니다. 전시에는 공을 세울 일은 지천에 널려있고 영광은 모두에게 돌아갈 것입니다.

제군들은 부하들을 공정하게 대하십시오. 받기만 하고 주지 않는 자는 리더가 아닙니다. 그는 기생충에 지나지 않습니다.

이와 같은 공정함 외에 제군들의 직위 특권의 남용을 방지해주는 또 다른 종류의 공정함이 있습니다. 제군들이 부하들로부터 존경받길 원한다면 그들을 존경하십시오. 그들을 깎아내리려 하지 말고 인격적으로 대하고 자긍심을 길러주십시오.

사병에게 횡포를 부리고 모욕을 주는 것은 겁쟁이나 하는 짓입니다. 규율이라는 밧줄로 나무에 묶어두고 반격할 수 없다는 것을 잘 알면서 때리는 것과도 같은 것입니다.

병사에 대한 배려, 예의와 존경은 규율과 배치되는 것이 아닙니다. 그

240

것들은 규율의 일부입니다. 간단히 얘기해서 솔선수범과 결단력 없이는 아무도 다른 사람을 지도할 수 없다는 것입니다.

여섯 번째 요소, 결단력

작전 중이거나 응급상황이 발생했을 때 자신의 분석을 토대로 하여 – 나중에 그것이 정확한 판단이 아니었다고 해도 – 빠른 판단으로 신속하게 명령을 내리는 장교들을 볼 수 있을 것입니다.

반대로 응급상황이 닥치면 흥분하여 허둥거리는 장교들도 보게 될 것입니다. 정신을 못 차리고 경솔한 명령을 내렸다가 반복하고 또 다른 명령을 내렸다가 다시 뒤집는, 말하자면 겁쟁이의 징표를 내보이는 사람입니다. 짧은 순간에 그의 두려움이 완전히 드러나고 맙니다.

전자(前者)의 장교인 경우에 이렇게 말할 수 있을 것입니다.

'저 사람은 천재야. 생각할 시간조차 없었는데 대처를 했어. 그는 직관적으로 행동하고 있는 거야.'

그 말은 옳지 않습니다. 천재성이란 단지 무한한 고통을 견뎌낼 수 있는 용량을 의미할 따름입니다.

첫 번째 장교는 그런 상황에 익숙해지도록 준비를 해온 사람입니다. 이미 발생 가능한 상황을 미리 설정하고 연구해본 사람입니다. 그리고 그러한 상황에서 실행할 시범적인 계획도 이미 짜놓았습니다. 응급상황이 닥쳤더라도 그는 이미 맞설 준비가 되어 있었던 것입니다.

그는 문제의 상황이 닥쳤을 때 받아들일 준비가 되어 있었고, 이미 형성된 계획에 따라 어떤 행동을 취해야 할지 재빨리 파악해내는 힘이 있었습니다. 그는 실행을 명령할 결단력을 지니고 있었고 그 상황에서 명령을 견지한 것입니다.

응급상황에서 아무런 명령도 내리지 않는 것보다는 어떤 명령이라도 − 그것이 합리적이기만 하면 − 내리는 것이 낫습니다. 상황이 있다면 부딪힐 일입니다. 뭔가 조처를 취하는 것이 − 그것이 잘못된 것일지라도 − 아무런 것도 안 하고 지나가는 것보다 나은 것입니다.

결정을 하고 행동을 취했다면 밀고 나가십시오. 주저하지 마십시오. 병사들은 자기 자신이 어떻게 해야 하는지도 모르는 장교에게 믿음이 갈 리 없습니다.

때때로 제군들은 일반인으로서는 상상하기 힘든 긴급한 상황을 만날 때도 있을 것입니다. 그렇더라도 제군들이 예상할 수 있었던 다른 응급상황에 대한 준비를 해두었다면 제군들이 이미 겪은 정신훈련으로 신속하고도 침착하게 처신할 수 있을 것입니다.

제군들은 상부의 명령 없이도 행동할 수 있어야 합니다. 시간은 제군들의 명령을 기다려 주지 않습니다. 여기서 제군들의 상관의 업무까지 연구해야 하는 또 다른 필요성이 있습니다.

만약 제군들이 상황을 정확하게 파악하고 그에 대한 상관들의 명령을 상상할 수 있다면 제군들의 책임 하에 지체됨이 없이 필요한 명령을 내릴 수 있을 것입니다.

일곱 번째 요소, 위엄

개인의 위엄 또한 군에서의 리더십에 중요한 요소입니다. 병사들과 친구가 되는 것은 좋으나 허물없이 지내지는 마십시오.

제군들의 병사는 제군을 – 두려움이 아닌 – 경외(敬畏)해야 합니다. 만약 병사가 제군들을 너무 친숙하게 여긴다면 잘못은 그들이 아닌 제군들에게 있습니다. 제군들의 행동이 그들로 하여금 그렇게 여기도록 한 것입니다.

무엇보다 그들의 우정을 얻으려고 애쓰거나 비위를 맞추려 하지 마십시오. 그들은 당신을 멸시할 것입니다.

만약 제군들이 그들의 존경과 충성, 헌신을 받을 자격이 된다면 그들은 요구하지 않아도 존경할 것입니다. 만약 제군들이 그런 자격이 없다면 무엇을 하던 그들의 존경을 얻을 수는 없을 것입니다.

만약 제군들이 지저분하고 정돈되지 않은 제복을 입고 여러 날 면도하지 않은 모습을 보인다면 위엄을 세우기가 거의 불가능합니다. 이런 사람은 자긍심이 없는 사람이며 자긍심이야말로 위엄의 필수적인 요소입니다.

물론 근무를 하다보면 옷이 깔끔하지 못할 수도 있고 면도를 못할 수도 있을 것입니다. 병사들도 그런 것은 충분히 알아차립니다. 이러한 상황에선 여러분의 외양이 깔끔하지 못한 것이 충분히 납득될 수 있습니다.

사실 그러한 상황에서 너무 깔끔하게 보여도 병사들은 제군들이 일을 등한히 한다고 생각할 것입니다. 그러나 이러한 특수상황이 종료되는 즉

시 단정한 모습으로 모범이 되어야 할 것입니다.

여덟 번째 요소, 용기

다음으로 저는 용기에 관해 언급하고 싶습니다. 정신의 용기만큼 도덕의 용기도 중요합니다. 도덕적 용기는 제군들의 판단에 따라 주저함 없이 행동을 취하게 하여 소기의 목적을 달성할 수 있게 해줍니다.

제군들은 어떤 특정 사항에 대해 명령을 내리고 나서 불안과 의심으로 고민할 경우를 많이 겪을 것입니다. 제군들은 목표를 달성할 수 있는 다른 방법 혹은 더 나은 방법이 있다고 여길 것입니다. 명령을 바꿔야 하지 않을까 하는 강력한 유혹을 느낄 수도 있습니다.

그러나 제군들의 명령이 근본적으로 틀리지 않는 한 바꾸지 마십시오. 만약 바꾸면 두 번째 명령의 효과에 대해서도 걱정을 할 것이기 때문입니다.

명백한 이유 없이 명령을 바꿀 때마다 여러분의 권위는 약해지고 부하들의 신임도 줄어들 것입니다. 도덕적 용기에 근거해 명령을 하달하고 그것이 관철되는가를 지켜보십시오.

도덕적 용기는 제군들이 택한 행동에 대한 책임을 요구합니다. 만약 부하가 지시한 대로 명령을 성실히 이행했는데 오류가 발생했다면 그 잘못은 부하들에게 있는 것이 아니고 제군에게 있는 것입니다. 만약 그것이 성공했더라면 영광은 장교의 것이었을 것입니다. 그러므로 결과가 엉망으로 되었다면 장교가 비난을 받으십시오.

화살을 부하에 돌려 놀림감으로 만들지 마십시오. 그것은 겁쟁이나 취

244

하는 행동입니다.

덧붙여 제군들은 아랫사람의 운명을 결정할 도덕적 용기를 필요로 할 것입니다. 제군들은 앞으로 직속부하들의 승진이나 강등을 위한 추천과 발언을 할 기회가 많을 것입니다.

개인적으로 떳떳해야 하며 국가에 대한 의무라는 걸 명심하십시오. 개인적 친분이나 감정으로 정의의 엄정한 판단을 비껴가지 마십시오. 친형제라 할지라도 그가 임무수행에 적합하지 않다면 실격시키십시오. 도덕적 용기의 결핍으로 올바른 판단을 내리지 않게 된다면 다른 생명들을 잃게 될 수도 있을 것입니다.

반대로 개인적 이유로 끔찍이 싫어하는 사람을 추천해야 하는 상황에 처하더라도 공정한 판단을 해야 할 것입니다. 여러분의 목적은 대의(大義) 달성에 있지 개인적 원한을 푸는 데 있는 것이 아님을 기억하십시오.

제군들이 육체적인 용기가 있어야 하는 것은 당연한 것입니다. 그 필요성에 대해선 언급하지 않도록 하겠습니다. 용기는 용감함을 넘어서는 것입니다. 용감한 것은 두려움이 없다는 것을 의미합니다.

단순히 멍청이는 용감할 수 있습니다. 왜냐하면 그는 위험을 감지할 만한 정신 수준에 도달하지 못하고 있기 때문입니다. 하룻강아지는 위험에 대한 인식력이 부족하거나 두려움이 무엇인지 알지 못해 용감할 수 있습니다.

반면, 용기는 위험한 상황에서도 이를 무릅쓰고 수행하는 확고한 정신입니다. 용감한 것은 육체적인 것이고 용기는 정신적이고 도덕적인 것입니다.

제군들은 추위를 느낄 때 손이 떨리고 다리가 떨리고 무릎이 후들거릴지도 모릅니다. 그것은 두려움입니다. 그러나 그런 상황, 즉 육체적 난관에도 불구하고 적을 향해 부하를 인솔해서 앞으로 전진해 적과 싸울 수 있게 했다면 그 장교에겐 용기가 있는 것입니다.

이때는 두려움의 신체적 징후도 사라질 것입니다. 그리고 다시는 그런 두려움을 겪지 않을 수도 있습니다. 그런 두려움은 처음 사냥에 나서는 초보자가 느끼는 두려움과 같은 것입니다. 여러분은 이에 굴복해선 안 될 것입니다.

몇 년 전, 나는 폭파과정을 배우고 있었는데 제가 속했던 반은 다이너마이트를 다루었습니다. 교관께선 조작법에 대해서 알려주면서 '여러분한테 폭발물을 다룰 땐 조심해야 한다고 말해야겠지. 이런 폭발물 사고는 일생에 한 번, 그러면 끝이거든' 이라고 하셨습니다.

그래서 저도 제군들에게 경고를 하겠습니다. 제군들의 첫 번째 작전에서 틀림없이 만나게 될 두려움에 자리를 내어준다면, 겁을 집어먹고 꽁무니를 뺀다면, 부하들을 전진시켜놓고 뒤에서 서성이며 탄피나 줍고 있다면, 제군들은 그들을 거느릴 기회를 영영 잃게 됩니다.

부하들에게 육체적 용기나 용감함을 전개하도록 요구할 땐 스스로 판단해 보십시오. 제군들이 하지 못할 일을 그들에게 시키지 마십시오. 만약 상식적으로 위험을 감수하기엔 너무나 위험하다고 판단된다면 다른 사람에게도 마찬가지입니다. 제군들의 생명이 소중한 것처럼 그들의 생명도 소중한 것입니다.

때론 부하들만 위험에 노출된 지역으로 보내야 하는 경우도 발생할 것입니다. 그때는 지원자를 필요로 할 것입니다. 만약 부하들이 지휘관을 알고 또 그것이 '옳은 일'이라고 생각한다면 지원자가 모자란 상황은 발생하지 않을 것입니다.

왜냐하면 그들도 제군들이 온 힘을 다해 임무를 수행하고, 제군이 가진 최상의 것을 국가를 위해 바치려 하고 있으며, 할 수 있다면 기꺼이 임무를 수행하려 한다는 것을 알기 때문입니다. 제군들의 모범과 열의가 그들을 분발시킬 것입니다.

마지막으로 제군들이 리더십을 갖추기를 열망한다면 제군들의 부하를 연구해야 한다고 말하고 싶습니다.

그들을 속속들이 파악해 마음속에 무엇이 있는지도 알아내십시오. 어떤 사람들은 겉으로 보이는 것과 확연히 다른 사람들도 있게 마련입니다. 그들의 마음이 어떻게 움직이는지를 파악하십시오.

남북전쟁 당시의 지도자로서 로버트 리(Robert E. Lee) 장군의 성공은 심리학자와 같은 그의 능력에 기인한 바가 크다고 할 수 있습니다. 그는 웨스트포인트 육사 시절부터 반대자들을 연구해 두었습니다. 그들의 마음이 어떻게 움직이는지 알아두었습니다.

그리고 특정 상황에서 그들이 취할 행동 역시 파악했습니다. 그 결과 그는 거의 매번 상대편의 움직임을 예측하여 행동을 분쇄할 수 있었습니다.

제군들이 그처럼 전쟁에서 적들을 파악할 수는 없을 것입니다. 그러나 제군들의 부하는 알아둘 수 있습니다. 그들의 장점과 단점을 하나하나 파악한 후 누구는 마지막 순간까지 믿을 만하고 누구는 아닌지도 알아두어야 합니다.

제군들이여! 여러분 부하들을 알고, 자신의 임무를 알고, 여러분 자신을 아십시오!"

리더십에 관한 한 어떤 저술도 이보다 뛰어날 순 없을 것이다. 이것을 자신에게 적용해보라! 업무와 직업과 근무하는 직장에 적용해보라! 그러면 이것이 얼마나 훌륭한 지침인지 알게 될 것이다.

바크(Bach) 소령의 연설은 고등학교를 졸업하는 모든 청소년에게 읽혀지는 것이 좋을 것이다. 또한 대학 졸업생과 리더십을 행사할 지위에 있는 모든 이에게도 그들의 직업과 업무를 막론하고 행동지침으로 이용되는 것이 좋을 것이다.

🗝 리더가 갖춰야 할 주요한 자질

> 목표의 실현은 세심하게 짜여진 계획과 이런 계획을 실행에 옮길 솔선수범의 정신에 바탕을 한 결단으로부터만 가능하며, 그것이 안 되면 결코 이루어질 수 없을 것이다. 끈기 없이는 아무것도 해낼 수 없는 것이다. 세월만 가면 목표가 실현된다는 생각은 자신을 속이는 것에 지나지 않는다.

리더십의 주요한 선행조건 중 하나가 신속하고 확고한 결단력이다!

16,000명 이상에게 설문조사를 시행한 결과 리더는 아무리 사소한 일

248

이라도 신속한 결정을 내리는 반면, 추종자들은 절대 신속한 결정을 내리지 못하는 사람들이라는 점이다.

이것은 유념할 만한 사실이다!

추종자는 인생의 경로에 자신이 무엇을 원하는지도 잘 모르며 아주 사소한 일에서도 리더가 지시하기 전까지는 망설이고 꾸물거리면서 결정 내리기를 회피한다.

대부분 사람들이 쉽게 결단을 내리지 못한다는 사실을 안다는 것은 자기가 무엇을 원하는지 알고 또 그것을 실현하기 위한 구체적인 계획을 가진 리더에게는 커다란 도움이 될 것이다.

리더는 명확한 중점 목표를 지니고 업무를 수행할 뿐 아니라 그 계획을 성취하기 위한 매우 구체적인 계획도 지니고 있다. 자기 확신의 법칙 또한 리더의 주요한 자질임을 알 수 있다.

추종자들이 결정을 내리지 못하는 주된 원인은 결정을 내릴만한 자기 확신이 결여되어 있기 때문이다.

모든 리더들은 명확한 목표의 법칙, 자기 확신의 법칙, 솔선수범과 리더십의 법칙을 활용한다. 그리고 그가 탁월한 리더라면 상상력, 열정, 자제력, 유쾌한 성품, 정확한 사고, 집중력, 인내의 법칙을 구사한다.

이러한 법칙들을 통합하여 구사하지 못한다면 진정한 리더가 될 수 없다. 이러한 법칙 가운데 한 가지라도 결여된다면 균형 있는 리더로서의 역량이 경감되고 만다.

성공의 힘, 결단력의 파워

라살르(La Salle)대학의 세일즈맨이 서부 소도시의 부동산중개업자를 찾아가 대학에 개설된 '세일즈맨십과 경영' 강좌를 소개하려 하였다.

세일즈맨이 사무실에 도착했을 때 그가 발견한 것은 한 사나이가 독수리 타법으로 구닥다리 타자기 앞에 앉아 타자를 치는 모습이었다. 세일즈맨은 그에게 자신을 소개하고 그 강좌에 대해 설명하기 시작하였다.

이 중개업자는 꽤 흥미가 있는 것처럼 귀를 기울였다.

설명을 다 마치고 세일즈맨은 이 고객이 '예스' 혹은 '노'의 가부간 결정을 하기를 기다렸다. 그는 자신의 설명이 불충분한 것 같아 그 강좌의 장점을 다시 한번 반복하여 설명해주었다. 그런데 이번에도 아무런 반응이 없었다. 그러자 세일즈맨은 단도직입적으로 물었다.

"그래서 이 과정에 관심이 있으신 겁니까? 아닙니까?"

중개업자는 느릿느릿 말을 길게 하며 대답하였다.

"글쎄요……. 잘 모르겠는데요."

이는 전혀 거짓이 아니었다. 그도 그럴 것이 이 중개업자도 결정을 못 내리는 수천, 수만의 사람에 해당하는 부류였던 것이다.

이러한 인간 본성을 간파하고 있던 세일즈맨은 몸을 일으켜 모자를 집어 쓰고는 소개 책자를 가방 안에 챙겨 넣고 사무실을 나서려 하였다. 이어 그는 다소 과감한 방법을 구사하여 중개업자의 허를 찔렀다.

"당신이 싫어하겠지만 그래도 도움이 될 테니 말을 좀 해야겠습니다. 눈이 있으면 당신이 일하는 곳을 좀 살펴보십시오! 바닥은 지저분하고 벽에는 먼지가 붙어 있고 타자기는 도대체 언제 적 것입니까? 노아가 와서 '선생님' 하겠습니다. 바지는 무릎이 튀어나오고 셔츠 깃은 지저분하고 면도도 안 하고 눈동자엔 절망의 빛만이 있군요.

제 말에 기분이 상했을 테니 마구 화를 내십시오. 그렇게 되면 당신도 스스로가 그렇게 할 수 있다는 사실에 놀라, 최소한 당신에게 도움이 되고 당신에게 딸린 식구들에게 도움이 될만한 어떤 생각이라도 하려고 하지 않겠습니까?

말 안 해도 당신 가정이 눈앞에 보입니다. 아이들은 옷도 되는 대로 입힐 것이며 아마 맛있는 음식을 먹이지도 못했겠죠. 아이 엄마는 유행에 처진 옷을 걸쳐 입고 당신과 마찬가지로 절망적인 표정을 지니고 있겠죠. 당신과 결혼한 가엾은 그 여자는 처음 결혼할 때 당신이 약속했던 행복한 삶을 살고 있지는 못하고 있겠지요.

제가 지금 미래의 학생에게 말하고 있는 것이 아닙니다. 지금 저는 당신이 현금으로 선납을 한다 해도 이 강좌를 수강토록 할 생각이 없습니다. 제가 이 강좌를 수강토록 한다고 해도 지금의 당신이라면 이를 솔선수범해서 이수할 의지도 없을 뿐더러 우리는 학생 중에 이러한 실패자가 나오는 것을 바라지 않기 때문입니다.

지금 제가 말하는 것이 강좌를 수강토록 하는 데에는 하등 도움이 안 될지라도 당신에게 뭔가는 도움이 될 것입니다. 적어도 당신에게, 이전에는 해보지도 않았던 생각할 기회라는 점을 주었을 테니까요.

낭신이 왜 실패자인지 알려드리겠습니다. 왜 이런 시골구석의 보잘 것 없는 사무실에서 낡아빠진 타자기를 가지고 타이핑을 하고 있는지 말입니다. 이게 다 결정을 내릴 힘이 없는 까닭입니다!

평생 동안 당신은 결정을 내리는 것을 회피해왔고, 이젠 아주 습관이 되어 무언가 결정을 내린다는 일이 아예 불가능하게 되어버린 거죠.

만약 당신이 이 강좌를 '원한다'고 했다면, 아니 '원하지 않는다'라고 하였다면 이에 수긍하였을 것입니다. 지금 이를 수강할 돈이 모자라는구나 하고 동정했을 수도 있습니다. 그렇지만 당신은 뭐라고 했죠? 자기가 원하는지, 원하지 않는지도 모른다고 했습니다.

제가 말한 것을 다시 한번 생각해본다면 당신도 지금까지 자신에게 중요한 모든 일에 분명한 결정을 내리지 못하고 얼렁뚱땅 회피하는 습관을 길러왔다는 것을 알게 될 것입니다."

중개업자는 놀란 나머지 의자에 딱 붙어서 입은 딱 벌어지고 눈이 똥그래졌으나 세일즈맨의 통렬한 비판에 한마디 대꾸도 하지 못하였다.

세일즈맨은 말을 마치고 일어섰다.

그는 문을 닫고 나가더니 다시 걸어 들어와 이번에는 얼굴에 미소를 머금고 아직도 어안이 벙벙한 중개업자 앞에 앉아 조금 전 자신의 행동에 대해 설명하였다.

"제가 한 말에 상처를 입었다고 하더라도 할 말이 없습니다. 사실 저는 선생님이 기분 나빠하길 바랐습니다. 솔직히 말씀드리자면 저는 선생님이 지성적인 분이고 능력 또한 있다고 믿습니다. 단지 선생님은 지금 습관에서 벗어나지 못하고 있는 것입니다. 비가 온 뒤에 땅이 더 굳고, 구덩이에 떨어져봐야 올라올 수도 있는 것입니다.

지금 선생님은 난관에 빠진 상태지만 다시 시작할 수 있습니다. 제 무례를 용서한다면 저는 당신에게 손을 내밀어 끌어올릴 의사가 있습니다. 당신은 이 마을이 어울리지 않습니다. 설령 이곳에서 최고가 된다고 해도 이렇게 작은 곳에서 중개업을 계속 한다면 굶어죽기 십상입니다.

당장 새 옷을 해 입으십시오. 필요하다면 제가 돈을 빌려드릴 수도 있으며, 세인트루이스로 저와 함께 가시면 그곳의 부동산중개업자를 소개해 드리겠습니다. 그는 당신에게 돈을 버는 기회를 줄 것이고 이 분야에서 성공하려면 어떤 것에 중점을 두어야 할지 가르쳐 줄 것입니다.

옷 살 돈이 충분치 않으면 세인트루이스에 제가 아는 상점이 있으니 거기서 옷을 사도록 도와드리겠습니다. 이는 모두 진심으로 드리는 말씀이며 당신을 변화시키고 싶은 동기에서 도움을 드리고 싶은 것입니다. 저는 지금 이 분야에서 성공을 거뒀지만 저라고 처음부터 성공을 거둔 것은 아닙니다.

저도 지금 당신이 겪고 있는 것을 과거에 그대로 겪었습니다만, 중요한 것은 이미 극복해냈다는 사실입니다. 당신도 저의 충고를 따른다면 이겨낼 것입니다. 저를 따라 세인트루이스에 가시겠습니까?"

중개업자는 몸을 일으켜보려고 했지만 다리가 후들거려 그만 의자에 털썩 주저앉고 말았다. 그는 남자답고 체격이 건장한 당당한 체구였음에도 감정을 주체하지 못해 흐느끼기 시작했다.

그는 다시 일어서려 애썼고 세일즈맨에게 악수를 청하였다. 호의에 감사하며 그의 충고를 받아들이겠지만 자기 방식대로 하겠다고 말했다.

그는 지원서를 받아 5센트와 10센트짜리로 첫 번째 대금을 치루고 '세일즈맨십과 경영' 강좌에 등록하였다.

3년이 지나 이 중개업자는 60명의 세일즈맨을 지닌 조직을 거느리게 되었고, 세인트루이스의 부동산업계에서 알아주는 유명인사가 되었다. 나는 (당시 라살르대학의 홍보부서를 맡고 있었을 때) 그의 사무실을 자주 방문하면서 15년간을 살펴봤는데 15년 전의 모습과는 전혀 딴판이 되었다.

당신도 그처럼 바뀔 수 있다! 바로 리더십에 필수적인 결단력의 힘이다.

그는 부동산업계의 리더가 되었다. 세일즈맨들을 지도하고 좀더 효율적인 활동이 되도록 도움을 준다.

결단력! 이 한 가지 변화가 그의 일시적 패배를 성공으로 바꾸어 주었다. 그에게 고용되는 세일즈맨들은 우선 그의 사무실에 불려가 어떻게 그가 변화하였는지, 어떻게 라살르대학의 세일즈맨이 별 볼일 없는 자신에게 영향을 끼치게 되었는지를 들은 후에야 일을 시작하게 된다.

럼버포트의 성공 사례

18년 전에 나는 웨스트버지니아주의 럼버포트(Lumberport)라는 작은 마을을 방문하게 되었다. 당시만 해도 인근의 가장 큰 도시인 클락스버그(Clarksburg)에서 럼버포트로 가는 교통수단이라고는 레일로드에서 운영하는 기차와 마을 반경 3마일을 운행하는 전차가 있었을 뿐이었다. 즉, 기차를 놓치고 전차를 타게 되면 3마일을 걸어야 했다.

클락스버그에 도착했을 때, 오전에 럼버포트에 가는 기차는 이미 떠나버려 오후 늦게 다시 오는 기차를 기다리는 대신 전차를 이용하고 나머지 3마일을 걸어가기로 했다.

도중에 비가 내리기 시작해서 이 3마일을 걸어가는 동안 내내 진창길이었다. 내가 럼버포트에 도착했을 때 신발과 바지는 진흙투성이가 되었지만 뜻밖의 수확을 얻어 그리 나쁜 시도만은 아니었다.

길을 걸어가다가 나는 럼버포트 은행에서 일하는 호너(V.L. Hornor) 씨를 만나게 되었다. 비가 내리는 관계로 큰소리로 그에게 물었다.

"아니, 도대체 왜 저쪽에서 럼버포트까지 전차 길을 내지 않는 건가요? 그러면 진창길에 빠지지 않고도 마을을 오갈 수 있잖습니까."

그는 "들어오실 때 마을 끝에 강이 흐르고 높다란 제방이 있는 걸 보셨습니까?" 라고 되물었다. 나는 보았노라고 대답했다.

"바로 그 때문에 전차가 마을에 못 들어오고 있습니다. 거기에 다리를 놓으려면 10만 달러 정도 필요한데 전차회사에서 부담하기에는 너무 큰 액수거든요. 전차 선로를 마을까지 대려고 10년 동안이나 노력하고 있지만 모두 허사였습니다."

"노력하셨다구요!"

나는 나도 모르게 소리 질렀다.

"얼마나 노력하셨죠?"

"저희는 가능한 모든 수단을 강구했죠. 종점에서 마을로 들어오는 길을 무료로 제공하고 도로를 무료로 사용하게 해주겠다고. 그렇지만 언제나 다리가 문제였어요. 돈을 댈 수가 없다는 겁니다. 3마일을 연장 운행해서 올릴 수 있는 수익으로는 그만한 지출을 감당할 수 없다는 거죠."

여기에서 나는 성공의 법칙을 적용하였다!

호너 씨에게 괜찮다면 이런 불편을 초래하는 바로 그곳 강둑까지 데려다 달라고 하였다. 그는 기꺼이 하겠다고 했다.

강가에 도착한 후 나는 모든 것을 빠짐없이 살펴보았다. 철로가 양쪽 강둑을 오르내리고 강을 가로지르는 지방도로가 삐걱거리는 나무다리 위에 놓여 있는 데다 그 다리의 양쪽 끝에는 여러 갈래의 철로선이 모여들어 선로를 바꾸는 교차점으로 사용하고 있었다.

이를 살피고 있는 동안 화물차가 다리를 차단하고 있었다. 다리 양쪽에서 건널 기회를 기다리느라 대기하고 있는 사람들이 눈에 띄었다. 그 화물차는 다리를 건너는 데 약 12분이 소요되었다.

이러한 상황을 염두에 두고 약간의 상상력을 가미하자 적어도 3개 당사자들이 전차가 다닐 수 있는 다리 건축에 관심이 있고 혹은 있을 수 있다는 점을 파악하게 되었다.

철도회사가 이에 관심이 있을 것은 분명했다. 이렇게 되면 사람들이 철로로 건널 필요가 없게 되고 사고를 방지할 수 있을 뿐 아니라 사람들이 지나는 걸 기다리느라 낭비되는 시간과 비용을 줄일 수 있기 때문이다.

또한 시민위원회에서도 이를 환영할 것이다. 이렇게 되면 좀더 안전한 길을 확보하게 되고 주민에게 양질의 서비스를 제공할 수 있기 때문이다.

전차회사에서도 다리 건설에 관심이 있을 것이다. 그들에게는 단지 비용을 모두 부담할 수 없다는 점이 문제일 뿐이다.

강둑에 서 있는 동안 이러한 시나리오들이 머릿속을 스치고 지나갔다. 이제 나의 머릿속에는 명확한 주요 목표가 자리잡았다. 그리고 이를 달성하기 위한 명확한 계획도 세워졌다.

다음날 나는 시 대표, 지방 유지들로 구성된 위원회 위원들과 시민 등 사람들을 모아 철도회사의 관리이사를 방문하였다. 다리 건설에 소요되는 3분의 1의 비용을 부담하도록 설득했다. 물론 그것이 철도회사에도 이득이 된다는 사실을 확신시킬 수 있었다.

다음으로 시민위원회를 찾아갔다. 그들은 다리를 건설할 수만 있다면 3분의 1의 비용은 기꺼이 대겠다는 적극성을 보이면서 3분의 2의 비용만 준비된다면 이를 부담하겠다고 약속하였다.

마지막으로 전차회사 대표를 방문하여 길을 사용하는 권리를 무상으로 제공할 것이며 다리 건설에 필요한 3분의 2의 비용은 마련해줄 테니 나머지 3분의 1의 비용만 대라고 하였다. 그도 이에 긍정적인 반응을 보였다.

3주가 지나 철도회사, 전차회사와 시민위원회 3자간에 계약이 성사되었는데, 다리 건설에 필요한 비용을 3분의 1씩 부담하겠다는 내용이었다.

2개월 후에 길을 사용하는 권리가 부여되었고 다리 공사가 착수되었으며 3개월이 지나자 전차는 럼버포트로 운행을 하게 되었다. 이는 럼버포트 주민들에게는 불필요한 수고와 시간을 들이지 않고도 이동할 수 있게 되었기 때문에 그 의의가 컸다.

나에게도 의의가 컸다고 할 수 있다. 이 일로 나는 '일을 해낸 사람'으로 평가를 받았을 뿐 아니라 거래를 성사시킨 공로로 또 다른 기회를 얻게 되었다. 전차회사 대표가 경영고문 자리를 제안해왔으며 이 자리는 나중에 내가 라살르대학의 홍보부장으로 임명되는 데 도움이 되었다.

럼버포트는 지금도 그렇지만 그 당시에도 소도시에 불과하고 시카고는 이에 비해 대도시이며 이곳에서 상당히 떨어져 있었지만 솔선수범과 리더십에 대한 소식이 그곳까지 전해졌다.

사실 마을에는 유능한 사람이 많이 있었지만 그들은 단지 모든 사람들이 빈번하게 저지르는 실수, 즉 단 한 가지 해결책만을 통해 문제를 해결하려 한 것이다. 실제 이 문제를 해결하는 데는 삼자의 노력을 이끌어내는 것이 관건이었다.

10만 달러에 해당하는 액수는 다리 건설을 위해 한 곳에서 부담하기엔 액수가 너무 크지만 이해관계가 있는 삼자가 나누어 부담하게 된다면 감당할 만한 금액이 된다.

그러면 마을 사람들은 어째서 삼자 해결책을 '생각해내지 못했을까?'라는 의문이 들 수 있다.

첫 번째로 그들은 그 문제에 너무 근접해 있었기 때문에 문제를 객관적으로 보고 대처할 수 있는 시각을 가질 수가 없었기 때문이다. 이런 오류는 흔히 저지러지는 실수이며 위대한 지도자들은 이를 항시 경계한다.

두 번째로는 그 도시의 사람들이 한번도 그 문제를 위해 힘을 규합하고 협동을 해본 경험이 없었던 까닭이다. 이것 역시 많은 사람들이 저지르는 실수 가운데 하나이다. 협력의 정신으로 단체를 규합하여 현안을 해결하는 것에 익숙하지 않은 것이다.

나는 외부인으로서 그들 내부에서는 오히려 도출하기 어려웠을지도 모르는 협력적인 행동을 이끌어내는 데 상대적으로 어려움을 덜 겪었다. 조그만 공동체의 경우 이기주의가 존재하는 사례가 종종 있다. 구성원들은 자신의 아이디어가 꼭 채택되어야 한다고 하는 경향이 있다.

구성원 개인의 생각과 이익보다는 전체 이익을 위해 사람들을 이끄는 것이 리더의 중요한 책임이자 역할의 한 부분이다. 이는 시민사회, 경영, 정치, 산업 등 모든 분야에 해당되는 공통사항이다.

성공이란 각 개인의 정의가 어떻든 간에, 어떻게 하면 개인적인 개별성을 자제시키느냐에 관한 문제이다. 추종자들에게 자기 계획을 받아들이고 그것을 충실히 이행하도록 만들 수 있는 인품과 상상력을 지닌 리더는 항상 유능한 지도자가 될 수 있다.

성공의
마법열쇠

솔선수범(率先垂範)이란 자신이 해야 될 일을, 혹은 주어진 일이 아닌데도 자발적으로
하도록 하는 성질을 말하며 성공을 위해 아주 훌륭한 성품이다. 그 다음 단계로는
'한번 말하면 하는 것'이고 다음으로는 뒤에서 '누가 떠밀어야 일을 하는 사람'이다.
마지막으로는 어떻게 해야 하는지 '시범을 보이고 지켜볼 때조차도 하지 않는 사람'
이 있다.

리더십의 특징 가운데 하나는 솔선수범하지 않는 자에게서 리더십을 발견할 수 없다
는 점이다. 리더십은 스스로 만들어가는 것이지 절대로 거저 주어지는 것이 아니다.
지도자들을 분석해보면 그들은 스스로 솔선수범하며 명확한 목표를 지니고 일해 나
간다는 것을 쉽게 알 수 있다. 성공의 가장 중요한 자질 가운데 하나가 바로 솔선수
범이라는 것이다.

리더십에는 두 가지 의미가 있다. 하나는 파괴적이고 치명적으로 작용하는 데 반해,
다른 하나는 건설적이고 유익하게 작용한다. 파괴적인 리더십은 성공으로 이끌기는
커녕 100% 실패로 이끈다. 그러나 후자는 자기 결정과 자유, 자기계발과 계몽, 그리
고 정의로 향하는 의미의 리더십이다. 이러한 리더십이 영원히 지속되는 것이다.

진정한 리더는 질투어린 자의 거짓소리에 손상받거나 쓰러지지 않는다. 왜냐하면 그
러한 모든 시도는 결국 그의 능력을 돋보이게 할 뿐 아니라 진정한 능력은 항상 호
의적인 추종자를 거느리게 되기 때문이다.

'가르치면서 배운다'는 말이 있다. 다른 사람을 믿게 하기 위해 어떤 구절을 반복해
서 말하다 보면 자기 자신도 그것을 믿게 된다. 이것은 그 진술이 사실이든, 아니든
상관없이 적용되는 원리이다. 즉, 다른 사람들을 감화(感化)시킨 만큼 자기 스스로도
감화가 되는 것이다.

자기 스스로 실천하지 않으면서 남에게 솔선수범하라고 말할 수는 없다. 자기암시의
원리가 작용하기 때문에 다른 사람에게 하는 모든 말들은 자신도 모르는 사이에 잠

재의식 속에 남아 있게 된다. 이에는 당신의 발언이 참이냐, 아니냐에 관계없이 적용되는 현상이다.

"칼로 흥한 자는 칼로 망한다"고 한다. 이는 다른 사람들에게 영향을 미쳐 그들이 형성한 성격이나 특질로부터 자신도 영향을 받게 된다는 의미이다. 만약 우리가 다른 사람들에게 솔선수범의 습관을 들이도록 한다면, 마찬가지로 우리 자신도 동일한 습관을 들이게 된다.

"사회적 관점에서 볼 때 이 세상은 크게 지도자와 추종자로 나뉠 수 있을 것입니다. 학계에도 지도자가 있고 경제계에도 지도자가 있습니다. 순수한 리더십이란 개인의 영리나 이익을 위한 이기적인 요소들이 섞여 있지 않은 것이고 이러한 요소가 있다면 리더십은 그 가치를 잃을 것입니다."

"리더의 첫 번째 요소는 자신감에 있습니다. 자신감은 첫째, 정확한 지식으로부터, 둘째, 그 지식을 전파할 수 있는 능력으로부터, 셋째, 당신을 따르는 타인에 대한 우월감으로부터 생겨납니다. 이런 모든 것들이 장교로서 균형을 잡게 해줍니다. 다른 사람을 이끌기 위해서 제군들은 알고 있어야 합니다."

"리더의 두 번째 요소는 도덕적 우위인데 자신감이 부하들보다 많이 앎으로써 얻어질 수 있는 리더십의 요소라면 도덕적 우위라는 것은 여러분이 좀더 나은 사람이라는 믿음에서 얻어질 수 있습니다. 이러한 우월감을 획득하고 유지하기 위해선 제군들은 반드시 자제력, 체력, 끈기와 정신력을 지녀야 합니다."

"자기희생 역시 리더십에 필수적입니다. 제군들은 베풀고 또 베풀고 끊임없이 베풀게 될 것입니다. 장교는 자신에게 가장 막중한 책임과 가장 긴 노동시간, 그리고 가장 힘든 업무를 부여해야 합니다. 제군은 아침에 가장 먼저 기상하고 밤에는 제일 늦게 취침하는 사람이 되어야 합니다."

"리더에게는 일처리에 있어서 공정성이 필요합니다. 징계를 할 때와 마찬가지로 칭찬을 할 때에도 공정해야 합니다. 제군의 시병이 뛰어난 업적을 이루었다면 적절한 대가를 받아야 합니다. 무슨 일이 있더라도 보상해야 합니다. 이를 낚아채서 자신의 몫으로 하려 해서는 안 될 것입니다. 이렇게 된다면 제군들은 부하들로부터 존경과 충성을 잃게 될 것입니다."

"작전 중이거나 응급상황이 발생했을 때 자신의 분석을 토대로 하여 ─ 나중에 그것
이 정확한 판단이 아니었다고 해도 ─ 빠른 판단으로 신속하게 명령을 내려야 합니
다. 그 상황에서 아무런 명령도 내리지 않는 것보다는 어떤 명령이라도 ─ 그것이 합
리적이기만 하면 ─ 내리는 것이 낫습니다. 병사들은 자기 자신이 어떻게 해야 하는
지도 모르는 장교에게 믿음이 갈 리 없습니다."

"리더에게는 용기가 필요합니다. 정신의 용기만큼 도덕의 용기도 중요합니다. 도덕적
용기는 제군들의 판단에 따라 행동을 취하게 하여 소기의 목적을 달성할 수 있게 해
줍니다. 도덕적 용기는 제군들이 택한 행동에 대한 책임을 요구합니다. 만약 부하가
지시한 대로 명령을 성실히 이행했는데 오류가 발생했다면 그 잘못은 부하들에게 있
는 것이 아니고 제군에게 있는 것입니다."

리더십의 주요한 선행조건 중 하나가 신속하고 확고한 결단력이다! 16,000명 이상에
게 설문조사를 시행한 결과 리더는 아무리 사소한 일이라도 신속한 결정을 내리는
반면, 추종자들은 절대 신속한 결정을 내리지 못하는 사람들이라는 점이다.

리더는 명확한 중점 목표를 지니고 업무를 수행할 뿐 아니라 그 계획을 성취하기 위
한 매우 구체적인 계획도 지니고 있다. 자기 확신의 법칙 또한 리더의 주요한 자질임
을 알 수 있다. 추종자들이 결정을 내리지 못하는 주된 원인은 결정을 내릴만한 자기
확신이 결여되어 있기 때문이다.

성공이란 각 개인의 정의가 어떻든 간에, 어떻게 하면 개인적인 개별성을 자제시키
느냐에 관한 문제이다. 추종자들에게 자기 계획을 받아들이고 그것을 충실히 이행하
도록 만들 수 있는 인품과 상상력을 지닌 리더는 항상 유능한 지도자가 될 수 있다.

중앙경제평론사
중앙생활사

Joongang Economy Publishing Co./Joongang Life Publishing Co.

중앙경제평론사는 오늘보다 나은 내일을 창조한다는 신념 아래 설립된 경제 · 경영서 전문 출판사로서
성공을 꿈꾸는 직장인, 경영인에게 전문지식과 자기계발의 지혜를 주는 책을 발간하고 있습니다.

행동하라! 성공이 온다 : 나폴레온 힐 성공의 법칙 ② - 성공술편

초판 1쇄 인쇄 | 2009년 3월 23일
초판 1쇄 발행 | 2009년 3월 27일

원저자 | 나폴레온 힐(Napoleon Hill)
편저자 | 김정수(Jyungsoo Kim)
펴낸이 | 최점옥(Jeomog Choi)
펴낸곳 | 중앙경제평론사(Joongang Economy Publishing Co.)

대　　　표 | 김용주
책 임 편 집 | 한옥수
본문디자인 | 신경선

출력 | 국제피알　종이 | 서울지류유통　인쇄 · 제본 | 신흥P&P

잘못된 책은 바꾸어 드립니다.
가격은 표지 뒷면에 있습니다.

ISBN 978-89-6054-055-2(04320)
ISBN 978-89-6054-053-8(전2권)
원서명 | The Law of Success in Sixteen Lessons

등록 | 1991년 4월 10일 제2-1153호
주소 | ㉾100-789 서울시 중구 왕십리길 160(신당5동 171) 도로교통공단 신관 4층
전화 | (02)2253-4463(代)　팩스 | (02)2253-7988
홈페이지 | www.japub.co.kr 이메일 | japub@naver.com | japub21@empal.com
♣ 중앙경제평론사는 중앙생활사 · 중앙에듀북스와 자매회사입니다.

이 책은 중앙경제평론사가 저작권자와의 계약에 따라 발행한 것이므로 본사의 서면 허락 없이는
어떠한 형태나 수단으로도 이 책의 내용을 이용하지 못합니다.

※ 이 책에 쓰인 본문 종이 E라이트는 국내 기술로 개발한 최신 종이로, 기존의 모조지나 서적지보다
더욱 가볍고 안전하며 눈의 피로를 덜도록 품질을 한단계 높인 고급지입니다.

▶ 홈페이지에서 구입하시면 많은 혜택이 있습니다.

※ 이 도서의 국립중앙도서관 출판시도서목록(CIP)은 e-CIP 홈페이지(www.nl.go.kr/cip.php)에서
이용하실 수 있습니다.(CIP제어번호: CIP2009000675)